新时代

城市社会治理的理论与实践

姜俊山　赵　春　于沛霖　主编

中国民主法制出版社

图书在版编目（CIP）数据

新时代城市社会治理的理论与实践/姜俊山，赵春，于沛霖主编．—北京：中国民主法制出版社，2023.1

ISBN 978-7-5162-2924-8

Ⅰ．①新…　Ⅱ．①姜…　②赵…　③于…　Ⅲ．①城市管理—社会管理—研究—中国　Ⅳ．①D63

中国版本图书馆 CIP 数据核字（2022）第 176957 号

图书出品人：刘海涛
责任编辑：陈　曦　袁　月

书名/新时代城市社会治理的理论与实践
作者/姜俊山　赵　春　于沛霖　主编

出版·发行/中国民主法制出版社
地址/北京市丰台区右安门外玉林里 7 号（100069）
电话/（010）63055259（总编室）　63058068　63057714（营销中心）
传真/（010）63055259
http：// www. npcpub. com
E-mail：mzfz@ npcpub. com
经销/新华书店
开本/16 开　710 毫米 ×1000 毫米
印张/16. 5　**字数**/251 千字
版本/2023 年 1 月第 1 版　2023 年 1 月第 1 次印刷
印刷/三河市宏图印务有限公司

书号/ISBN 978-7-5162-2924-8
定价/78. 00 元

目　录

导　言 ………………………………………………………………………… 001

第一章　城市社会治理的基本理论 ……………………………………… 011
一、治理与社会治理 ……………………………………………………… 011
二、我国社会治理的变革和发展 ………………………………………… 015
三、新时代城市社会治理 ………………………………………………… 022

第二章　新时代城市社会治理制度建设 ………………………………… 029
一、共建共治共享的社会治理格局 ……………………………………… 029
二、党委领导、政府负责、民主协商、社会协同、公众参与、法治保障、科技支撑的城市社会治理体制 ……………………………… 036
三、城市社会治理的社会化、法治化、智能化、专业化 ……………… 044

第三章　加快推进市域社会治理现代化 ………………………………… 050
一、市域社会治理现代化的提出及其重大意义 ………………………… 050
二、市域社会治理的总体思路和新模式构建 …………………………… 053
三、市域社会治理现代化评价指标 ……………………………………… 061

第四章　加强预防和化解社会矛盾机制建设 …………………………… 071
一、新时代城市社会矛盾的类型化分析 ………………………………… 071
二、完善信访制度、化解社会矛盾 ……………………………………… 077
三、完善社会稳定风险评估和社会矛盾纠纷排查预警机制 …………… 090
四、完善社会矛盾纠纷多元化解机制 …………………………………… 096

第五章　加强和完善公共安全体系 ……………………………………… 105
一、公共安全体系的构成及重要性 ……………………………………… 105
二、食品药品监管体制 …………………………………………………… 107

三、安全生产监管体制 …………………………………………………… 114
四、生态环境安全监管 …………………………………………………… 117
五、应急管理体系建设 …………………………………………………… 122
六、完善公共卫生安全监管体制 ………………………………………… 127

第六章 加强社会治安防控体系建设 …………………………………… 131
一、从社会治安综合治理到社会治安防控体系建设 ……………………… 131
二、社会治安防控体系建设的主要内容 …………………………………… 137
三、社会治安防控体系建设实践中存在的问题 …………………………… 145
四、解决社会治安防控体系建设实践中存在问题的对策 ………………… 151

第七章 加强社会心理服务体系建设 …………………………………… 155
一、新时代加强社会心理服务体系建设的重大意义 ……………………… 155
二、加强心理健康服务、提高全民心理健康水平 ………………………… 162
三、加强对良好社会心态的培育 …………………………………………… 169

第八章 加强社区治理体系建设 ………………………………………… 177
一、社区治理是城市社会治理的基础和重心 ……………………………… 177
二、我国城市社区治理的现状和问题 ……………………………………… 180
三、加强和完善城市社区治理的政策建议 ………………………………… 192

第九章 加强和完善社会组织建设 ……………………………………… 201
一、社会组织概述 …………………………………………………………… 201
二、社会组织在城市治理中的作用 ………………………………………… 209
三、社会组织参与城市社会治理面临的问题 ……………………………… 216
四、改革社会组织管理制度促进社会组织健康有序发展 ………………… 222

第十章 社会治理智能化与智慧城市建设 ……………………………… 233
一、社会治理智能化对提升城市社会治理现代化水平的重大意义 ……… 233
二、提高城市社会治理智能化的基本路径 ………………………………… 238
三、智慧城市建设 …………………………………………………………… 246

主要参考文献 …………………………………………………………… 255

导 言

加强和创新社会治理，是新时代坚持和发展中国特色社会主义制度，推进国家治理体系和治理能力现代化的重要内容。党的十九大报告高度重视社会治理问题，习近平总书记在报告中从统筹推进“五位一体”总体布局和协调推进“四个全面”战略布局的高度，对社会治理问题进行了阐述，明确提出“打造共建共治共享的社会治理格局”，这是建设和谐社会，实现社会治理现代化的必然要求。党的十九届四中全会通过的《中共中央关于坚持和完善中国特色社会主义制度 推进国家治理体系和治理能力现代化若干重大问题的决定》（以下简称《决定》）第九部分，即“坚持和完善共建共治共享的社会治理制度，保持社会稳定，维护国家安全”明确指出：“社会治理是国家治理的重要方面。必须加强和创新社会治理，完善党委领导、政府负责、民主协商、社会协同、公众参与、法治保障、科技支撑的社会治理体系，建设人人有责、人人尽责、人人享有的社会治理共同体，确保人民安居乐业，社会安定有序，建设更高水平的平安中国。”这为我们在新时代深入推进社会治理体系和治理能力现代化、全面建成社会主义现代化国家指明了方向。

新中国成立以来，我们党和国家十分重视社会的管理和建设，大体上经历了从社会管控到社会管理，再到社会治理的几个不同历史发展阶段。特别是党的十八大以来，“随着中国特色社会主义进入新时代，开拓了包括社会治理现代化在内的全部现代化建设崭新局面。在习近平新时代中国特色社会主义思想指引下，社会治理变革和现代化建设得以全面推进。包括：全面加强党对社会治理的领导，从严治党、惩治腐败，以党风政风好转带动社会风气好转；改善和保障民生，大力推进脱贫攻坚，积极促进就业和完善社会保障制度；推进社会治理基础性制度改革创新，改革户籍制度，深化教育、卫生领域改革；确立总体安全观，完善国家安全体制，健全公共安全体系，广泛开展平安中国建设，加强社会治安综合治理，深入开展扫恶除黑斗争；加快社会诚信制度建设，加强社会信息基础设施、基础制度建设，积极探索守信激励和失信惩戒制度；加强城乡社区治理，着力提升治理水平；创新社会治理方式，不断提高社会治理信息化水平；加大环境保护与治理力度，着力解决影响人民群众身心健康和社会稳定的环境问题。我国社会治理现代化进入加快发展的新阶段”[1]。习近平总书记在2019年1月中央政法工作会议上提出“加快推进社会治理现代化，努力建设更高水平的平安中国”的重大时代命题，表明我国的社会治理现代化进入全面推进期。

与此同时，我们也应清醒地认识到，新时代我国社会主要矛盾已经发生了历史性变化，党的十九大报告指出：“中国特色社会主义进入新时代，我国社会主要矛盾已经转化为人民日益增长的美好生活需要和不平衡不充分的发展之间的矛盾。”这一重大论断内涵丰富，影响深远，也凸显了我国发展与治理的紧张。改革开放以后，随着我国社会主义市场经济的发展，社会经济结构和人们利益格局都发生了深刻的变革，经济的发展和变革也深刻地影响着人们的思想观念和社会结构，社会治理面临的形势和环境更为复杂，社会矛盾风险增多，给社会治理提出了一系列新挑战。国务院研究室原主任、北京师范大学中国社会管理研究院教授魏礼群认为：“我们正处于世界百年未有之大变局，面临的国际国内环境愈益错综复杂。国外一些不愿看到中国由大变强的势力渗透加剧，给我国社会治理增加新压力；全面深化改革开放和现代化建设已进入滚石上山、爬坡过坎的关键阶段，特别是传统社会向现代社会转变步伐加快，给社会治理提出许多新挑战；以信息化为代表的现代科技迅猛发展，给社会治理增添新变量；许多社会矛盾和社会问题交织叠加，给社会治理增加新难度；社会主要矛盾转化，人民群众向往更加美好的生活，给社会治理提出新要求。”[2] 我国著名社会学家李友梅教授从我国社会治理模式转型的角度，论述了这些深层次的挑战。挑战之一是多元治理模式中政府治理与社会自我调节的良性互动缺乏衔接性的保障机制。政府和社会力量是维系社会生活秩序体系的重要依托，政府治理和社会自我调节、居民自治良性互动实际上就是要从深层次上推动政府行政治理与社会自我调节系统间的相互衔接与融合。而要在素有“强政府”传统的当代中国实现这一目标，就必须进一步挖掘超越于行政机制和社会机制之上的新型制度框架和更具弹性的整合机制，使两种暗含张力的治理机制能在一种系统的框架下相互促进、

[1] 魏礼群：《坚定不移推进社会治理现代化——新中国70年社会治理现代化历程进展与启示》，载《光明日报》2019年9月9日。

[2] 魏礼群：《坚定不移推进社会治理现代化——新中国70年社会治理现代化历程进展与启示》，载《光明日报》2019年9月9日。

和谐共生。挑战之二是社会治理中的公共性建设缺乏有效的支持机制。社会治理的有序开展，需要政府、公众、社会和其他治理主体都高度关注公共问题，并在此基础上形成基于公共精神和相互理解的合作治理模式。推动公共性和公共领域的规范、有序发展，是构建现代社会治理体系的重要基础，若无公共性的持续生产，任何社会都不太可能有实质性的社会协同与公众参与。但公共性的建构是极为复杂的问题，同时涉及公共部门向社会领域的适度赋权和赋权后的秩序"把关"问题。当前社会治理创新实践中，由于这对关系不好把握，基层治理部门往往难以塑造实质性的公共性，导致多元治理缺乏持久、稳定的向心力。挑战之三是社会活力的深层激发缺乏系统性的制度安排。当前各级政府都高度重视社会组织发展的问题，并通过购买服务来实现扶持社会组织发展的政策目标。但总体来看，当前社会组织的发展并未与社区治理的结构形成深层次对接，各部门在购买服务时也常常"各自为政"，导致统一的公共服务外包市场难以成型，社会组织之间难以形成有效的竞争机制。此外，现阶段政府购买服务往往是以"体制内"需求为导向，这些都导致社会组织充分释放活力所需要的条件仍显不足。在这种背景下，即使社会组织的规模不断扩大，但其作为治理主体的活力释放仍会面临一些深层问题。这也意味着，当前社会组织发展的制度框架和组织孵化体系需要某种更高水平的系统设置。〔1〕 全国人大宪法和法律委员会副主任委员江必新认为，社会治理面临着一些需要重视的问题，如：社会主体的持续互动仍然缺乏科学的机制设计，社会活力的深度激发仍然缺乏系统的制度安排，社会主体有效参与的渠道和方式仍在摸索。〔2〕 也有学者从微观层面对社会治理面临的严峻挑战进行了分析，如信息时代发生的一系列新变化，使社会生活呈现出很多新问题、新矛盾，社会治理也面临着许多新挑战。一般认为，网格化管理是具有重要创新性的社会管理模式，但相对于广泛的信息化和网络化的社会变迁，如果网格化管理不能适应信息时代不可逆转的发展趋势，它就意味着将落后于生活信息化和网络化的时代进步。〔3〕 新时代社会治理面临的新挑战和新问题，是社会治理理论研究者、实务工作者的重大课题。张文显教授在《新时代中国社会治理的理论、制度和实践创新》中提出了"中国社会治理的十个

〔1〕 李友梅：《中国社会治理的新内涵与新作为》，载《社会学研究》2017 年第 6 期。
〔2〕 江必新：《把新时代社会治理提升到更高水平》，载《人民日报》2018 年 8 月 5 日。
〔3〕 谢建社主编：《新时代中国社会变迁与社会治理若干问题研究》，中国社会科学出版社 2018 年版，第 3 页。

制度命题”，即社会治理是国家治理的重要方面，树立“以人民为中心”的社会治理理念，构建和谐社会、建设平安中国，打造社会治理共同体，夯实社会建设制度，完善社会治理体系，推进市域社会治理现代化，优化基层社会治理格局，涵养社会治理核心价值，坚持“四维”治理（系统治理、依法治理、综合治理、源头治理），这些理论、制度和实践创新彰显出中国之治的鲜明特色和显著优势，呈现出社会治理现代化的壮丽前景。[1]

城市社会治理是社会治理的重要组成部分，搞好城市社会治理对于实现国家治理现代化至关重要。城市是一定区域的政治、经济、文化中心，也是人口相对密集的地方。城市是现代文明的载体，城市的文明程度是国家文明的“窗口”，城市治理是反映文明发展程度的重要标志，城市以其特有的功能和地位，彰显了其对国家整个经济社会发展的重要作用。改革开放以来，我国逐渐兴起大规模的城镇化进程，2021 年 5 月 11 日国家统计局发布，全国人口[2]已达 141178 万人，其中，城镇人口为 90199 万人，城镇人口比重达到 63.89%，而 1978 年这一比重仅为 17.92%，城市化的发展速度很快，据 2020 年的统计，我国的城市数量已经达到 687 个。这是改革开放带来的巨大变化，为国家现代化进程带来了巨大动力。同时，快速发展的城市化，也涌现出很多的城市问题，如人口膨胀、交通拥挤、住房紧张、环境污染、资源紧缺、贫富分化、文化冲突等，这是中国城市发展时期，也是世界各国城市发展时期面临的问题。特别是中国特色社会主义进入新时代，社会主要矛盾已经发生了变化，随着物质生活需要不断得到满足和改善，在人民日益增长的美好生活需要中，人民对精神文化生活的需要，对民主、法治、公平、正义、安全、环境等的需要更加迫切，因此，加强和创新城市社会治理，推进城市社会治理体系和治理能力现代化的发展就显得尤为重要和迫切。习近平总书记在上海考察时曾强调，城市治理是国家治理体系和治理能力现代化的重要内容。一流城市要有一流治理，要注重在科学化、精细化、智能化上下功夫。这对于我们深刻认识城市治理的重要性和找准提高城市治理水平的发力点，具有重要的指导意义。

2018 年 6 月 4 日在全国新任地市级政法委书记培训示范班开班式上，中

---

〔1〕 张文显：《新时代中国社会治理的理论、制度和实践创新》，载《法商研究》2020 年第 2 期。

〔2〕 全国人口是指大陆 31 个省、自治区、直辖市和现役军人的人口，不包括居住在 31 个省、自治区、直辖市的港澳台居民和外籍人员。

央政法委秘书长陈一新同志提出“新时代市域社会治理现代化”的重要概念。他指出：“新时代市域社会治理现代化，是当前和今后一个时期亟待我们研究和探索的重要理论课题和实践命题。”市域社会治理现代化一经提出，就得到党中央的高度重视，习近平总书记在2019年1月中央政法工作会议上强调指出：“要把市域社会治理现代化作为社会治理现代化的切入点和突破口。”2019年10月31日，党的十九届四中全会在通过的《决定》中，提出了“加快推进市域社会治理现代化”的行动目标。2020年1月17日，在北京召开中央政法工作会议，习近平总书记要求着力推进市域社会治理现代化试点工作。市域，即城市政府管理的区域。根据2019年中央政法委提出的在全国开展市域社会治理现代化试点城市工作方案，市域社会治理是指设区的市区域范围内的具体实施。由于设区的市的范围既包括城市行政区域又包括城市所辖行政区域内的城镇社区和乡村社区，市域社会治理是城市社会治理和乡村社会治理的融合体，它不是城市和乡村各自独立的治理，而是依托具体的城市区域而发生的治理活动的统称。市域社会治理与城市社会治理相较，除了空间范围不同外，最主要的区别就是市域社会治理具有枢纽性，即其承担承上启下的枢纽作用、以城带乡的引擎作用、以点带面的示范作用。市域的特殊地位使它成为目前一些最突出的矛盾和问题的汇集地，同时防范化解矛盾，最坚实的力量支撑也在市域。市域在社会治理中有自身独特的基础和优势。2015年《中华人民共和国立法法》（以下简称《立法法》）修正后，设区的市都有地方立法权，具有政策法规制定的自主空间，市域具备较为雄厚的物质基础和丰富多样的资源手段，而且在探索社会治理创新方面有更大的回旋余地。因此，推进市域社会治理创新，有利于推动社会治理现代化不断探索新经验、贡献新方案。本课题所研究的城市社会治理是市域社会治理最基本的组成部分，其内容具有高度的相似性和包容性。中央政法委关于市域社会治理试点城市的评价指标基本上是城市社会治理内容。

城市社会治理研究是我国社会治理研究的重要领域。党的十八大以前，国内研究多侧重于社会管理创新，也有部分关于城市治理的研究。国内比较系统的研究专著有孙荣、徐红、邹珊珊著《城市治理：中国的理解与实践》（复旦大学出版社，2007年12月），主要探讨城市治理与多中心治理的相关理论，分析中国城市治理的现状和问题，探讨城市政府在治理中的作用以及政府与企业、民间组织的关系及良性互动等问题。党的十八大以后关于社会治理和城市治理的专著出版和论文发表增加速度很快，有李友梅等著《城市社会治理》（社会科学文献出版社，2014 年 9 月），该书汇集了关于城市社会治理的最新研究成果。从社会组织体制建设、社会治理的结构性问题深入探讨了城市治理转型的艰巨性和重要性。通过对城市阶层结构、城市流动人口、老龄化、中等收入群体、环境问题、社会治理的多元主体与微观基础的研究，以及美国、日本城市社会治理的国际经验研究，提出了关于城市社会治理的一些普遍性问题。魏礼群主编《中国社会治理通论》（北京师范大学出版社，2019 年 8 月），对中国社会治理进行总体性、系统性、全景性阐述。围绕着推进社会治理体系和治理能力现代化建设的主线，构筑了“四大支柱”，即理论支柱、经验支柱、政策支柱、实践支柱。其在“中国治理场域”一章中，专列一节“城市社会治理”，阐述了城市社会治理的定义与内容、城市社会治理的变迁、特大城市社会治理等问题。龚维斌主编《中国社会治理研究》（社会科学文献出版社，2014 年 12 月），其中第二编城乡社会管理研究，也有专门论及城市社会治理问题。张翼主编《当代中国社会结构变迁与社会治理》（经济管理出版社，2016 年 4 月）第六章“城市基层社会治理与创新”，论述了城市基层社会治理的困境及理论与政策转向，还有对当前城市基层社会治理体制改革的政策讨论等。杨宏山著《转型中的城市治理》（中国人民大学出版社，2017 年 12 月），在梳理公共治理谱系的基础上，选取城市的一些典型场域，透视改革开放以来，中国城市治理的模式转型，认为已经形成综合治理模式，针对中国城市治理结构、市与县的关系、城市财政制度、城市规划管理、社区服务供给等重要议题展开研究。曹海军著《国外城市治理理论研究》（天津人民出版社，2017 年 5 月），介绍了当今世界尤其是发展中国家快速城市化过程中产生的公共治理问题，以及国外有关城市治理的理论流派。另外，还有大量研究城市治理的论文。其中吴晓琳的《中国城市治理研究的学术史梳理》认为，真正契合当今现代治理内核的中国城市治理研究始于 2000 年以后。特别应予关注的是党的十九大提出社会治理新格局、十九届四中全会提出推进国家治理体系和治理能力现代化后我国理论界的反应。比较重要的如江必新的《以党的十九大精神为指导 加强和创新社会治理》（《国家行政学院学报》，2018 年 2 月）认为，党的十八大以来，社会治理取代社会管理正式成为我国社会建设的关键词与方法论。我国社会治理取得了重大进展，未来中国社会治理的新目标应定位于迈向与经济发展水平相匹配，与建设社会主义现代化强国要求相协调的共治共建共享的社会治理格局，达致与全面依法治国相匹配，与国家治理现代化相适应的社会治理水平，使社会治理获得全面提升。潘盛洲的《打造共建共治共享的社会治理格局》（《经济日报》，2017 年 11 月 27 日 05 版），分析了我国社会治理现状及问题，提出加强社会治理制度建设，完善社会治理体制，多措并举、打造共建共治共享的社会治理格局。张文显教授的《新时代中国社会治理的理论、制度和实践创新》（《法商研究》，2020 年 4 月），提出了中国社会治理的十个制度性命题。这些论文虽然不是专门论述城市社会治理问题，但对于研究城市社会治理具有重要的引领性作用。市域社会治理现代化的提出，推动了对市域社会治理的研究，也使得城市社会治理研究深入发展。党的十九大前后，我国有的城市和高校成立了“城市治理研究中心”等研究机构，如上海市、中国人民大学等。国外相关研究在理论上相对成熟，有城市善治理论、大都市市区治理理论、城市群治理理论、多层次治理理论等。纵览国内研究，表现出以下特点：研究主题更加细分、实证研究成为主流、学科视角更加多元化。但也存在着研究过于零散化、研究方法相对单一、偏重于现象描述和量化分析、学科间缺少交流与融合等问题，尚未形成城市社会治理的核心概念和理论建构的共识。从研究成果分析，可以看出大多是社会学、政治学学者所作，法学界相对较少。其实，社会治理法治化是必然趋势。法学界亦应加强对我国社会治理，特别是城市社会治理，包括市域社会治理现代化的研究，其应该是大有可为。

本书将立足于新的历史方位，站在新时代的历史起点上，回顾与总结改革开放以来我国城市社会治理的成绩和经验，分析我国城市社会治理存在的新问题，前瞻我国在新时代城市社会治理方面面临的使命和任务，遵循党的十九大提出的“打造共建共治共享的社会治理格局”的新部署，以及党的十九届四中全会《决定》对坚持和完善共建共治共享的社会治理制度的新要求，对我国城市社会治理的各方面进行理论研究和实践探讨。本书围绕新时代城市社会治理的理论和实践问题，主要聚焦于以下内容：

第一章为城市社会治理的基本理论。主要从理论上对社会治理的内涵和外延及理论兴起、社会治理在国家治理体系中的地位和作用进行了研究和介绍。梳理了我国社会治理的变革和发展，比较详尽地阐述了党的十九大和党的十九届四中全会对社会治理的布置和要求。重点探讨和厘清新时代城市社会治理的特有属性，以及城市社会治理的主体、客体、方式等基本问题。

第二章为新时代城市社会治理制度建设。主要从制度建设的层面探讨如何保证城市社会治理的顺利开展。如何实现共建共治共享的社会治理格局。重点分析了建设党委领导、政府负责、民主协商、社会协同、公众参与、法治保障、科技支撑的城市社会治理体制，特别是这一体制在党的十九届四中全会《决定》中增加了“民主协商”和“科技支撑”两项。本章还研究了城市社会治理社会化、法治化、智能化、专业化的实现机制。

第三章为加快推进市域社会治理现代化。该部分是课题立项后中央对社会治理提出市域治理现代化的目标后增加的，以期明确市域社会治理提出的重大意义。阐述了市域社会治理的总体思路和新模式构建，如何完善市域社会治理工作机制。比较详尽地介绍了中央政法委关于全国市域社会治理试点工作指引和市域社会治理现代化评价指标体系。

如果以上关于社会治理和城市社会治理的理论、政策是本书关于城市社会治理研究的总论，那么以下各章所研究的城市社会治理某一方面的具体问题，则可以视为本书关于城市社会治理研究的分论。

第四章为加强预防和化解社会矛盾机制建设。对新时代若干主要的城市社会矛盾进行了类型化分析。根据党的十九届四中全会将“完善信访制度”作为“完善正确处理新形势下人民内部矛盾有效机制”的重要部署，专门研究了如何完善信访制度的问题。探讨了完善社会稳定风险评估和社会矛盾纠纷排查预警机制的建设。完善社会矛盾纠纷多元化解机制，首先要树立新理念，基础建设是完善人民调解制度，也要发挥纠纷多元化解模式的整体效能。

第五章为加强和完善公共安全体系。阐述了公共安全体系的构成及重要性。分别介绍了食品药品监管体制、安全生产监管体制、生态环境监管体制和应急管理体制的完善问题。

第六章为加强社会治安防控体系建设。阐述了社会治安防控体系建设的提出及其指导思想、目标任务，以及治安防控体系建设的具体工作内容、运行机制、法治推进和工作格局。分析了社会治安防控体系建设实践中存在的问题。提出了针对社会治安防控体系建设实践中存在的问题的对策建议。

第七章为加强社会心理服务体系建设。介绍了社会心理服务体系建设的内容和意义。它是打造共建共治共享的社会治理格局的重要基础，是化解社会矛盾、满足人民对美好生活需要的必然要求。阐明了如何加强心理健康服务、提高全民心理健康水平，以及如何加强对良好社会心态的培育。

第八章为加强社区治理体系建设。阐明社区治理是城市社会治理的基础和重心，分析我国城市社区治理的现状和问题，论述了健全和完善城市社区治理体系的路径，不断提升城市社区治理水平，着力补齐城市社区治理短板。

第九章为加强和完善社会组织建设。对社会组织的概念、基本分类进行了界定，分析了我国社会组织的发展和现状。论述了社会组织在城市社会治理中的重要作用，社会组织参与城市社会治理面临的问题。从加强党的建设、完善相关法律政策措施、培育发展社区社会组织、依法做好登记审查、严格管理和监督、加强社会组织自身建设等方面提出了改革社会组织管理制度、促进社会组织健康有序发展的建议。

第十章为社会治理智能化与智慧城市建设。阐述了社会治理智能化对提升城市现代化治理的重大意义。分析了城市社会治理智能化存在的问题，有针对性地提出了提高社会治理智能化水平的有效路径，即转变传统治理理念、树立社会治理智能化理念；发挥“智治”支撑作用、推进社会治理智能化再造，整合信息资源、促进信息共享、实现协同治理；加强智能化基础设施建设，实现社会治理平台化；在法治的轨道上推进社会治理智能化。本章提出，智慧城市建设是社会治理智能化的升级版，同时，梳理了智慧城市的构成要素和建设内容，分析了智慧城市建设存在的问题并提出有效对策。

2020 年，新冠肺炎疫情突如其来，在党中央的坚强领导下，举全国之力，团结一心，采取了最全面、最严格、最彻底的防控举措，抗疫斗争取得了决定性胜利。大疫如大考，正如习近平总书记反复强调的，抗击新冠肺炎疫情，是对国家治理体系和治理能力的一次大考。疫情主要发生在城市，对城市社会治理尤其是一次严峻的考验，也暴露了一些问题。如城市的公共安全体系、应急管理体制的建设、基层社区治理的功效、社会组织的作用、社会协同机制的有效性、智慧城市建设的应用等，在全方位的检视下，发现的确还存在治理短板。疫情尚未结束，由于课题研究工作已经收尾，没有针对这些问题展开研究，但这些问题给我们下一步的研究提供了新的课题和最实际的素材，我们将继续围绕抗击疫情中的城市社会治理问题进行深入研究。

本书是中国法学会重点委托课题【立项编号：CLS（2018）ZDWT24】的研究成果，在此，特别感谢中国法学会研究部的支持，感谢大连市法学会和辽宁师范大学法学院的支持。本书的写作任务分担如下（以撰写章节的先后顺序为序）：

于沛霖　导言，第一章第三部分，第四章第一、二部分

姜俊山　第一章第一、二部分，第三章，第六章

王峻峰　第二章

姚玉杰　第四章第三、四部分

赵　春　第五章、第八章

赵丽军　第七章

王洪校　第九章

于少乾　第十章

全书最后由姜俊山、赵春、于沛霖统稿。

第一章　城市社会治理的基本理论

一、治理与社会治理

（一）治理的概念及理论兴起

“治理”在东西方历史中都曾经被用于国家及其公共事务机关的管理活动及其政治活动中，在这个意义上，它与“统治”的意思相近，核心是“控制”。但现代意义上的治理，与统治的意思有很大的不同。治理的概念及相关理论兴起于20世纪80年代，1989年世界银行针对当时的非洲形势，在其报告中使用“治理危机”一词，其后治理被广泛用于国家和社会处理矛盾关系中，逐渐被人们所熟悉，并引起理论界的注意和政治家们的关注。治理的流行的时代背景与20世纪80年代西方国家公共部门的改革有密切关系。“这些改革引发了人们对国家和政府定位与功能的重新思考。公共事务的管理已经不仅仅是政府的事情，更是一个包括政府在内的由志愿性组织与协会、利益群体、政党、媒体等众多组织参与的事情，其间包含对话和互动、竞争与合作，这就是治理的过程，各参与主体之间形成的复杂关系，被称为治理结构。”[1]

1995年，我国有学者提出“治理”的概念，并开始在我国应用。早期较多应用在国有企业改革中，如建立现代企业制度时使用的“公司治理”概念。随后，治理广泛应用于商业、环保、传媒、社会、政府行为与国际事务等领域。如今治理观已经成为政治领导人非常重视的一个理论参考依据和行动指南。随着“治理”一词被国内外理论界和政治家广泛关注，其概念自然也成为被热议的对象，如何界定治理的概念众说纷纭。在治理的各种定义中，全球治理委员会的表述被认为具有很大的代表性和权威性。该委员会于1995年

---

〔1〕 万鹏飞等：《2019首都发展报告：社会治理研究》，科学出版社2019年版，第4页。

《我们的全球之家》研究报告中指出，治理是各种公共或私人机构在管理公共事务时所采用的方式总和，是在调和各种社会冲突和利益矛盾时采取联合行动的持续性过程。[1] 治理成为我国理论界的研究热点，则是在2000年以后。2000年，俞可平教授主编的《治理与善治》一书出版，引领和推动了对治理的研究。俞可平关于治理的概念具有一定的代表性，他认为治理意味着一系列来自政府，但又不限于政府的社会公共机构和行为者；意味着在为社会和经济问题寻求解决方案的过程中存在着界限和责任方面的模糊性；意味着涉及集体行为的组织必须依靠其他组织；意味着参与者最终将形成一个自主的网络；意味着办好事情的能力并不限于政府的权力，不限于政府发号施令或运用权威。[2] 严格来说，这不能说是一种定义，更多的是对治理含义的诠释。魏礼群先生主编的《中国社会治理通论》认为，治理“通常指的是一种由多元社会主体为了共同目标，共同参与和支持的活动，治理涉及多元主体间的配合与协调”[3]。该定义比较容易理解。

（二）社会治理的内涵和外延

治理显然是社会治理的上位概念。社会治理有广义和狭义两种理解。广义的概念是指社会领域的治理，即“五位一体”总体布局中的社会建设，主要包括社会民生建设和社会管理创新两大根本任务。狭义的社会治理是指在党委领导、政府负责下，统筹多元社会主体共同参与的，旨在维护社会秩序、促进社会公平、协调社会关系、激发社会活力、推动社会进步和谐稳定的实践活动和系统工程。党的十八届三中全会首次在中央全会文件中使用“社会治理”概念应该指的是这个含义，也就是新时代对于过去社会管理工作的创新和发展。

当下对社会治理的内涵除上述定义外，还有学者认为“是各治理主体在平等、协商、互助合作的基础上，依法对社会的公共事务进行规范和管理，以实现社会利益最大化的过程”[4]。我们认为，我国社会治理是国家治理体

---

〔1〕 国务院发展研究中心公共管理与人力资源研究所“我国社会治理创新发展研究”课题组：《我国社会治理的制度与实践创新》，中国发展出版社2018年版，第3页。

〔2〕 俞可平：《权利政治与公益政治——当代西方政治哲学评析》，社会科学文献出版社2000年版，第110—113页。

〔3〕 魏礼群主编：《中国社会治理通论》，北京师范大学出版社2019年版，第1页。

〔4〕 杨述明主编：《中国城市社会治理》，湖北人民出版社2016年版，第6页。

系的重要组成部分，就是在习近平新时代中国特色社会主义思想关于社会治理重要论述的指导下，坚持党委领导、政府负责、民主协商、社会协同、公众参与、法治保障、科技支撑的社会治理体制，通过制定专门的、系统的、规范的社会政策和法律法规，培育社会组织，建设基层自治基础，构建合理的现代社会结构，以互助、有效协作的方式，管理社会事务，调整社会利益关系，回应社会诉求、化解社会矛盾、维护社会公正、保障社会稳定和谐，创造共建共治共享的社会治理格局。理解社会治理的内涵，关键要把握以下三点：一是社会治理主体的多元化，这是社会治理与计划管理、社会管理的显著区别，应当积极鼓励政府以外的其他社会主体和公众参与社会治理，只有多元主体的参与才能解决政府作为传统治理单一主体无法应对现代社会复杂局面的难题。二是要坚持以马克思主义的社会共同体思想为指导，社会治理是社会共同体的治理，我们要创造共建共治共享的社会治理格局，就是要共同体共建共治共享。马克思认为，在共产主义或社会主义社会，可以形成“自由人”联合体，即真正的社会共同体。马克思说：“只有在共同体中，个人才能获得全面发展其才能的手段，也就是说，只有在共同体中才可能有个人的自由。”[1] 党的十九届四中全会《决定》提出：“建设人人有责、人人尽责、人人享有的社会治理共同体。”三是应该树立主体权利意识，参与社会公共事务是公民的基本权利，要保障公众的参与权，同时，也要鼓励和引导社会公众行使参与权。

社会治理的外延，主要体现在它与计划管理、社会管理等体制的区别上。社会治理的主体具有多元化的特征，包括政府组织和非政府组织，强调政府与企事业单位、社会组织和公民等多元化主体之间的协商平等合作，具有很大的包容性；社会治理的目的是实现社会利益的最大化；社会治理的过程体现为多元主体之间的平等、协商、互动；社会治理的内容是对社会事务进行协调与管理；社会治理的方式是采用市场的、法治的、智能的、文化的多种手段综合治理。

（三）社会治理在国家治理体系中的地位和作用

社会治理是国家治理的重要方面，社会治理体系是国家治理体系的重要组成部分，社会治理能力是国家治理能力的有机组成。因此，社会治理现代

---

〔1〕《马克思恩格斯文集》（第一卷），人民出版社 2009 年版，第 571 页。

化是国家治理体系和治理能力现代化的题中应有之义。

按照马克思主义的观点，国家是经济社会发展到一定阶段，社会分层和阶级矛盾不可调和的产物，国家是按照统治阶级意志建立的一个阶级压迫另一个阶级的机器。从国家和社会的关系看，国家是从社会中产生的，但又凌驾于社会之上，并且是“日益同社会相异化的力量”[1]。“国家绝不是社会的同义词”，“国家是有关权力的获取、使用和保护的政治形式，而社会是指所有基于共同文化背景的人类互动的模式化形式”[2]。国家的职能除了执行政治职能，即阶级统治外，还有另一个重要职能，即对社会公共事务的管理。马克思特别强调国家的社会职能的重要性，他认为，政治统治“是以执行某种社会职能为基础”的，而且也只有在它执行了“这种社会职能时才能持续下去”[3]。马克思认为国家的社会职能包括：维护社会秩序，社会需要创立国家政权来“保护自己的共同利益，免遭内部和外部的侵犯”从而为社会发展创造良好的环境；国家要通过制定各种法律和政策，来指导和保障整个社会生产的顺利进行，如设立工厂调查委员会、规定正常工作日等；国家还要提供各种社会公共服务以及各项福利制度，如兴办各种公共交通以及水利工程、储存福利后备基金和设立保险基金等。

我国社会治理的概念是在全面深化改革的总目标下提出来的，全面深化改革的目标就是国家治理体系和治理能力的现代化，我国的社会治理与国家治理有着直接的联系。党的十八大报告提出：“全面落实经济建设、政治建设、文化建设、社会建设、生态文明建设五位一体总体布局。”对应着每一个建设都有一个治理问题，五大治理构成了国家治理体系的全面内容。因此，社会治理是国家的治理体系和治理能力现代化的重要方面。

我国的社会治理体系是国家治理体系的有机组成部分。党的十九届四中全会《决定》中有坚持和完善国家治理体系的重要制度，其中就提出，“坚持和完善共建共治共享的社会治理制度，保持社会稳定和国家安全”。“必须加强和创新社会治理，完善党委领导、政府负责、民主协商、社会协同、公众参与、法治保障、科技支撑的社会治理体系。”同时《决定》还指出，我国国家制度和国家治理体系具有多方面的显著优势，而社会治理体系，从各个方

---

〔1〕《马克思恩格斯选集》（第三卷），人民出版社 1995 年版，第 523 页。

〔2〕 万鹏飞等：《2019 首都发展报告：社会治理研究》，科学出版社 2019 年版，第 9 页。

〔3〕《马克思恩格斯选集》（第三卷），人民出版社 1995 年版，第 523 页。

面反映了这些显著优势，体现了直接的关联性和高度的重合性。全会强调的显著优势是坚持党的集中统一领导，坚持党的科学理论。保持政治稳定，确保国家始终沿着社会主义方向前进；坚持人民当家作主，发展人民民主，密切联系群众，紧紧依靠人民推动国家发展；坚持全面依法治国，建设社会主义法治国家，切实保障社会公平正义和人民权利；坚持全国一盘棋，调动各方面积极性，集中力量办大事；坚持各民族一律平等，铸牢中华民族共同体意识，实现共同团结奋斗、共同繁荣发展；坚持公有制为主体，多种所有制经济共同发展和按劳分配为主、多种分配方式并存，把社会主义制度和市场经济有机结合起来，不断解放和发展社会生产力；坚持共同的理想信念、价值理念、道德观念，弘扬中华优秀传统文化、革命文化、社会主义先进文化，促进全体人民在思想上和精神上紧紧团结在一起；坚持以人民为中心的发展思想，不断保障和改善民生，增进人民福祉，走共同富裕道路；坚持改革创新、与时俱进，善于自我完善、自我发展，使社会充满生机活力；等等。可见，社会治理体系和国家治理体系的紧密联系。加强和创新社会治理，坚持和完善共建共治共享的社会治理制度，是完善和发展中国特色社会主义制度，推进国家治理体系和治理能力现代化的重要内容，是适应新时代社会主要矛盾转化和建设人人有责、人人尽责、人人享有的社会治理共同体的必然要求，是防范化解风险，建设更高水平的平安中国的迫切需要。

二、我国社会治理的变革和发展

（一）我国社会治理模式的变革

新中国成立至今，中国共产党积极探索中国特色社会主义社会治理体制，在不同时期根据特定的历史条件和基本国情，采取不同的社会治理模式。七十年来，我国社会治理从理论到政策实践经历了三个阶段，即从计划经济时期的“计划管理（政府管理）”到市场经济初期的“社会管理”，再到党的十八大后逐渐形成的“社会治理”。总体而言，是适应当时的政治经济和社会发展需要的。

1. 计划管理（政府管理）模式

新中国成立后，我们国家面临着十分复杂的国内外形式，混乱和涣散的旧中国社会状态给新社会的治理带来巨大困难，在这样一个特殊的历史时期，必须强调高度集权的政府社会一体化管理，才能提升社会凝聚力，建立集中统一的社会秩序。因此，我国在建立计划经济体制的同时，也建立了以计划管理为特征的社会管控模式，国家权力渗透到社会的各个方面。首先，是由政府对社会实行全面管理，体现出很强的“全能政府”的特点。其次，所有从业人员均由其所在单位进行管理，呈现出明显的“单位制”的特点。最后，对城市人员采取以建立街区为基础的管理，对社会流动人员则是采取以单位、户籍、职业身份和档案制度为基础的管理。实践证明，这种计划管控是适应当时的国情和社会管理需要的模式。它能使政府有效地把控社会和动员组织社会力量。但从长期目标来看，这种“全能政府”的管理模式，将所有的社会成员都管理在相对封闭的“单位”之中，社会缺乏自治性和自我调节能力，肯定会影响社会的活力。

2. 社会管理模式

1978 年党的十一届三中全会后，我国进入改革开放的新时期，对社会的管理仍沿用计划管理模式，但随着经济体制改革的不断深化，特别是党的十四大确立社会主义市场经济体制以后，计划经济向市场经济的转轨必然影响到社会的转型，社会逐渐从国家体制中相对独立出来，计划管理模式已经不能适应市场和社会的发展和需要，管理模式也随之发生转变，即由政府管理模式转向为社会管理模式。2004 年，党的十六届四中全会在《中共中央关于加强党的执政能力建设的决定》中提出:“加强社会建设和管理，推进社会管理体制创新。”2006 年 10 月，党的十六届六中全会在《中共中央关于构建社会主义和谐社会若干重大问题的决定》中提出，要“创新社会管理体制，整合社会管理资源，提高社会管理水平，健全党委领导、政府负责、社会协同、公众参与的社会管理格局，在服务中实施管理，在管理中体现服务”。2007 年 10 月，党的十七大报告中明确提出，“要加快推进以改善民生为重点的社会建设”，“要更加注重社会建设，着力保障和改善民生，推进社会体制改革，扩大公共服务，完善社会管理，促进社会公平正义，努力使全体人民学有所教、劳有所得、病有所医、老有所养、住有所居，推动建设和谐社会”。2010 年全国确定 35 个社会管理创新综合试点，并制定了《全国社会管理创新综合试点指导意见》。

3. 社会治理模式

党的十八大以来，中国特色社会主义治理制度开始形成，真正意义上的社会治理得到确立和发展。2013 年，党的十八届三中全会在《中共中央关于全面深化改革若干重大问题的决定》中明确提出，“全面深化改革的总目标是完善和发展中国特色社会主义制度，推进国家治理体系和治理能力现代化”，“加快形成科学有效的社会治理体制”，并对社会治理从改进社会治理方式、激发社会组织活力、创造有效预防和化解社会矛盾体制等方面提出了原则性要求。这是“社会治理”新概念第一次出现在党的文献中，取代了过去“社会管理创新”的提法，并将“创新社会治理体制”置于国家发展战略的高度，作为“推进国家治理体系和治理能力现代化”的重要组成部分。

社会治理的提出，是党的社会建设理论与实践的一次重大创新，它的提出意味着中国社会建设在顶层布局上进入崭新阶段。从社会管理转向为社会治理，表明了两者在治理主体、治理方式、治理范围、治理重点等方面有明显的区别，意味着社会治理由过去政府一元化管理体制转变为政府与各类社会主体多元化协同治理体制，凸显了公众参与在社会治理中的基础性地位。这是对于改革开放和社会主义现代化建设新时期我们党处理社会问题、解决社会矛盾所取得的经验的深刻总结，其中反映了以习近平同志为核心的党中央在我国社会建设方面取得的重要理论与实践成果。其后，党中央对加强社会治理、创新和完善社会治理的体制机制作出了一系列重要部署，社会治理格局得以明确，社会治理思路越来越清晰，社会治理效能日益得到彰显。

（二）党的十九大以来加强和创新社会治理的新理念和新举措

1. 党的十八大到十九大期间，社会治理理论和政策的发展

2013 年，党的十八届三中全会在《中共中央关于全面深化改革若干重大问题的决定》中首次明确提出了“社会治理”的概念。

2014 年，党的十八届四中全会提出推进多层次多领域依法治理，并提出要坚持系统治理、依法治理、综合治理、源头治理的社会治理方式，提高社会治理的法治化水平。

2015 年，党的十八届五中全会进一步提出了加强和创新社会治理，是加强和改善党的领导，实现“十三五”规划的重要抓手。要建设平安中国，完善党委领导、政府主导、社会协同、公众参与、法治保障的社会治理体制，推进社会治理精细化，构建全民共建共享的社会治理格局。

2016 年，习近平总书记在全国社会治安和治理创新工作会议上的讲话中明确提出，“要更加注重联动融合、开放共治，更加注重民主法治、科技创新、提高社会治理社会化、法治化、智能化、专业化水平，提高预测预警预

防各类风险能力。要坚持问题导向，把专项治理和系统治理、综合治理、依法治理、源头治理结合起来。要完善社会治安综合治理体制机制，加快建设立体化、信息化社会治安防控体系”，为社会治理指明了方向。

2. 党的十九大关于社会治理的新理念和新举措

党的十九大高度重视社会治理问题，十九大报告充分肯定十八大以来的社会治理工作，认为过去的五年社会治理体系更加完善，社会大局保持稳定，国家安全全面加强。十九大报告还分析了加强和创新社会治理的重大现实意义，报告指出，当前我国社会主要矛盾已经由“人民日益增长的物质文化需要同落后的社会生产之间的矛盾”转化为“人民日益增长的美好生活需要和不平衡不充分的发展之间的矛盾”。并且指出，人们对美好生活的需要日益广泛，不仅对物质文化生活提出了更高要求，而且在民主、法治、公平、正义、安全、环境等方面的要求日益增长。为了回应这些新的需要，解决社会矛盾交织叠加的状况，必须加强和创新社会治理。十九大报告不仅将加强和创新社会治理作为新时代中国特色社会主义思想的重要内容，并且提出了关于加强和创新社会治理的新理念和新举措。

一是提出了新时代社会治理的目标。习近平总书记在十九大报告中明确要求要“打造共建共治共享的社会治理格局”，为新时代社会治理机制创新和体系完善指明了目标和方向。在国家“十三五”规划中，提出加强和创新社会治理，并提出要建立共建共享的社会治理格局。党的十九大报告在此基础上增加了“共治”，充分体现了社会治理的核心思想。改革开放之后，特别是社会主义市场经济体制的建立，使得社会从国家体制中相对独立出来，掌握经济资源、技术资源、人才资源的社会主体越来越广泛，政府已经由计划体制的全能政府转变为有限型政府，对社会的服务和管理，需要动员各方面社会主体共同参与，形成社会治理人人有责、人人尽责的局面，实现社会共建共治，才能共享和谐稳定的社会发展环境。

二是加强社会治理制度建设。十九大报告提出，要“加强社会治理制度建设，完善党委领导、政府负责、社会协同、公众参与、法治保障的社会治理体制，提高社会治理社会化、法治化、智能化、专业化水平”。要完善社会治理体制，首先是要加强和改善各级党委对社会治理的领导，全面落实各级党委和政府社会治理的主体责任，把加强和创新社会治理纳入党委和政府的重要议事日程，纳入地方政府党政领导班子和领导干部政绩考核指标体系。其次是要提高社会治理现代化水平，即提高社会治理社会化、法治化、智能化、专业化水平。社会治理社会化是社会主体多元化、市场机制和社会机制作用日益加强的必然趋势，要逐渐调整政府与社会的关系，做好政府社会治理事务向社会逐渐转移，通过购买公共服务和招投标等方式，使政府包揽的社会治理事务逐渐向社会转移，充分发挥社会力量和公众社会治理的协同作用。法治是社会治理的保障，要充分发挥法治对社会治理的引领、规范和保障作用。加强社会治理领域相关法律法规的“立改废释”，运用法治思维和法治方式化解矛盾、破解难题、促进和谐。信息化社会深刻影响着社会治理方式的变革，针对我国当前信息的碎片化、条块化、人力和运行成本高、快速反应能力不足等问题，给社会治理创新提出新要求，社会治理必须实行智能化，即在网络化和网络平台基础上，运用大数据、云计算、物联网等信息技术，使我们的社会治理能够更加精准分析、精准服务、精准治理、精准监督、精准反馈，能更好地服务不同社会群体，更有效地管理好国家和社会的公共事务，在社会治理方式上实现革命性的变革。社会治理专业化，要求社会服务和治理有专业的队伍、专业的理念、专业的技术和方法来进行社会治理和开展社会服务。要培养和造就一支数量充足、结构合理、素质优良的社会工作专业人才队伍，能够在社会救助、社区服务、就业援助、贫困帮扶、纠纷调解、慈善事业等领域直接提供社会服务的专业人员，只有充分发挥专业社会工作者的作用，才能提高社会治理的专业化水平。

三是加强预防和化解社会矛盾机制建设，正确处理人民内部矛盾。要完善社会矛盾排查预警机制，努力做到早发现、早预防、早处置，要运用大数据技术、信息化手段，建立社会矛盾排查预警指标体系，形成集信息共享、部门联动、综合研判、跟踪督办、应急处置于一体的工作体系，及时排除、预警、化解、处置各类矛盾风险。要完善重大决策社会稳定风险评估机制，从源头上预防和减少矛盾。要建立规范完善的公众参与程序，加强公众参与平台建设，畅通依法有序的信息公开和民意表达渠道。要完善矛盾纠纷多元化化解机制，提高矛盾纠纷多元化解的整体效果和效力。要积极加强矛盾纠纷多元化解法治建设，积极推动人民调解、行政调解、司法调解衔接联动，推进诉讼与调解、仲裁、行政裁决、行政复议等非诉讼方式有机衔接。大力加强基层综治中心、检调对接平台、专业性矛盾纠纷化解平台建设，有效整合各方面资源和力量，实现联调互动。

四是树立安全发展理念，健全公共安全体系。各级党委和政府、各级领导干部要牢固树立安全发展理念，弘扬生命至上、安全第一的思想，时刻把人民群众生命安全放在第一位。各地区各部门、各类企业都要坚持安全生产高标准、严要求，招商引资、项目上要严把安全生产关。加大安全生产指标考核权重，实行安全生产和重大安全生产事故风险“一票否决”。要抓紧完善安全生产责任制。要坚决遏制重特大安全事故频发势头。要推动建立行业公共安全风险评估、化解和管控制度。要切实加大投入，不断提升全社会的防灾救灾能力。

五是加快社会治安防控体系建设，保护人民人身权、财产权、人格权。推进社会治安防控体系立体化、信息化，努力构建全方位的社会安全防控网络。要从统筹城市公共安全综合治理入手，建立政府主导下的实体运作机制，设立集约高效的城市安全中枢指导调度机构，整合社会治安相关资源，确立其全方位监督预警风险，统一归口应对处置各类风险的主体地位。按照国家安全保障能力建设规划要求，以“全程覆盖、全网共享、全时运用、全程可控”为目标深入推进公共安全视频监控联网应用建设。加快实现联网集约化、联网规范化、应用智能化，要着力改革和加强城乡警务工作，依法打击和惩治黄赌毒黑拐骗等违法犯罪活动，切实保障广大人民群众的生命财产安全，建设平安中国。

六是加强社会心理服务体系建设，培育自尊自信、理性平和、积极向上的社会心态。打造共建共治共享的社会治理格局，离不开加强公民道德建设，塑造健康向上的社会心态。要加快健全社会心理服务体系，加强和改进思想政治工作，更加注重人文关怀和心理疏导，以切实有效的措施，着力促进公民道德素质的提升。要践行社会主义核心价值观，加强社会公德、职业道德、家庭美德、个人品德教育。要认真汲取中华传统文化的思想精华和道德精髓，要完善惩恶扬善机制，大力宣传美德义行善举，加大对失信失德失范行为的曝光力度，以风清气正的社会氛围，加快推进自尊自信、理性平和、积极向上的社会心态的形成。

七是加强社区治理体系建设，推动社会治理重心向基层下移。习近平总书记指出：“基层是一切工作的落脚点，社会治理的重心必须落实到城乡、社区。”必须完善以基层党组织为核心，全社会共同参与的基层社会治理新格局，引导驻区单位、社会组织、群团组织等各类社会力量广泛参与，充分发挥各方面作用，健全城乡社区的服务功能和管理功能。要尽可能地把资源、服务、管理放到基层，使基层有职、有权、有物，更好地给人民群众提供精准有效的服务和管理。要加强城市常态化管理，聚焦人民群众反映强烈的突出问题，狠抓城市管理顽症治理，同时加强流动人口管理，更多运用市场化、法治化手段，促进人口有序流动。要加强和创新农村社会治理，主动化解农村社会矛盾，坚持学习推广新时代“枫桥经验”，争取做到“小事不出村、大事不出镇、矛盾不上交”。通过推动社会治理重心向基层下移，强化社区建设，实现政府治理和社会调节、居民自治良性互动。

党的十九大关于社会治理提出的上述几个方面，既是社会治理理念的创新，也是社会治理制度和实践的创新，是我们“十四五”期间社会治理方面所面临的使命和任务。

（三）党的十九届四中全会对社会治理理念和制度的创新和发展

2019 年 10 月 31 日，党的十九届四中全会通过了《决定》，其第九部分是“坚持和完善共建共治共享的社会治理制度，保持社会稳定、维护国家安全”。显然，《决定》是将社会治理作为国家治理的重要方面，是推进国家治理体系和治理能力现代化的重大问题之一。《决定》对坚持和完善共建共治共享的社会治理制度提出了明确要求，为新时代加强和创新社会治理指明了方向。从党的十九大提出完善党委领导、政府负责、社会协同、公众参与、法治保障的社会治理体制，到党的十九届四中全会提出完善党委领导、政府负责、民主协商、社会协同、公众参与、法治保障、科技支撑的社会治理体系，建设人人有责、人人尽责、人人享有的社会治理共同体，是重大制度创新，是党的十九届四中全会的一个突出亮点。

1. 完善正确处理新形势下人民内部矛盾有效机制

要求坚持和发展新时代“枫桥经验”，一是畅通和规范群众诉求表达、利益协调、权益保障通道，完善信访制度。二是坚持联调联动、多元化解，完善人民调解、行政调解、司法调解联动工作体系。三是坚持疏解引导、培育心态，健全社会心理服务体系和危机干预机制，完善社会矛盾纠纷多元预防调处化解综合机制，努力将矛盾化解在基层。

2. 完善社会治安防控体系

一是要坚持专群结合、群防群治。二是要提高社会治安立体化、法治化、专业化、智能化水平。三是要增强社会治安防控的整体性、协同性、精准性，形成问题联治、工作联动、平安联创的工作机制，提高预测、预警、预防各类风险能力。

3. 健全公共安全体制机制

一是完善和落实安全生产责任和管理制度，建立公共安全隐患排查和安全预防控制体系。二是构建统一指挥、专常兼备、反应灵敏、上下联动的应急管理体制，优化国家应急管理能力体系建设，提高防灾减灾救灾能力。三是加强和改进食品药品安全监管制度，保障人民身体健康和生命安全。

4. 构建基层社会治理新格局

一是树立大抓基层、大抓基础的政策导向。加快推进市域社会治理现代化，推动社会治理和服务重心向基层下移，把更多资源下沉到基层，更好地提供精准化、精细化服务。二是完善群众参与基层社会治理的制度化渠道。健全党组织领导的自治、法治、德治相结合的城乡基层治理体系，健全社区管理和服务机制，推行网格化管理和服务，激发群众参与基层社会治理的内生动力。三是抓好基层基础建设的重点难点。基层力量、基础工作、基本能力，是当前基层基础工作的重点难点。要聚焦力量全覆盖，建好社区干部、网格员、志愿者等队伍，发挥群团组织、社会组织作用，发挥行业协会、商会自律功能，实现政府治理和社会调节、居民自治良性互动，夯实基层社会治理基础。注重发挥家教家风在基层社会治理中的重要作用。

5. 完善国家安全体系

一是坚持总体国家安全观，统筹发展和安全，坚持人民安全、政治安全、国家利益至上有机统一。二是健全国家安全体系，增强国家安全能力。三是坚决捍卫国家政治安全。

三、新时代城市社会治理

（一）新时代城市社会治理的特有属性

城市是国家的重要组成部分，是一个地区的经济、政治、文化和社会活动中心。自改革开放以来，我国城市化发展迅速，据国家统计局发布，截止到2020年底，我国总人口已达14亿，城市人口比重达到63.89%。1978年城镇常住人口的比重仅为17.92%，城镇化率提高了45.97个百分点；1978年城镇常住人口为1.7亿人，2020年底，城镇常住人口达9亿多人，增加了7.3亿多人，这是改革开放带来的巨大变化，为国家现代化进程带来巨大动力。同时，快速发展的城市化，也涌现出了很多的城市问题。

城市是个复杂巨系统，特别是新时代的中国城市具有本土成长的特色。了解城市的复杂性是搞好城市社会治理工作的前提。城市人口密集、社会资源相对集中，但城市社会阶层多、利益主体多元化、社会矛盾的复杂和多发也远超过乡村。我国有学者概括新时代城市的复杂性，具体包括六个方面的特征：一是城市社会有明确的领域分化，区别于农村空间；二是城市生活以职业为主导，存在一个脱域的空间；三是城市是陌生人的社会，人们的交往方式基于共同利益；四是信息传播的方式出现重大转变，快速性、变异性是主要特征；五是基层社会的冲突扩散方式发生了巨大变化，非直接利益相关者不断卷入；六是国家与社会关系面临再造，当前的治理模式是整合式共治。[1] 住建部部长王蒙徽在谈到城市化带来的城市问题时，也指出城镇化发展的中心矛盾和问题越来越凸显，如何化解这些城市问题成为难题，随着全球城市化的快速推进，城市在给人们带来繁荣和便利的同时也带来人口膨胀、交通拥挤、住房紧张、环境污染、资源紧缺、贫富分化、文化冲突等问题，这成为世界各国在城市发展时期面临的一个巨大挑战。

城市是现代文明的载体，城市的文明程度是国家文明的“窗口”，城市治理是反映文明发展程度的重要标志。城市以其特有的地位和功能，彰显了其对国家整个经济社会发展的重要作用，因此，搞好城市社会治理，对于国家治理至关重要。特别是中国特色社会主义进入新时代，社会主要矛盾已经转化为人民日益增长的美好生活需要与不平衡不充分的发展之间的矛盾，随着物质生活的需要不断得到满足和改善，在人民日益增长的美好生活需要中，人民对精神文化生活的需要，对民主、法治、公平、正义、安全、环境等的需要更加迫切。因此，加强和创新城市社会治理，推进城市社会治理体系和治理能力现代化的发展就显得尤为重要和紧迫。习近平总书记在上海考察时曾强调，城市治理是国家治理体系与治理能力现代化的重要内容。一流城市要有一流治理，要注重在科学化、精细化、智能化上下功夫。这对于我们深刻认识城市治理的重要性和找准提高城市治理水平的发力点，具有重要的指导意义。

城市治理的概念，最先是由城市经济学将地域空间引入治理中，联合国人居署将其定义为：“城市治理是个人与机构、公共部门与私人部门，对城市

〔1〕 孙柏瑛（中国人民大学教授）于2020年1月5日在“新时代的城市治理高端论坛”上的演讲。

公共事务的规划与管理。”[1] 城市治理的内涵要大于城市社会治理，城市社会治理应该是城市治理中重要的组成内容，城市治理除了社会治理，还应当包括政治、经济、文化、城市规划和建设等方面的治理，虽然社会治理与其他治理有着直接或间接的联系，但城市社会治理以其独特性区别于其他治理，我们在这里所说的城市治理，主要是指城市社会治理。

（二）城市社会治理的主体

城市社会治理的主体是指城市社会公共事务和社会治理共建共治共享的参与者。简言之就是城市社会治理由“谁来治理”的问题。治理主体是治理体系最重要的构成要素，新时代城市社会治理的显著特征是治理主体从单一化走向多元化。计划管控时期，对国家、社会一切事务进行的管理和控制是单向度的活动，主体自然是单一的，即政府。我国改革开放以后，特别是从计划经济转型到市场经济，社会也处于转型时期。多样化的利益诉求，多发频发的社会矛盾纠纷，使得社会管理主体仅仅依靠政府一家显然是难以应付的，需要多元社会主体共同参与，共同解决。

党的十九届四中全会《决定》中提出：“加强和创新社会治理，完善党委领导、政府负责、民主协商、社会协同、公众参与、法治保障、科技支撑的社会治理体系，建设人人有责、人人尽责、人人享有的社会治理共同体，确保人民安居乐业、社会安定有序、建设更高水平的平安中国。”《决定》所阐明的社会治理体系七个方面，就已经蕴含了社会治理的多元化主体，包括党组织、政府、人大、政协、社会组织、企业事业单位和居民。党委领导发挥领导核心和政治保障作用，这个作用是政府、社会、公众等其他治理主体都无法替代的。城市社会治理中，党的领导作用体现在各级党委的宏观决策和微观推动上，同时，也体现在党的基层组织在基层治理中所发挥的引领带动作用以及调节平衡作用。政府的职能就是对社会和公共事务的管理，必须负起政府在社会治理中的主导和负责的职责。协商是社会治理中实施民主的基本方式，通过政党、人大、政协、政府、人民团体、基层居民等多渠道的协商，找到人民群众意愿和要求的最大公约数。社会协同，充分发挥社会组织的作用，整合社会治理的各种社会资源，协作配合，共同参与城市社会治理。公众参与，更是体现了城市社会治理主体的多元性，引领和推动每一位公民

---

〔1〕 魏礼群主编：《中国社会治理通论》，北京师范大学出版社2019年版，第294页。

都参与城市社会治理，在新的治理模式下，在人人有责、人人尽责、人人参与的基础上形成新的城市社会治理联合体。联合体内部党组织是核心，政府是主导，社会协同是助力，公众参与是基础，各自的角色定位清楚明确，虽然，各个主体角色定位不同，但在参与治理中地位是平等的，这也是民主协商的基础，只有这样才可能形成多元互动、多元治理的模式。

（三）城市社会治理的客体

城市社会治理的客体，也就是治理主体的治理行为所共同指向的对象，简言之，也就是治理什么的问题。魏礼群教授在其主编的《中国社会治理通论》一书中，提出了“社会治理领域与场域”的概念，很好地表达了社会治理客体及治理范围的含义。他认为，“社会治理领域指的是国家治理的重点方面”，“社会治理有如下领域，如公共服务、收入分配、教育、就业、医疗、住房、社会保障、社会信用、社会心理服务、公共安全、社会组织、社会矛盾调处”[1]。社会治理场域是指“社会治理工作的空间范围，包括家庭、社区、农村、城市和网络空间……城市社会治理包括城市布局、形态和组织体系，也包括特大城市的治理和新兴城市治理等”[2]。党的十九届四中全会《决定》关于“坚持和完善共建共治共享的社会治理制度”提出了五个社会治理的重要任务。一是完善正确处理新形势下人民内部矛盾有效机制。主要从五个方面加以完善：坚持和发展新时代“枫桥经验”，畅通和规范群众诉求表达、利益协调、权益保障通道；完善信访制度；完善人民调解、行政调解、司法调解联动工作体系；健全社会心理服务体系和危机干预机制；完善社会矛盾纠纷多元预防调处化解综合机制，努力将矛盾化解在基层。二是完善社会治安防控体系，坚持专群结合、群防群治，提高社会治安立体化、法治化、专业化、智能化水平，形成问题联治、工作联动、平安联创的工作机制，提高预测、预警、预防各类风险能力，增强社会治安防控的整体性、协同性、精准性。三是健全公共安全体制机制。主要内容强调了三个方面：完善和落实安全生产责任和管理制度，建立公共安全隐患排查和安全预防控制体系；构建统一指挥、专常兼备、反应灵敏、上下联动的应急管理体制，优化国家应急管理能力体系建设，提高防灾减灾救灾能力；加强和改进食品药品安全

〔1〕 魏礼群主编：《中国社会治理通论》，北京师范大学出版社 2019 年版，第 6 页。
〔2〕 魏礼群主编：《中国社会治理通论》，北京师范大学出版社 2019 年版，第 6 页。

监管制度，保障人民身体健康和生命安全。四是构建基层社会治理新格局。完善群众参与基层社会治理的制度化渠道。健全党组织领导的自治、法治和德治相结合的城乡基层社会治理体系，健全社区管理和服务机制，推行网格化管理和服务，发挥群团组织、社会组织作用，发挥行业协会商会自律功能，实现政府治理和社会调节、居民自治良性互动，夯实基层社会治理基础。加快推进市域社会治理现代化。推动社会治理和服务重心向基层下移，把更多资源下沉到基层，更好地提供精准化、精细化服务。注重发挥家教家风在基层社会治理中的重要作用。加强边疆治理，推进多边富民。五是完善国家安全体系，坚持总体国家安全观，统筹发展和安全，坚持人民安全、政治安全、国家利益至上有机统一。

（四）城市社会治理的方式

城市社会治理对象的多样性、新时代社会主要矛盾的变化、社会主体利益的多元化，决定了城市社会治理的方式不可能是单一的、孤立的，而只能是多种方式的综合运用。习近平总书记指出："治理和管理一字之差，体现的是系统治理、依法治理、源头治理、综合施策。"党的十八大以来城市社会治理方式日益多样化。

1. 依法治理

法治是国家治理、社会治理的基本形式。城市社会治理必须加快推进法治化进程，提高法治化水平。自党的十五大提出依法治国，建设社会主义法治国家的治国基本方略以来，我国的法治建设取得了显著的进步。党的十八大以后，又提出全面依法治国，要依法治国、依法执政、依法行政共同推进，法治国家、法治政府、法治社会一体建设。实践证明，只有坚持依法治理，才能保证社会稳定发展，实现国家的长治久安、人民的安居乐业。依法治国要遵循"科学立法、严格执法、公正司法、全民守法"的新部署，全面推进城市社会治理法治化水平。首先要加强社会建设和社会治理方面的立法，尤其是与人民群众切身利益密切相关的民生立法，从源头上构建社会稳定和谐的基础，推进社会治理领域的相关立法，争取尽快形成比较完善的中国特色社会主义社会治理法律体系，为社会治理提供高效的法治保障。要严格执法，加大对安全生产、食品药品安全、环境保护、劳动保障等与城市社会治理密切相关的重点领域的执法。坚持公正司法，推进司法改革，保障司法公正，让人民群众在每一起案件中都能感受到公平正义。开展全民法治教育，培育法治观念，营造学法、尊法、用法、守法的法治氛围。总之，依法治理就是用法治思维和法治方式来进行城市社会治理。

2. 道德治理

道德和法律是指引人们行为的两种基本社会规范。两者之间有着密切的联系，法律是成文的道德，道德是内心的法律，在我国历史上就非常重视法治与德治相结合治理国家和社会。城市社会治理也要充分发挥德治教化作用，其一，要大力弘扬社会主义核心价值观，加强思想教育、道德教化。党的十八大报告将“富强、民主、文明、和谐，自由、平等、公正、法治，爱国、敬业、诚信、友善”确定为社会主义核心价值观。我们要坚持以社会主义核心价值观为统领，有效整合社会意识，凝聚社会价值共识，引领全体人民实现中华民族的伟大复兴。要挖掘中华优秀传统文化，弘扬优良革命传统，用社会主义先进文化陶冶道德情操。深入实施公民道德建设工程，全面建设社会、学校、家庭“三位一体”的德育网络，充分发挥新媒体作用，讲好“平安故事”，增强平安建设的亲和力、公信力。其二，要积极推进各层级道德领域评选、评议工作。改进见义勇为英雄模范评选表彰工作，进一步细化见义勇为人员奖励和保障政策，设立市级专项资金，及时表彰见义勇为行为。全面开展“最美人物”“道德模范”“身边好人”等系列选树活动，加大宣传力度，弘扬正气新风。在社区开展“星级文明户”“文明家庭”等评选，形成良好的道德约束激励机制。其三，要积极推进道德规范、诚信体系建设，加强居民公约建设，建立健全居民公约监督和奖励机制。党委和有关部门要指导群团组织、协会商会等加强行业规章、团体章程等建设，弘扬公序良俗。健全守信激励和失信惩戒机制，增加守信红利，提高失信代价。

3. 文化治理

习近平总书记在上海考察时，特别提到城市社会治理中文化治理的重要性。他指出：“文化是城市的灵魂。城市历史文化遗存是前人智慧的积淀，是城市内涵、品质、特色的重要标志。要妥善处理好保护和发展的关系，注重延续城市历史文脉，像对待‘老人’一样尊重和善待城市中的老建筑，保留城市历史文化记忆，让人们记得住历史，记得住乡愁，坚定文化自信，增强家国情怀。”文化是制度之母、法治之魂。文化的支撑和润泽是新时代城市社会治理创新和发展的新境界，文化治理作为城市社会治理的方式日益受到重视和加强。习近平总书记曾指出，“一个国家选择什么样的治理体系，是由这个国家的历史传承、文化传统、经济社会发展水平决定的”。因此，我国城市社会治理需要坚持和完善繁荣发展社会主义先进文化的制度，弘扬和发展中华优秀传统文化、革命文化、社会主义先进文化，以文化涵养民族精神，凝聚人民群众的思想，形成社会治理的文化基础。同时，从城市治理的角度来看，还要大力建设公共文化服务体系，满足人民对精神文化生活的需要。发展公共文化服务设施，增强公共文化服务动力，培育和促进文化消费，鼓励和引导社会力量参与，吸引社会资本投入公共文化领域，培育和规范文化类社会组织。要加强公共文化类产品和服务供给，推进公共文化服务与科技融合发展。创新公共文化管理体制和运行机制，加强公共文化服务的保障力度。

4. 科技治理

在城市社会治理这个复杂的系统工程中，现代科技，尤其是信息技术的基础性支撑作用越来越重要。一流城市要有一流治理，要注重在科学化、精细化、智能化上下功夫，这是习近平总书记在上海考察讲话中提出的要求。随着大数据、云计算、互联网、物联网等信息技术的发展，人工智能时代的来临，人们的生活和社会需求从形式到内容都发生了深刻变化，这就要求城市社会治理必须向智能化转变。近年来兴起的网格化管理模式就是信息化在社会治理中的运用，2015 年 7 月，国务院颁布《关于积极推进“互联网 +”行动的指导意见》，重塑社会治理新范式，智慧城市、智慧社区、智慧警务在城市社会治理中日益发展并展现了科技治理的效能。与“互联网 +”相关的大数据、云计算等信息化手段，为城市社会治理技术赋能，“雪亮工程”“天网工程”等将视频监控源与数据分析、人脸识别、车牌识别、智能预警等技术相结合，有效提升了治安管控、交通拥堵缓解等方面的预防预警预控能力，为社会治安防控体系建设提供了有力的科技支撑。

第二章　新时代城市社会治理制度建设

2013年党的十八届三中全会提出，要推进社会领域的制度创新，加快形成科学有效的社会治理体制。2015年党的十八届五中全会进一步提出，推进社会治理精细化，构建全民共建共享的社会治理格局。党的十九大报告进一步提出，打造共建共治共享的社会治理格局。2020年中共中央发布《法治社会建设实施纲要（2020—2025年）》，在完善社会治理体制机制一节中，提出要完善党委领导、政府负责、民主协商、社会协同、公众参与、法治保障、科技支撑的社会治理体系，打造共建共治共享的社会治理格局。2021年初发布的《法治中国建设规划（2020—2025年）》进一步强调将社会主义核心价值观融入社会治理，并广泛推动人民群众参与社会治理。2021年8月中共中央和国务院又共同颁发了《法治政府建设实施纲要（2021—2025年）》，要求从法律、机制体制、能力、人才队伍和信息化建设方面全面提高社会治理的科学化和法治化，从而实现社会治理的创新。对于社会治理问题的不同表述既体现了我们党在社会治理问题上认识的不断深化，也反映出我们党对如何完善社会治理有了精细化的认知和实现策略。

一、共建共治共享的社会治理格局

（一）社会治理制度的建立和完善

在城市社会治理制度的建设和完善过程中，应当从顶层设计入手，将社会主义核心价值观要求融入社会治理的全过程[1]，建立和完善顶层设计，以夯实城市社会治理制度根本性依据和建设性条件。同时需要建立和完善党政机关和其他社会主体的协同治理机制，并进行必要的制度创新，从而从制度层面上保证城市社会治理的顺利开展。

---

〔1〕 参见《法治中国建设规划（2020—2025年）》第三部分的内容。

1. 健全和完善社会治理党委领导、政府负责的顶层设计

党的领导不仅是中国特色社会主义的本质特征，同时也是中国特色社会主义建设最根本的保障，因此在健全和完善社会治理机制和制度过程中，应当充分发挥各级党委在城市社会治理中的核心领导作用，从顶层制度进行改革和创新。[1] 在顶层制度的创新和改革过程中，还应当全面贯彻社会主义核心价值观的各项要求，将社会主义核心价值观落实到城市社会治理的各项制度和机制中。

各级人民政府具有负责社会治理的基本职能，确认各级人民政府在社会治理中的基本范围和职责，做好与其他社会主体社会治理职能的合理分配，建立相互协调的顶层制度也是做好城市社会治理工作的关键。

社会治理领域权力清单制度逐渐被认同和完善，其也成为在各级党委领导下的重要权力分配和协调的制度。权力清单制度能够进一步明确党政部门、社会与市场的基本边界和相互关系，从而进一步实现利益格局的合理分配。[2] 除了完善权力清单制度外，还应当对新时代我国重点领域中的重点环节进行重新布局与调整。在全球经济整体下行的前提下，金融领域、能源领域、社会保障领域都存在着突出的问题，而这些重点领域中的重点问题将直接对城市社会治理造成重要的影响，因此需要通过改革现有金融、能源以及社会保障制度等来适应新时代经济社会发展，降低城市社会治理的张力。

此外，财政税收制度和户籍制度的调整也是完善城市社会治理顶层制度改革的重要内容。自我国实行分税制改革以来，中央的财政权力得到充分的保障，但同时也造成了地方在财政能力上的弱势。在地方城市社会治理不断加强的情境下，公共财政支出的保障作用尤为凸显。如果不对现有财政税收体制进行调整，将会造成地方在城市社会治理过程中的支撑不足，进一步弱化地方城市社会治理的能力。因此在顶层制度设计方面，应该重新调整中央与地方之间的财政税收关系，强化地方财政税收能力。另外，尽管我国城镇化不断加强，但是现有的户籍制度在一定程度上限制了人口的流动，同时也存在城乡二元管理体制问题。因此，完善城市社会治理实践，还应当从顶层改变城乡二元管理体制，实现人口的正常流动，充分保障农村居民和农民工

[1] 本书编写组编著:《党的十九大报告辅导读本》，人民出版社 2017 年版，第 367—368 页。
[2] 全国干部培训教材编审指导委员会组织编写:《改善民生和创新社会治理》，人民出版社、党建读物出版社 2019 年版，第 22 页。

的基本权利。

2. 创新和完善社会治理的参与制度

社会治理参与制度的完善有赖于市场分配机制的应用与完善。一方面，市场强大的资源配置功能能够在复杂的城市社会治理过程中实现公众参与的基础性保障。通过分配机制的调整和完善，公众参与城市社会治理将获取一定程度的收益，同时这种收益的获取是在完善的竞争机制下形成的，因此完善市场分配机制在城市社会治理中具有极为重要的意义。

另一方面，市场分配机制的功能也存在一定的局限性，因此不能单纯依靠市场分配制度来实现城市社会治理的改善，而要进一步发掘城市社会治理中的利他主义倾向，通过建立和完善相关志愿服务机制来实现利他主义在城市社会治理过程中的有效应用。城市社会治理过程中，利他主义可以体现在不同的社会治理领域，因此相应的法律制度也应当在一定程度上予以完善，其中比较典型的如民主决策制度、科学决策制度以及社区互助制度等，都有赖于民众的参与。而这些制度的设计不仅要给予参与者充分的基础性保障，如提供必要的误工补助等，而且还要有一定的社会认可性质的奖励机制，如给予一定社会荣誉等。在经济损失能够得到充分保障，而且参与相应的社会治理活动能够得到社会充分认可、能够产生利他主义荣誉感的情况下，社会民众自然有意愿参与到城市社会的治理过程中。

建立社会共同体的认同感也是培育城市社会治理公众参与机制的关键性内容。在人口流动不断加快的情境下，人与人之间的关系由熟悉逐渐到陌生，彼此之间的关心与关注在不断降低，因此其不利于形成有效的城市社会治理制度。在完善城市社会治理公众参与制度的过程中，应当重视城乡社会活动的重要意义，通过完善城乡社会活动的举行频次和范围，有助于实现社区间共同体的认同感，进而在城市社会治理过程中，能够有效地保证民众参与的积极性。

此外，创新和完善社会治理的参与制度还应当充分重视民众参与社会治理的制度化渠道，按照《法治中国建设规划（2020—2025年）》的要求，工会、共青团和妇联都是公众参与社会治理的重要渠道，应当制定相应的制度保证相关主体的参与权利。[1] 同时社会信用法律制度的制定和实施也是创新和完善社会治理制度、保证民众参与的重要形式。通过社会信用奖惩中的听

〔1〕参见《法治中国建设规划（2020—2025年）》第四部分。

证制度和异议权利来实现最广泛的民众参与。对于暴力袭警、暴力伤医等问题也应当成为动员民众参与解决的重要方面，通过制度规范第三方协助解决暴力袭警、暴力伤医的保障制度，以实现民众对解决相应问题的积极性，并保障参与群众的合法权益。

3. 修订社会协同相关的法律制度

建立和完善城市社会治理的协同制度不仅包括了政府主导的公共安全体制、公共服务体制、监督管理体制，还包括了社会主体积极参与的城乡社会协商制度、社会整体信用制度、社会保障制度以及多元纠纷解决机制，等等。[1]

从党政领导层面来看，城市社会治理的安全观拓展了对国家安全观的传统认知。在城市社会治理的视角下，国家安全不仅仅是国土安全和发展安全等，还包括了社会安全的内容。因此，生产安全、网络安全、食品药品安全等内容都被纳入国家安全的范围内，成为平安建设的重要内容。因此完善现有的食品药品安全监督管理制度、建立和完善网络安全实现机制和监督管理制度以及完善生产安全监督管理制度等都成为实现国家安全的题中之义。此外，建立公共服务评价机制能够更好地促进党政机关提供有效的社会公共服务，同时也能够实现社会主体基本权利的有效保障。

从社会主体层面来看，城乡社会协商机制、社会信用体制以及社会保障制度的完善在社会协同法律制度完善中占有举足轻重的地位。[2] 城市社会协商机制是我国正式法律制度的重要补充，同时也是实现城市社会治理的有效制度。通过市民公约等行为准则能够实现对社区的网络化和精细化管理，传播优秀传统美德，实现社会平安和谐。在网络信息技术不断普及的有利条件下，建设统一的社会信用体制成为一种现实。通过《社会信用体系建设规划纲要（2014—2020年）》等一系列规范性文件，我国全面加强了社会信用体系建设，同时也将个人信用和企业信用等不同领域的内容实现了全面的整合，为城市社会治理提供了重要的基础性保障。多元化纠纷解决机制既是对现有司法制度的有效补充，同时也是实现城市社会治理的重要手段。相比于正式司法制度，多元纠纷解决制度消耗的社会成本更少，效率更高，能够从本源

[1] 江必新：《以党的十九大精神为指导加强和创新社会治理》，载《国家行政学院学报》2018年第1期，第26页。
[2] 梁宇：《新时代中国特色社会治理内涵的四重向度》，载《东南学术》2019年第2期，第13页。

上解决城市社会治理中的多数矛盾。因此，实现城市社会治理应当在维护司法权威的情况下，进一步发展小额速裁制度、仲裁制度、调解制度等。

（二）共建共治共享社会治理格局的实现

共建系在党政机关和社会主体共同的努力下，科学合理地构建城市社会治理的格局，完善和创新城市社会治理制度；共治系在党政机关和社会主体的协同下，实现城市社会治理体制的有效运转；共享系由党政机关和社会主体共同享有城市社会治理的收益，实现社会秩序的和谐稳定。[1] 具体而言，其包括了多导向的有机结合、不同治理形式的有效统一以及针对社会重点难点问题的有效解决。

1. 坚持多导向治理机制的有机结合

在打造共建共治共享社会治理格局的过程中，应当根据我国现有的基本国情和未来发展方向，将问题导向、发展导向以及需求导向进行有机的整合[2]，从而实现共建共治共享。

问题导向要求立足于我国当前的国情，依据现有的社会结构和特征来发现城市社会治理过程中存在的诸多问题。在发现问题的同时，要深刻理解相关问题发生的根源以及相应问题的影响机制。从问题的发生根源以及影响机制入手，切实地解决城市社会治理过程中存在的相关问题。[3] 发展导向要求城市社会治理要以社会的总体发展要求为基本出发点，抓住社会发展的基本规律和必然趋势，从社会安全、环境保护、食品药品安全等多领域维护社会主体的基本发展要求，实现社会的进步与发展。需求导向要求城市社会治理的实现必须满足社会主体利益期望，认可社会主体基本需求的合法性，并对社会主体利益需求进行有效的保护。

共建共治共享社会治理格局的实现，不是单一导向的实现，而是应当将问题导向、发展导向与需求导向进行有机的整合。问题导向旨在发现当前我国国情下存在的现实问题，而发现问题并不是城市社会治理的目的，满足社会主体的社会需求以及实现社会整体的有效发展才是问题导向的最终结果。

---

〔1〕 江必新、王红霞：《论现代社会治理格局——共建共治共享的意蕴、基础与关键》，载《法学杂志》2019 年第 2 期，第 53 页。

〔2〕 本书编写组编著：《党的十九大报告辅导读本》，人民出版社 2017 年版，第 366 页。

〔3〕 杨逢银：《新时代共建共享共治社会治理格局的实践逻辑研究——基于新世纪以来杭州城市社会治理先行经验的分析》，载《浙江学刊》2018 年第 5 期，第 30 页。

发展导向也不仅仅是一味地追求社会发展，相应的社会发展应当建立在满足社会主体基本社会需求的基础上。无法满足社会主体社会需求的发展从本质上讲其是一种相对低效或者无效的发展，只有满足了社会主体社会需求的发展才是有效的发展。

2. 融合社会治理的不同形式

城市社会治理不是简单的专项治理，而是融合了系统治理、依法治理、综合治理以及源头治理等多种不同形式的治理方式。从参与主体来看，城市社会治理不仅包括了党政机关，还包含了诸多社会主体。因此在城市社会治理的实践过程中，一方面要正确发挥党政机关在城市社会治理过程中的主导性作用，各级党委是城市社会治理的领导核心，而政府机关是城市社会治理方向、趋势以及规划的制定者和实施者。在制定城市社会治理规划的过程中，政府机关应当在党委的领导下，协调不同社会主体的利益与责任，将其作为一个互动的有机整体予以规划。另一方面应当通过制度增强社会主体自我调节能力，利用社会组织的规范文件、社区生活的公民公约以及社会团体的社会职能，开展各种形式的社会自治活动，以此来规范社会主体的社会活动，在党政机关与社会主体之间以及社会主体自身形成良性互动，从而推动城市社会治理的有效进行。[1]

依法治理要求在城市社会治理过程中，树立法律的权威，确保城市社会治理有法可依、有法必依。面对错综复杂的社会现实，应当培养社会主体的权利意识和规范意识，促使社会主体能够在法律的框架内依法表达利益诉求，进而实现社会的安定有序。此外，法律手段也是解决社会矛盾的重要手段，当出现社会利益冲突进而引起社会矛盾时，应当依据法律的规定来解决矛盾，形成社会主体尊法守法的良好社会法治环境。

综合治理要求在城市社会治理过程中，充分发挥社会主体的积极性，通过不同社会主体来实现社会的综合治理，同时也要求在城市社会治理过程中，发挥不同社会治理手段和社会治理方式的各自功能，从而促进城市社会治理工作的全面进行。从社会主体方面而言，社区、自治团体以及不同的企业和个人都应当成为城市社会治理中的重要主体，发挥其各自在城市社会治理过程中的不同作用，进而实现城市社会治理主体的多元化。从城市社会治理的

---

〔1〕 全国干部培训教材编审指导委员会组织编写：《改善民生和创新社会治理》，人民出版社、党建读物出版社2019年版，第9页。

手段和方式来看，舆论引导以及高科技手段的应用都应该是综合治理的题中之义。

源头治理要求在城市社会治理过程中，发现城市社会治理问题的源头，防微杜渐，从根源处消除产生城市社会治理问题的诱因，在相关城市社会治理问题未出现之前就将其解决，避免相关问题出现造成不必要的社会损失。具体而言，一方面在城市社会治理过程中，应当建立完善的城市社会治理风险评估机制，通过风险评估机制来确保从源头上解决潜在的问题和风险；另一方面应当建立有效的信息反馈机制，以确保一旦出现相关城市社会治理问题的潜在风险，不同主体能够在相关问题出现之前向相关部门进行反馈，进而实现源头治理。

3. 有针对性地解决重点和难点问题

基于我国目前的国情，城市社会治理的重点和难点问题主要体现为民生问题、公平正义的实现问题、社会体制改革问题、居民收入分配问题、社会公共服务供给问题以及城市社会治理决策机制问题等多方面内容。

民生问题是城市社会治理的关键问题，其主要表现为社会主体的衣食住行等。在解决城市社会治理中的民生问题时，要完善民意表达机制，确保能够正确掌握公民的基本诉求，从而实现民生问题的有效解决。公平正义实现问题体现在城市社会治理的诸多方面。在城市社会治理过程中，当出现利益冲突和社会矛盾后，需要通过快速有效的纠纷解决机制来实现和保障公民的基本权利。而相应纠纷解决机制的公平性以及相关利益最终实现的公平性都是城市社会治理要重点考虑和解决的问题。[1] 社会体制改革问题主要涉及顶层制度设计问题，如完善中央与地方之间的财政税收权力分配问题、金融能源部门的运作机制问题以及社会监管体制和监管手段的完善等问题。这些问题必须得到有效的解决，否则城市社会治理将难以顺利展开。居民收入分配问题涉及工资收入机制以及税收制度等诸多内容。在城市社会治理过程中，应当对居民的基本收入进行充分保障，此外各种社会保险制度及福利制度的完善也有助于城市社会治理的顺利进行。社会公共服务领域应当进一步改善，提供更加便民、高效、务实的社会公共服务，以实现城市社会治理重点和难点问题的有效解决。

〔1〕 江必新、王红霞：《论现代社会治理格局——共建共治共享的意蕴、基础与关键》，载《法学杂志》2019 年第 2 期，第 57 页。

城市社会治理过程中的重点与难点问题是社会利益冲突的集中体现，处理好这些重点难点问题是实现城市社会治理的重要目标和归宿。因此，必须处理好城市社会治理领域的重点难点问题，以实现城市社会治理的重要功能与意义。

二、党委领导、政府负责、民主协商、社会协同、公众参与、法治保障、科技支撑的城市社会治理体制

（一）发挥党委的领导核心作用

党的领导是社会主义事业取得成功的重要基础和基本保障，是社会主义事业不断进步的重要推动力，也是社会主义事业不断发展的领导力量。因此在城市社会治理过程中必须全面发挥各级党委的核心领导作用，以完善现有的城市社会治理体系。只有在城市社会治理过程中坚持党的领导作用，才能够确保以此为基础形成的城市社会治理制度能够最大程度地反映广大民众的基本利益，才能够夯实城市社会治理制度的发展基础，才能够最大程度地保护人民群众的权利不受侵犯。

在共建共治共享的新社会治理格局下，应当充分发挥各级党委的组织领导作用。[1] 在坚持各级党委核心领导地位的前提下，通过各级党组织动员社会主体积极参与城市社会治理，整合不同区域的经济社会资源，进而协调不同地区之间、不同社会组织之间、不同社会群体之间及不同民众之间的利益关系，实现社会的协调发展，创新城市社会治理制度和方式。[2] 发挥各级党委的组织动员能力并不代表各级党委要事无巨细地参与到具体的城市社会治理过程中，而是在坚持党对城市社会治理领导权的基础上，做好城市社会治理的引导性工作。强调各级党委的领导核心地位，主要表现为各级党委对城市社会治理的总体规划和整体把握，而不在于城市社会治理制度的具体落实。

发挥各级党组织在城市社会治理过程中的领导地位，不仅要求在政府机关、企事业单位和群众组织中设立相应的党组织，通过完善的党组织来发挥各级党委的领导作用，而且要在不同的社会组织中，尤其是新型社会组织中

---

[1] 杨逢银：《新时代共建共享共治社会治理格局的实践逻辑研究——基于新世纪以来杭州城市社会治理先行经验的分析》，载《浙江学刊》2018 年第 5 期，第 30 页。

[2] 江必新、王红霞：《论现代社会治理格局——共建共治共享的意蕴、基础与关键》，载《法学杂志》2019 年第 2 期，第 58 页。

建立健全党委机构，以此确保党委作用的充分发挥。从我国目前的党建情况来看，在政府机关、事业单位中都建立了相应的党组织，相关党组织都能较好地落实各级党委的工作任务，并能够切实从人民的根本利益出发，解决城市社会治理过程中的主要问题。然而，在政府机关和事业单位中的党组织也存在一定程度的权责不清、城市社会治理制度落实不彻底等情况，这需要通过进一步的制度改进重新进行调整。在群众组织、自律组织和大部分企业等社会主体中，党组织建设相对落后，存在党组织不健全等问题。在党组织不健全的情况下，相应各级党委的领导核心作用无法充分体现，城市社会治理制度的基本精神无法得到有效传达。因此在城市社会治理制度建设过程中，不仅需要强化和完善政府机关和事业单位等社会主体的党组织及其工作制度，更为主要的是完善群众组织、自律组织以及大部分企业中的党组织建设，加强在这些社会主体中党组织的领导作用，以确保城市社会治理能够取得成效。

（二）落实政府机关的主体责任

相比于各级党委，政府机关是城市社会治理制度落实的实施者，是城市社会治理过程中重要的实施主体。不同于各级党委，政府机关需要在城市社会治理过程中，全面落实城市社会治理主体的主体责任，充分发挥政府机关在城市社会治理中的主导性作用，落实党组织的城市社会治理计划，明确城市社会治理的主要内容，将党委确定的城市社会治理事项进行逐步分解，明确不同政府机关的城市社会治理职责，制定城市社会治理重要事项推进日程，从而保证城市社会治理的目标和计划的高效实现。

在落实城市社会治理计划和目标的过程中，政府机关应当借助于权力清单制度、领导干部政绩考核指标制度以及责任追究制度等相关制度，确保城市社会治理计划和目标的有效实现。在我国政府机关的工作中，权力清单制度已经得到了有效的落实，政府机关和相关部门都在相应的网站和公共媒体中公布了其相应的权力清单。在制定和调整政府机关和相关部门的权力清单时，应当充分考虑城市社会治理的相关内容，在权力清单中明确城市社会治理的具体权力内容，进而在不同政府机关和相关部门中进行有效的权责划分，明确其各自在城市社会治理过程中应当承担的具体责任。[1] 领导干部政绩考

〔1〕 全国干部培训教材编审指导委员会组织编写：《改善民生和创新社会治理》，人民出版社、党建读物出版社2019年版，第10页。

核指标制度是一种以结果为导向的评价制度，通过制定具体的考核指标，不仅能够评估不同城市社会治理目标和计划的实现情况，同时也能够评估相关领导干部在具体事项中的履职情况。建立以结果为导向的评价制度并辅之以奖惩制度和责任追究制度能够保证城市社会治理目标和计划的有效落实，而且在评估城市社会治理目标和计划落实情况时，能够明确地强调城市社会治理的重点内容，避免在城市社会治理目标和计划落实的过程中，政府机关及相关部门曲解或偏离正常的治理目标和计划，避免出现落实不到位等情况。当落实相关计划和目标具有显著成效时，可以辅之以奖励制度，同时可以将相关的先进经验进行推广，反之就需要承担具体的行政责任和法律责任。

落实政府机关的主体责任并不意味着行政机关和相关部门就是单一的城市社会治理的主体，其他社会主体同样构成了城市社会治理的主体。政府机关及相关部门在正确落实城市社会治理目标和计划的过程中，应当对其主导地位进行准确界定。[1] 积极发挥市场的资源配置作用，通过竞争性有偿机制来推动部分城市社会治理制度的落实，同时政府机关还应当积极推动志愿服务制度，发掘社会主体的利他主义倾向，实现社会主体在城市社会治理过程中的全面参与，实现城市社会治理的法治化和科学化。

（三）提高人民政协建言咨政、凝聚共识的水平

党的十九届四中全会指出，人民政协作为重要的政治组织和民主形式应当充分发挥其重要作用。因此在城市社会治理过程中也应当充分发挥人民政协的民主协商作用，通过民主协商的形式来提高人民政协民主监督和参政议政的水平，从而形成城市社会治理的共识，保证城市社会治理决策的正当性和合理性。具体而言，民主协商在城市社会治理中的重要作用包括两个不同的方面：一方面是通过建言咨政来提升城市社会治理决策的正当性和合理性；另一方面是通过民主协商来凝聚共识，提升城市社会治理政策和措施的共同认识和共同目标。

在城市社会治理的过程中，其不仅要实现党政机关的领导和部署，实现社会主体同党政机关的有效互动，还应该由人民政协发挥其民主协商的重要作用。人民政协的民主协商作用在我国历史上曾发挥了重要作用，而且在新中国的建设中，民主协商机制也起到了重要作用。在共建共治共享大格局下，

---

〔1〕 李友梅：《当代中国社会治理转型的经验逻辑》，载《中国社会科学》2018 年第 11 期，第 63 页。

多元主体的共同参与构成了新时代城市社会治理的鲜明特征，各类主体在新格局的条件下要共同参与到城市社会治理的过程中。人民政协也要通过民主协商的形式参与到城市社会治理的过程中。通过民主协商，党政机关的城市社会治理方向具有了共同意志的特征，同时也能在更广泛的程度上表现出民众的基本意志，尤其能够听到党委之外不同社会主体，尤其是民主党派的不同声音。

民主协商是化解矛盾和形成共识的有效实现方式，因此也应当在城市社会治理过程中得到充分的重视。通过民主协商，能够充分表达不同主体的利益诉求和价值取向。当不同的利益诉求和价值取向存在冲突时，民主协商就成为消除分歧、解决矛盾的重要途径。在民主协商的情境下，不同主体能够在其能够接受的范围内形成共识，并确保相应城市社会治理政策的落实和具体城市社会治理目标的实现。此外民主协商能够在最大程度上保证不同社会主体充分地参与到城市社会治理之中。在一般情况下，部分社会主体并没有意识或者缺乏相应完善的途径参与到城市社会治理之中。民主协商为相应社会主体参与到城市社会治理之中提供了必要的途径。在民主协商的情境下，部分社会主体的自我意识被不断唤醒，参与城市社会治理的积极性也得到了较大的提高。城市社会治理告别了传统的管理模式，取而代之的是不同主体之间的民主协商，社会主体的地位得到了充分尊重，参与城市社会治理能够具有明显的效果。因此，在共建共治共享的大格局下，应当充分发挥民主协商的重要作用，实现人民政协建言咨政和凝聚共识能力的提升，实现城市社会治理的多元主体参与。

（四）实现社会治理的良性互动

政府机关是城市社会治理的主导者，而其他社会主体是城市社会治理的积极参与者，只有二者之间定位明确并形成有序的良性互动，才能最大程度地实现城市社会治理的目标、落实相关制度内容。

首先，需要在制度层面确认社会主体的城市社会治理参与者的地位，对现有的政府机关及其相关部门的定位进行调整。在相当长的一段时间内，政府机关及其相关部门都被认为成城市社会治理的实施主体，忽视了其他社会主体的参与地位，因此在相关制度的制定过程中，完全忽视了对社会主体城市社会治理参与者地位的确认，同时也造成了在现有城市社会治理过程中权责不明的情况。在这种情况下，政府机关及其相关部门无法与社会主体形成良好的互动关系。

其次，需要建立政府机关及其相关部门与其他社会主体的互动机制。在城市社会治理良性互动机制中包括了两个方面的重要内容：一是政府简政放权制度；二是社会主体自治制度。从简政放权层面来看，我国政府机关和相关部门应当摒弃传统的审批式社会治理方式，放弃绝大部分需要行政审批的内容，建立相应的备案式审查制度。当申请者或者行政相对人能够提供有效的形式证明文件，就应当赋予相应社会主体参与具体事项的资格。这种城市社会治理模式的转变不仅可以降低政府机关和相关部门的审批成本投入，提升政府机关及其相关部门的工作效率，同时也能够降低社会主体的资格取得成本，提升其从事相关活动的便捷性和认同感。从社会主体自治制度的建立和完善层面来看，社会主体自治制度的全面和充分建立，能够分担一部分政府机关和相关部门的监管职责。[1] 在这种情况下，主要的城市社会治理工作由相关的社会主体承担，而政府机关和相关部门只需要在事后进行相应的合法性监督即可实现城市社会治理的目标。在上述两种情境中，政府机关及其相关部门退出一部分领域，而社会主体主动进入相应领域并主动承担具体的城市社会治理职责，其后政府机关及其相关部门在社会主体履行了相应的职责后进行必要的合法性监督，由此形成了有效的城市社会治理的良性互动机制。

最后，通过引导和鼓励等形式增强社会主体的社会责任感。在满足社会主体基本社会需求的基础上，相应的社会主体就有意愿积极主动参与城市社会治理。此时的参与并不是单纯地满足其利益需求的参与，其表现为一种自愿基础上的社会责任的承担。社会责任的承担不能够依赖于法律的强制，而要从利他主义的社会心理入手，基于利他主义的基本社会行为偏好，引导和鼓励社会主体主动地参与到城市社会治理过程中，承担具体的社会责任，从而形成与政府机关和相关部门之间良性的互动关系。

（五）健全公众参与实现机制

公众参与是城市社会治理的重要保障。只有公众有意愿参与到城市社会治理过程中，同时其相关利益诉求能够得到切实有效的保护，才会形成一个

---

〔1〕 付建军：《城市社会治理创新的制度化研究》，载《上海交通大学学报（哲学社会科学版）》2019 年第 2 期，第 54 页。

公众积极参与城市社会治理的良性循环。[1] 公众参与城市社会治理的实现机制包括了公众的意愿表达机制、利益诉求的协调机制以及城市社会治理的利益保护机制。

从公众的意愿表达机制来看，各级人大、政协以及相应的社会团体、群众性自律组织以及舆论媒体都可以成为公众参与城市社会治理的有效意愿表达渠道。各级人大和政协作为正式的人民意愿表达机关，其在城市社会治理意愿表达中占据了重要地位，同时也发挥了重要作用。在城市社会治理格局调整的背景下，各级人大和政协在意愿表达机制方面应当予以重新调整，将城市社会治理领域的问题作为一项重要的基础性工作来开展。群众性自律组织和舆论媒体是非官方公众意愿表达机制的代表，但是其在社会监督中的重要作用在不断加强。在这样的大背景下，应当充分重视非官方意愿表达渠道的重要作用。一方面要保证公众能够通过社交媒体等渠道正确地表达其城市社会治理的意愿和利益诉求；另一方面也要对公众表达意愿进行必要的限制，不能采取具有攻击性的或者扭曲事实的言语和表达。

从利益诉求的协调机制来看，应当进一步完善我国多元化纠纷解决机制。除了通过司法改革来增加司法途径解决纠纷的权威性和效率性以外，还应该大力发展非诉制度。诉讼制度是公众参与城市社会治理的基础性制度，但是由于诉讼制度有其自身的严格性和复杂性，因此很难高效地解决相应的纠纷。与此同时，通过诉讼程序来解决一般城市社会治理中的利益纠纷也浪费了司法资源，影响了其他重要案件的办理。非诉制度包括了复议、仲裁、调解、和解等多种方式，在城市社会治理的过程中，应该充分发挥非诉制度的优势。简单高效地解决公众之间的利益纠纷，从而实现城市社会治理的基本目标。

从城市社会治理的利益保护机制来看，应当针对城市社会治理的重点领域的重点问题制定行之有效的利益保护机制，同时也要在相应领域中确立执法信息反馈机制和执法效果评估制度，以确保相应的利益保护机制能够落到实处，切实地保护民众的基本利益。[2] 就目前的社会情况来看，环境问题、教育问题、就业问题、医疗问题、养老问题、土地问题等都是与城市社会治理密切相关的亟待解决的问题。因此，在对现有制度进行改革和调整的过程

---

〔1〕 朱力、刘玢：《社会调节在社会治理中的作用》，载《社会科学研究》2019 年第 1 期，第 99 页。

〔2〕 全国干部培训教材编审指导委员会组织编写：《改善民生和创新社会治理》，人民出版社、党建读物出版社 2019 年版，第 12 页。

中，应当始终将公众利益保护作为基本出发点，并建立健全相应的效果评估制度、信息反馈制度以及权利损害保护制度等，从而实现完整的公众权益保护机制，促进城市社会治理工作的顺利进行。

（六）强化法治对社会治理的保障功能

法治是国家治理的有效方式，同时也是权利保护的有效方式。从法治基本功能来看，其能够有效地实现权益引导、规范行为以及权利保障等功能，因此在城市社会治理的过程中，也应当重视法治的基本作用和重要功能，从而保证社会公平正义的有效实现。

首先，法治可以进行权益引导，确定不同社会主体的基本权利以及各自权利的基本界限。在法治条件下，权利确认尤为重要，因为权利确认不仅反映了社会主体主张权利的基本内容，同时也反映了不同社会主体之间权利的基本界限。在明确了社会主体在城市社会治理中的基本权利及其与他人权利的基本界限后，其直接的结果就是社会主体对其享有的权利具有了明确的预期。[1] 在这种情况下，法治在城市社会治理的过程中就对人们的利益产生了引导作用。社会主体不仅明确了自身权利的内容和界限，同时也明确了其他人可能享有的权利内容和界限，从而在自身权利遭受侵害时要求法律予以保护，同时也明确了侵犯其他人的权利可能产生的法律后果。

其次，法治可以规范行为，如果社会主体没有依照法律规范从事相应活动，就必须承担相应的法律责任。强调法治在城市社会治理中的重要作用，很大程度上是在强调法律规范对人们行为的规范作用。在具体的城市社会治理过程中，要树立社会主体有法必依、执法必严的基本理念，要将城市社会治理问题转化为一个法律实施问题。有法必依要求法律制度被全面制定，反映了社会主体的基本利益，因此社会主体有意愿遵守制定良好的法律。另外，当出现违法行为时，应该严格按照法律规定的后果给予相应社会主体一定程度的处罚。因为法治规范功能的实现有赖于执法的强度，如果在执法过程中，不能严格按照法律规定给予相应社会主体一定程度的处罚，那么相应的法律规范将会逐渐丧失其规范作用，无法得到社会主体的继续遵守。

最后，法治是化解纠纷最重要的手段。尽管在完善城市社会治理制度中

---

〔1〕 周建军、刘明宇：《迈向新时代的社会治理法治化》，载《云南民族大学学报（哲学社会科学版）》2019 年第 1 期，第 42 页。

强调要发展多元化的纠纷解决机制，通过不同的途径解决城市社会治理过程中产生的利益冲突和法律纠纷，但是无论如何司法终究是解决城市社会治理过程中法律纠纷的最权威和最有效的手段。当其他方式都难以解决城市社会治理过程中产生的法律纠纷时，司法将作为最终解决问题的手段来保证社会主体权利的实现，对社会主体遭受的侵害进行法律救济。尤其是在法律地位不对等的情况下，其他纠纷解决方式很难保证最终解决方案的公平性。因此通过司法手段能够最大程度上保证最终解决结果的公平性，以实现城市社会治理的基本目标。

（七）将现代化科技手段作为重要支撑

科技支撑是党的十九届四中全会提出的完善社会治理体系的另一个重要方式。在信息和网络技术日新月异的新时代，科技支撑的重要意义不容忽视。在数据化和智能化逐渐凸显的社会生活条件下，区块链技术逐渐让城市社会治理存在去中心化的趋势。任何节点都有可能成为城市社会治理的重要信息节点，不同的信息节点共同构成了相对完整的信息收集与提供的平台。在新的信息收集与提供平台中，党政机关、不同的社会主体、不同的机械设备、不同的城市社会治理场域都构成了其相应的组成部分。不同的信息收集与提供平台需要对相应的构成要素进行充分的整合与协调，以实现城市社会治理预期的基本目标和相应的治理效果。

在科技支撑的大条件下，其不仅能够进一步促进城市社会治理的实现，同时也会提升城市社会治理的现实效果。通过运用信息技术和网络技术，城市社会治理的方式和手段得到明显的增强。对于社会运行状况，可以通过不同的监测系统实现对人们衣食住行全方位的关注。人们的言行能够得到全面且完整的记录，而且对这些被记录的数据可以进行充分的挖掘和分析，在心理科学和行为科学的指引下，能够对人们的行为和选择作出相对精准的预测，从而判断城市社会治理政策的实现状况并提出具有针对性的改善措施。城市社会治理实现效果的提升，不仅仅在于对于城市社会治理政策实现状况的判断和改善，更为重要的是能够为城市社会治理提供安全可靠的技术支持。通过信息技术和网络技术，能够对可能出现的危害公共安全的事件进行有效的提示，能够对不同的信访不稳定因素进行全面的监控，能够对已经出现或者可能出现的城市环境危害问题进行有效的反馈和预测，从而保证在进行城市社会治理决策时，不仅充分掌握了危害社会公共安全的信息，同时也能够为城市社会治理提供必要的实现手段，从而进一步提升城市社会治理的实现效果。

总体而言，城市社会治理的科技支撑能够有效地改善目前存在的信息整合不足、科技手段运用不充分、城市社会治理效果评估机制不完善等一系列问题。通过科技支撑，城市社会治理的准确性能够得到明显提升，差异化城市社会治理策略能够得到充分实现。其不仅具备了必要的技术支持，同时也具有重要的实现途径。当然，还应当注意的是，在大量获取社会主体信息的同时，要做好信息的保存工作，避免信息泄露影响甚至伤害社会主体情况的发生。科技支撑也是一把双刃剑，在对其充分运用的同时，也应尽量避免其可能造成的现实伤害。

三、城市社会治理的社会化、法治化、智能化、专业化

城市社会治理的社会化、法治化、智能化以及专业化是城市社会治理现代化的具体要求，通过提升城市社会治理的社会化、法治化、智能化以及专业化，不仅能够克服此前城市社会治理过程中产生的诸多弊端，同时也能够实现城市社会治理方式的有效创新，进而实现城市社会治理的有效性。

（一）城市社会治理社会化的实现机制

城市社会治理社会化要求在城市社会治理的过程中，在确立党委核心领导地位、确立政府机关主导作用的基础上，整合社会其他主体参与到城市社会治理之中，从而形成党委、政府和社会主体之间的有效互动，确保城市社会治理工作的有序进行，确保城市社会治理目标的全面实现。[1] 就城市社会治理社会化的实现机制而言，其主要包括了党政机关权责界定、发挥市场的重要作用和实现社会主体的有效自治等几个方面。

党政机关权责界定是实现城市社会治理社会化的必要前提。在城市社会治理的过程中，应当明确各级党委的核心领导地位，明确政府机关及其相关部门的主导作用。[2] 各级党委的核心领导地位强调的是在城市社会治理过程

---

〔1〕 吴晓林：《“社会治理社会化”论纲——超越技术逻辑的政治发展战略》，载《行政论坛》2018年第6期，第40页。

〔2〕 张磊：《社会治理共同体的重大意义、基本内涵及其构建可行性研究》，载《重庆社会科学》2019年第8期，第40页。

中，各级党委仅仅在制定城市社会治理目标和规划时，发挥指向性的重要作为，确保相关目标和规划的制定符合人民的基本利益、符合国家的整体发展方向等，而并不是要关注城市社会治理工作的具体环节和内容。[1] 政府机关及其相关部门的主导作用体现在大部分的城市社会治理工作由政府机关及其相关部门进行实施，但是这并不代表所有的城市社会治理工作都由政府机关及其相关部门去具体操作，而是与社会主体进行有效分工和互动，保证公众的适度参与。

发挥市场的重要作用是指在城市社会治理过程中，要重视市场分配社会资源的重要作用。一方面，将社会公共服务商品化，通过价格机制来调节社会公共服务的提供。在这一情境中，政府机关及其相关部门仅仅是社会公共服务的购买者，而相关社会公共服务的提供者是具体的企业或者组织。这种制度安排不仅能够协助政府从繁杂的公共服务中摆脱出来，同时也保证了公共服务的质量。另一方面，市场化的机制强调有效的激励和补偿。因此为社会主体提供必要的激励和补偿，能够确保其参与城市社会治理的积极性，从而进一步推动城市社会治理的开展。

实现社会主体的有效自治是指行业自治组织或者社区通过制定组织章程或者制定社区公约等自治文件的形式来实现行业或者社区的自治。行业自治和社区自治是对传统城市社会治理方式的发展与创新。传统的城市社会治理过程在较大程度上忽视了自治的重要作用，而是不断强调政府权力，强化政府在社会治理过程中的绝对主体地位。而在新形势下的城市社会治理制度强调的是党政机关同社会主体之间的合理分工，从而实现城市社会治理效果的全面改善。同时党政机关还要对自治组织的社会治理效果进行有效性监督，纠正其存在的问题，保护社会主体的基本权益，实现城市社会治理的目标。

（二）城市社会治理法治化的实现机制

城市社会治理的法治化是指在城市社会治理过程中，应当运用法治的手段来明确党政机关和其他社会主体的社会责任，通过法律手段来维护社会主体的合法权益，通过司法活动来保证城市社会治理过程中公平正义的全面实

---

〔1〕 朱力、刘玢：《社会调节在社会治理中的作用》，载《社会科学研究》2019 年第 1 期，第 99 页。

现。[1] 城市社会治理的法治化是贯彻全面依法治国基本方略的具体形式之一，通过城市社会治理来有效地培育民众的法律意识，实现社会生活的和谐有序。

通过法律手段来落实党政机关、社会主体在城市社会治理过程中的社会责任。在城市社会治理过程中，由于党政机关和其他社会主体的法律地位不同，这就导致了党政机关和其他社会主体的义务不同，进而影响到其具体承担的责任不同。就党政机关而言，由于各级党委在城市社会治理中承担核心的领导地位，因此其只需制定相应的目标和计划，没有具体的实施内容，因此在法治的框架内，其并不需要承担具体的责任。而政府机关及其相关部门，由于其是城市社会治理的主导者，因此在其作出的城市社会治理决策存在一定问题时，相应的领导和具体的实施部门就应当在法治的框架内承担相应的责任。[2] 对于其他社会主体而言，要依据其在城市社会治理中具体的法律地位来判断其应承担的责任。应当说明的是，社会责任的确立并不是单纯的惩罚机制，而是通过相应责任的确认来保证城市社会治理的有序进行。

在实现城市社会治理法治化的过程中，应当处理好社会主体法律权利保护和社会稳定之间的关系。一方面有效地保护社会主体的法律权利构成了实现社会稳定的重要前提。社会稳定不是单一的事项，而是由众多权利保护事项共同作用所形成的结果，因此无法有效地保护城市社会治理过程中社会主体的法律权利，就无法实现最终的社会稳定有序。另一方面维护社会稳定，创制社会法治化的新局面其本身就包含了对社会主体法律权利保护的基本要求。二者并不是各自独立存在的，而是构成了部分与整体的关系。因此，在城市社会治理过程中，实现社会治理的法治化，必须建立有效的社会主体权利保护机制，并将相关制度落到实处，以期实现城市社会治理的法治化。

城市社会治理的法治化还应当保证社会公平正义的全面实现。社会公平正义的实现有赖于司法制度的完善。完善的司法制度应当包含了法律规范得以严格执行和适用、司法过程通过公开的形式得以呈现以及司法程序受到严格的制约和限制。司法活动从其本质上来看其就是具体法律适用的活动。当违反法律规定的行为出现时，通过司法活动来判断具体行为的违法性，并适

---

〔1〕 周建军、刘明宇：《迈向新时代的社会治理法治化》，载《云南民族大学学报（哲学社会科学版）》2019 年第 1 期，第 42 页。

〔2〕 全国干部培训教材编审指导委员会组织编写：《改善民生和创新社会治理》，人民出版社、党建读物出版社 2019 年版，第 13 页。

用相关法律在法治的框架内予以纠正。而在具体的法律适用过程中，其应当以公开的形式予以呈现，除非存在法定的不公开理由。当然司法权力的应用也应当在法定的范围内予以进行，受到其他权力的制约。在此种司法体制下，才能保证城市社会治理的纠纷得以公平公正的解决。

（三）城市社会治理智能化的实现机制

随着信息技术和网络技术的不断发展，城市社会治理必须面对海量的信息处理和精细化的数据分析等现实问题。如果做不好相应的信息处理和数据分析等工作，城市社会治理常常会出现意想不到的困难。[1] 因此，城市社会治理的智能化成为城市社会治理必须解决的现实问题。而实现城市社会治理的智能化需要以信息技术和网络技术为依托，以大数据分析和物联网应用为基本手段，增强城市社会治理的信息应用能力和数据分析能力，从而更加有效地实现城市社会治理的规划与目标。

就数据分析问题来看，由于云计算和量子计算机等计算机技术的发明，人类存储和处理数据的能力得到普遍提高，辅之以物联网和5G技术的普及、区块链技术的逐渐成熟以及人工智能的广泛应用，人类不仅对数据分析的要求在不断提升，同时人们的生活对于信息技术和网络技术的依赖也在不断加强。在这种情况下，社会治理智能化的要求也越发强烈。目前的信息存储不再是过去集中式的存储，而是每一个信息节点都是信息存储的介质。在网络高度普及和通信技术不断提升的基础上，信息的交换及应用的深度和频次在不断地加强，而城市社会治理的智能化就是要在数据分析能力不断提升的基础上，进行深度的数据挖掘，应用好相关的数据，提升城市社会治理的能力和手段。

就信息应用问题来看，城市社会治理的智能化能够在多方面和多领域对获取的城市社会治理信息进行应用。[2] 通过获取的城市社会治理的信息，可以对社会主体的城市社会治理需求进行深入的分析，以此了解社会主体对于城市社会治理的基本预期和可能的参与程度，为制定相应的城市社会治理策略做好充分的准备。在信息反馈机制方面，可以通过智能化手段快速高效地

---

〔1〕 江必新、王红霞：《论现代社会治理格局——共建共治共享的意蕴、基础与关键》，载《法学杂志》2019年第2期，第59页。

〔2〕 李小艳：《习近平新时代的社会治理创新——智能化与共建共治共享》，载《系统科学学报》2019年第2期，第83页。

获取相关政策的执行情况，对反馈的信息进行及时有效的分析，从而对相关制度和政策进行必要的改进。

就人工智能的应用问题来看，城市社会治理可以通过人工智能等技术手段来提升城市社会治理的效率，降低城市社会治理的成本投入。基于信息技术和网络技术的人工智能在不知不觉中改变了人们的生活方式。无论是日常的社会服务，还是专业性的技术应用都有人工智能的存在。在这种情况下，应当通过人工智能的应用来保证社会主体能够充分参与到城市社会治理之中。这种参与不仅仅是作为信息的反馈者提出现实的需求和不同意见和建议，同时也要作为城市社会治理的决策主体参与到城市社会治理之中，从而实现人工智能在城市社会治理领域的充分应用，实现城市社会治理的智能化。

（四）城市社会治理专业化的实现机制

城市社会治理的专业化要求在城市社会治理的过程中注重城市社会治理的独特性，发现城市社会治理中的特有规律，树立先进的城市社会治理理念，运用专业性的研究方法来发现和理解城市社会治理中存在的现象和问题，从而强化城市社会治理的最终效果。[1] 从城市社会治理的专业化实现机制来看，其主要包括了城市社会治理的类型和标准区分、城市社会治理的不同分工以及城市社会治理的人才培养等几个方面。

实现城市社会治理的专业化要做好城市社会治理的分类和标准制定工作。城市社会治理类型和标准的区分是形成城市社会治理专业化的基础。只有将城市社会治理的具体内容和事项进行类型化的区分，并针对不同的类型制定其独特的标准，才能够有效地建立城市社会治理标准体系。在不同的类型和标准的条件下，要针对其各自的特点和问题来制定城市社会治理制度和措施，否则就容易出现制度实现的偏离，进而影响城市社会治理的最终效果。

城市社会治理的专业化分工是实现城市社会治理专业化最重要的措施和手段。专业化分工是现代社会化大生产的必然性趋势，在城市社会治理领域中，由于其涉及的领域十分广泛，因此在实施具体治理内容时，需要由不同的具有专业知识的主体来采取相应的措施和行为，以实现城市社会治理的高效有序。在不进行专业化分工的情况下，城市社会治理的专业化很难实现。

---

〔1〕 全国干部培训教材编审指导委员会组织编写：《改善民生和创新社会治理》，人民出版社、党建读物出版社 2019 年版，第 13 页。

任何主体都无法在不同的社会领域中具有完善的治理知识和社会知识，只有将其进行具体且合乎认知规律的分工，才能保证相关社会主体在不断进行的城市社会治理过程中获得重复的专业经验，避免出现相同或者类似的问题，最终提升城市社会治理的效率，增强城市社会治理的效果。

城市社会治理的专业化归根结底是城市社会治理人才的专业化。尽管在人工智能飞速发展的情境下，在诸多领域人工智能替代了人的作用，但是从本质上讲人工智能还仅仅是一种实现目的的手段，至少从目前来看其无法实现对人的主体性替代，因此在城市社会治理过程中，应当进行专业化的人才培养。一方面要不断提高城市社会治理专业人才的业务能力，通过培训和业务实训等形式不断增强其分析问题和解决问题的能力；另一方面要做好人才培养的保障性工作，提升专业人才的保障性待遇，优化专业人才的分布结构，明确专业性城市社会治理的奖惩，等等。通过城市社会治理专业化人才的培养来实现城市社会治理的专业化。

第三章　加快推进市域社会治理现代化

一、市域社会治理现代化的提出及其重大意义

（一）市域社会治理现代化的提出

2019 年 10 月 31 日，党的十九届四中全会通过的《决定》，在第九部分“坚持和完善共建共治共享的社会治理制度”中，提出了中央关于社会治理的五项重大部署，“构建基层社会治理新格局”是其中之一。在这项重大部署中，以中央全会的决定的形式，提出了“加快推进市域社会治理现代化”的行动目标。

市域社会治理现代化最早提出，是在 2018 年 6 月 4 日新任地市级政法委书记培训示范班开班式上，中央政法委秘书长陈一新同志提出“新时代市域社会治理现代化”的重要概念。他指出，“新时代市域社会治理现代化，是当前和今后一个时期亟待我们研究和探索的重要理论课题和实践命题”，并强调要坚定不移走中国特色社主义社会治理之路，树立“五大导向”，优化“四大体系”，提升“七大能力”，打造具有中国特色、时代特征、城市特点的社会治理新模式，加快推进新时代市域社会治理现代化，使人民群众有更多的安全感、幸福感和获得感。

市域社会治理现代化一经提出，就得到党中央的高度重视。习近平总书记在 2019 年 1 月中央政法工作会议上提出“加快推进社会治理现代化，努力建设更高水平的平安中国”的重大时代命题，表明社会治理现代化进入全面推进期。习近平总书记还对市域社会治理现代化的重要地位作出了精辟的概括。他强调，“要把市域社会治理现代化作为社会治理现代化的切入点和突破口”，表明市域社会治理现代化是社会治理现代化的重中之重。

2019 年 7 月 23 日至 26 日。第二期新任地市级政法委书记培训班在京举行。主题是学习贯彻习近平新时代中国特色社会主义思想，提高政法领导干

部政治素质和履职本领，加快推进市域社会治理现代化。开班式上。中央政法委秘书长陈一新同志深入系统地阐述了在市域社会治理现代化中发挥政治、法治、德治、自治、智治“五治”作用问题。陈一新强调要认真学习贯彻习近平总书记关于市域社会治理现代化的新概念、新思想、新战略，把政治、法治、德治、自治、智治“五治”作为推进市域社会治理现代化的有效方式。以政治强引领、以法治强保障、以德治强教化、以自治强活力、以智治强支撑，加快推进市域社会治理现代化，努力建设更高水平的平安中国。

2019 年 12 月 3 日。中央政法委召开全国市域社会治理现代化工作会议，探索具有中国特色、市域特点、时代特征的社会治理新模式。中央政法委书记郭声琨同志在讲话中指出：“市域在国家治理体系中具有承上启下的枢纽作用。要树立系统融合、开放共治、包容协商、精细精致理念，理顺纵向结构，完善横向体制，充分发挥政治引领作用、自治基础作用、法治保障作用、德治先导作用、科技支撑作用，不断提高市域社会治理系统化、社会化、精细化、法治化、智能化水平。要强化制度思维、制度创新和制度执行，以工作机制建设为着力点。解决政治安全、社会稳定、公共安全、公共服务等领域突出问题。”

2020 年 1 月 17 日，中央政法工作会议在北京召开。习近平总书记要求“着力推进市域社会治理现代化试点工作”。

（二）市域社会治理的含义及作用

1. 市域社会治理的含义

市域，即城市政府管理的区域。根据《中华人民共和国宪法》（以下简称《宪法》）及涉及行政区域划分的法律，我国的城市分为直辖市、设区的市（地级市）和不设区的市（县级市）。2019 年中央政法委提出在全国开展市域社会治理现代化试点城市工作方案，市域社会治理是在设区的城市（包括直辖市、副省级市、地级市，直辖市不直接参与试点，而组织下辖各区县申报试点）区域范围内的具体实施，也是国家治理的浓缩反映。由于设区的城市的范围既包括城市行政区域又包括城市所辖行政区域内的城镇社区和乡村社区，所以市域社会治理是城市社会治理和乡村社会治理的融合体。它不是城市和乡村各自独立的治理，而是依托具体的城市区域而发生的治理活动的统称。

市域社会治理现代化的提出，就是要把以设区的城市为基本治理单位或主要治理载体，把社会治理的工作重点转移到城区上来。同时覆盖市域内的农村，城乡联动，市级层面起主导作用，以治理理念现代化、治理体系现代化、治理能力现代化为主要内容，以共建共治共享为方向，增强市域社会治理引领力、统筹力、聚合力、驱动力，充分发挥政治、法治、德治、自治、智治的作用，加速推进市域社会治理现代化。

2. 市域社会治理的作用

一是市域社会治理在国家治理体系中的特殊定位。市域社会治理与传统的城市治理的区别，除了空间范围的区别，最主要的特征就是市域社会治理的枢纽性，即承担承上启下的枢纽作用，以城带乡的引擎作用，以点带面的示范作用。承上启下的枢纽作用体现在，对上承担党中央决策的重要责任，对下又指导基层一线工作，是推动基层治理工作的组织者和领导者，这是城市层面最大的特点。抓住了市域社会治理这个关键环节，就可以起到上下贯通、带动全局的效果。以城带乡的引擎作用体现在市域作为一个城市和乡村两种社会形态的结合体，是统筹推进城乡一体化的有效载体，把市域作为完整的治理单元，能够充分发挥城市的辐射作用、带动作用，推进城乡一体化、基本公共服务均等化，让治理成效更多、更公平地惠及城乡居民。以点带面的示范作用体现在与县城相比，市域社会治理的对象更多样，治理的问题更典型，治理的体系更完备，需要市域层面加强顶层设计、进行宏观指导。与省域相比，市域直面一线，直面社会治理各类问题，需要与微观层面的操作分享具体解决办法。

二是市域在矛盾风险防范化解中的特殊作用。市域的特殊地位使它成为目前一些最突出的矛盾和问题的汇集地，同时，防范化解矛盾，最坚实的力量支撑也在市域。

市域是观察矛盾风险走向的晴雨表。在我国经济社会发展过程中，一些新情况、新问题往往最先显现在市域，分析掌握市域矛盾风险的规律特点，有利于从总体上把握我国现阶段社会矛盾风险态势，提高防范化解风险的预见性、时效性，市域是守住安全稳定底线的主阵地。当前矛盾风险系统性、跨界性、传导性特点突出，市域越来越成为防范化解矛盾风险的关键层级，这迫切要求以市域为主阵地，充分发挥市域资源手段优势，从事前、事中、事后的整体视角进行防范，从源头、引导、转化的关键环节进行化解，防止矛盾风险向上传导，向外溢出。市域也是满足人民群众新需要的大平台。市域层面对人民的需要感受最直接、最灵敏，同时又有充足的资源和手段及时有效回应人民的新期盼，这就要求从主动适应社会主义矛盾历史性转变出发，防范化解风险，建设更高水平的平安中国的高度，扎实推进市域社会治理现代化，通过市域的平安为全国平安奠定坚实基础。

三是市域在社会治理中的特殊优势，市域有其自身的独特基础和优势。首先是市域具有政策制定的自主空间。2015 年《立法法》修改后，所有设区的市均被赋予了在城乡建设与管理、环境保护和历史文化保护方面享有地方立法权，具有更大、更灵活自主创新探索的政策空间。市域较之县城更具有解决问题的资源基础，市域往往具备较为雄厚的物质基础和丰富多样的资源手段，能够统筹各种资源力量，及时有效地解决各类突出问题；市域具有大胆尝试的回旋余地，市域在探索社会治理政策和模式方面有更大的回旋余地，推进市域社会治理创新，有利于破难题、开新局，为推动社会治理现代化不断探索新经验、贡献新方案。

二、市域社会治理的总体思路和新模式构建

（一）推进市域社会治理的总体思路

总体思路是市域社会治理的指导思想和行动指南，是市域社会治理的路线图，市域社会治理现代化实施方案对此作了明确的表述，就是要坚持以习近平新时代中国特色社会主义思想为指导，深入贯彻落实党的十九届四中全会精神，紧紧围绕坚持和完善中国特色社会主义制度，推进国家治理体系和治理能力现代化的总目标，牢牢把握坚持和完善共建共治共享的社会治理制度的总要求，坚持以人民为中心的发展思想，以防范化解市域社会治理难题为突破口，以开展市域社会治理试点为抓手，探索具有中国特色、市域特点、时代特征的社会治理新模式，不断完善党委领导、政府负责、民主协商、社会协同、公众参与、法治保障、科技支撑的社会治理体系，切实提高市域社会治理系统化、社会化、精细化、法治化、智能化水平，努力建设人人有责、人人尽责、人人享有的社会治理共同体，推动平安中国建设迈上新台阶，为实现“两个一百年”奋斗目标，实现中华民族伟大复兴的中国梦提供有力支撑。

推进市域社会治理现代化首先要坚持以习近平新时代中国特色社会主义思想为指导。党的十八大以来，以习近平同志为核心的党中央高度重视国家

治理体系和治理能力现代化的推进，而社会治理现代化是其中重要的组成部分，习近平在2019年中央政法工作会议上首次鲜明提出“加快推进社会治理现代化，努力建设更高水平的平安中国”这一重大时代命题。在中国特色社会主义新时代，习近平总书记对社会治理和市域社会治理现代化多次作出重要指示，“深刻阐明了推进社会治理现代化的方向性、根本性、战略性问题，开辟了马克思主义社会治理理论的新境界，标志着我们党对社会主义社会治理规律的认识实现了新飞跃”[1]。这是我们推进市域社会治理现代化的指导思想。党的十九届四中全会作出《决定》，这是我们社会治理的总目标，要深入贯彻落实十九届四中全会精神，紧紧围绕这个总目标开展工作，坚持和完善共建共治共享的社会治理制度实施与社会治理现代化的总要求，“共建共治共享的社会治理制度，是我们党在长期探索中形成的、被实践证明符合国情、符合人民意愿、符合社会治理规律的科学制度，是习近平新时代中国特色社会主义思想的重要内容”[2]。市域社会治理的突破口是防范化解市域社会治理的难题。比如，社会矛盾外溢这一突出难题，推进市域社会治理工作千头万绪，要抓住发力点，这个抓手就是全国市域社会治理现代化试点工作。要积极探索市域社会治理的新模式，首先这个模式要具有中国特色，它是在党的领导下，以人民为中心的社会治理；它是以设区的市作为治理单位，是承上启下的枢纽，充分体现市域特点的社会治理；这个模式要具有时代特征，它是新时代社会主要矛盾转变为人民对美好生活的需要与发展不充分不平衡的矛盾这一背景下的社会治理。社会治理体系是由众多子系统构成的复杂系统，要不断完善党委领导、政府负责、民主协商、社会协同、公众参与、法治保障、科技支撑的社会治理体系。在这个社会治理体系中，坚持党委领导是根本，完善政府负责是前提，开展民主协商是渠道，实行社会协同是依托，动员公众参与是基础，搞好法治保障是条件，提供科技支撑是手段，七位一体，有机联系，不可分割。市域社会治理要切实主要从五个方面提高治理水平，即实现治理系统化、社会化、精细化、法治化、智能化。完善人人尽责、人人享有的公众参与体制。人民是社会治理的主体，要善于发挥社会治理主体的积极性，要着力构建群众参与的平台和载体，鼓励和支持社会各方面积

---

[1] 陈一新：《加快推进社会治理“七个现代化”》，载微信公众号“中央政法委长安剑”2019年4月18日，https://mp.weixin.qq.com/s/0WvppULFLKzpUQJ4pxr87Q。

[2] 郭声琨：《坚持和完善共建共治共享的社会治理制度》，载本书编写组编著：《党的十九届四中全会〈决定〉学习辅导百问》，学习出版社、党建读物出版社2019年版，第123页。

极参与，最大限度地调动群众参与的积极性、主动性、创造性，形成社会治理的整体合力，建立健全权利与义务统一、风险与责任关联、激励与惩戒并重的制度，建设人人有责、人人尽责、人人享有的社会治理共同体。

（二）积极构建市域社会治理新模式

构建市域社会治理新模式必须紧紧围绕共建共治共享方向，把握市域社会治理规律特点，突出法治创新、机制完善、制度建设，不断提高市域社会治理现代化水平。

1. 树立科学理念，增强市域社会治理引领力

理念是行动的先导，习近平总书记指出："社会治理是一门科学。"科学是对事物发展规律的理性认知和把握，市域社会治理要深刻把握市域社会治理的特点规律，树立科学的社会治理理念。市域社会治理必须要树立四个科学理念。

一是树立系统融合的理念。系统融合是指市域社会治理要素的深度融合，它是城市形成发展的关键，也是市域社会治理的目标要求。坚持以系统融合思维推进市域社会治理，实现治理要素的深度融合，产生治理效能的倍增结果。

二是树立开放共治的理念。开放共治是推进市域社会治理现代化的有效途径，新形势下，社会治理需要解决的问题跨界性、关联性、复杂性增强。解决这些问题必须推动政府有形之手、市场无形之手和群众勤劳之手同向发力，需要党委、政府、社会、公众携起手来，形成社会治理共同体。

三是树立包容协商的理念。市域具有社会结构多样性、利益诉求差异性、社会关系复杂性的特征，凝聚社会治理的最大共识，包容是基本前提，协商是基本方式，丰富"有事好商量，众人的事情由众人商量"的制度化实践，要充分运用协商方式，找到全社会意愿和要求的最大公约数，凝聚社会治理的最大共识，形成社会治理的最大合力，把共建共治共享的同心圆越画越大。

四是树立精致精细的理念。市域社会治理现代化的一个重要标志就是精细化，转变粗放式治理模式，细化治理单元，推进"智慧城市""城市大脑"建设，通过精巧的制度设计、精确的过程推进和精微的治理技术，达成精准、精细、精致的治理目标。

2. 理顺纵向架构，增强市域社会治理统筹力

纵向架构的层级主要是市、县、乡镇（街道）。要进一步理顺三者之间的

权责关系，完善权责明晰、上下贯通、层层推进的三级纵向治理架构，形成市级统筹协调、县级组织实施、乡镇（街道）强基固本的市域社会治理链条。

首先，市级层面重点是做好统筹协调，要加强顶层设计，将市域社会治理放在经济社会发展全局中进行谋划推进，要整合治理力量，完善政策措施，强化督导考核，推进解决重大问题。

其次，县级层面重在组织实施，不断优化县级机构职能体系，提高协同高效组织实施的能力，围绕市域社会治理的目标任务，制定具体实施方案。明确落实各方责任，聚焦解决突出问题，组织推进任务落实。

最后，乡镇（街道）层面重在强基固本，乡镇（街道）是市域社会治理的基本单元，要推动“枫桥经验”，向城镇社区治理延伸，由社会治安向各个领域扩展。以综治工作、市场监管、综合执法、便民服务平台为依托，做到信息掌握到位、矛盾化解到位、治安防控到位、服务管理到位。

3．完善横向体制，增强市域社会治理聚合力

在市域社会治理现代化中，体制机制具有全局性、根本性作用，要通过体制创新、机制完善、制度建设，把分散的治理资源聚合起来。

一是完善党委领导体制，贯彻党纵览全局、协调各方的根本要求，健全完善党委领导社会治理体制机制，真正促使社会治理各项工作在取向上相互配合、相互促进，在治理成效上相得益彰，充分发挥基层党组织政治引领、组织引领、机制引领作用。

二是完善政府负责制，推进市、县两级政府职能体系优化协同高效，健全完善信息互通、资源共享、工作联动机制，实现市域社会治理资源整合、力量融合、功能聚合、手段综合。积极探索扁平化社会治理模式，提高快速响应、精准落地能力，进一步厘清上级职能部门与乡镇（街道）之间的权责，完善条块协同新机制，推动力量在基层整合，问题在基层解决。

三是完善社会协同体制，科学界定政府与社会边界，拓展社会组织发展空间。实行“权随责走，费随事转”，推动建立政府和社会的良性互动机制，积极培育公益性、服务性、互助性组织，发挥市场机制作用，完善政府购买服务机制，让社会组织承接起政府简政放权释权的具体事务。

四是完善公众参与机制，完善人民群众参与基层社会治理的制度渠道，健全举报奖励、公益反哺、以奖代补等激励机制，创建互联网时代群众工作机制，搭建平行、互动、多样的群众参与网络平台，形成人人尽责、人人享有的生动局面。

4. 推进方式革新，增强市域社会治理的驱动力

推进市域社会治理方式革新，重在发挥好市域社会治理的“五治”作用，即政治引领作用、自治基础作用、法治保障作用、德治先导作用和智治支撑作用，充分发挥“五治”的作用，就会增强市域社会治理的驱动力。

一是发挥政治引领作用。把政治引领贯穿于社会治理全过程和各方面，夯实市域社会治理的共同思想基础，坚持不懈用习近平新时代中国特色社会主义思想武装头脑，充分发挥党的组织优势，教育引导广大党员干部增强“四个意识”，坚定“四个自信”，做到“两个维护”，进一步统一思想，凝聚力量，更好地强信心、聚民心、暖人心、筑同心。

二是发挥自治基础作用。习近平总书记强调，要坚持和完善基层群众自治制度，发挥社会组织作用，实现政府治理和社会调节、居民自治良性互动。健全充满活力的基层群众自治制度。借鉴一些地方制定“自治组织依法履职事项清单”和“行政权力限制事项清单”的做法，建立社区工作事项准入机制，探索在“村改居”社区推进“政经分开”和集体产权、公共产品供给制度改革，理顺基层群众自治组织与集体经济组织的关系。全面落实村“两委”换届候选人县级联审机制，坚决把前科劣迹人员和涉黑恶问题人员挡在大门外。创新基层自治的实现形式和载体，推动民事民议、民事民办、民事民管。

三是发挥法治保障作用。习近平总书记指出，提高城市治理整体能力，要强化依法治理，善于运用法治思维和法治方式解决城市治理顽疾难题。首先要推动设区的市用好地方立法权，良法是善治的前提，推进市域社会治理现代化要坚持法律规范先行，围绕市域社会治理急需，满足人民对美好生活新期待必备的制度需求，结合实际建立系统完备、科学规范、运行有效的地方性法规规章，构建市域社会治理法律规范体系。要坚持切口要小，聚焦要准，突出关键性条款，切实解决市域社会治理某一领域、某一方面的特定问题。要突出地方特色深入总结本地成熟做法并上升为制度规范，确保法规规章务实管用，便于操作。用法治思维破解治理难题，立“明规则”，破“潜规则”，用法治规范治理行为，引领社会风尚，发挥市民公约、村规民约的约束作用，把人民群众实践中广泛认同的可操作性强的道德观念，及时上升为共同遵守的行为规范，要推进严格执法，坚持公正司法，推动全民守法。

四是发挥德治先导作用。道德教化是培育市域社会治理内生动力的重要方式。我们要重视加强道德教化。中华传统美德是中华优秀传统文化的“根”与“魂”，要深入挖掘中华传统美德的时代价值，为市域社会治理方式现代化

提供源源不断的精神动力和道德滋养。我们要大力弘扬社会主义核心价值观，以此为统领，打造具有中国特色，彰显时代精神的德治体系。要强化德治约束，要建立覆盖全社会的征信系统，要加大对违法败德者的执法力度，要发挥身边榜样的示范作用，发挥乡贤能人的带动作用。要把见义勇为作为市域社会治理现代化的风向标，要大力开展各类文明创建和道德楷模选树活动。

五是发挥智治支撑作用。我们要把智能化建设摆到更加突出的位置，上升为重要的治理方式——智治。推动大数据、人工智能、区块链等现代科技与市域社会治理深度融合，打造数据驱动、人机协同、跨界融合、共创分享的智能化治理新模式，实现对城市运行的超强感知，公共资源的高效配置，异常情形的及时预警和突发事件的快速处置。推动设施联通、信息互通、工作联动，建设大整合、高共享、新应用的智能化平台，构建微调融合、服务联动的智慧政务网，提升智能化服务水平。

（三）完善市域社会治理工作机制

新时代随着社会主要矛盾的变化，市域社会治理面临着一系列新情况、新问题。聚焦解决这些市域社会治理难题的着力点，要抓住市域社会治理工作机制现代化建设这个重点，善于运用制度威力防风险、解难题、补短板，不断提升社会治理水平和治理效能。

1. 提升市域社会稳定风险化解水平

社会矛盾外溢是化解市域社会稳定风险的最突出的难题，要针对社会矛盾形成、演变特点，发挥体制优势，推动关口前移、源头预防，推动重心下移，努力使市域成为社会矛盾的“终点站”。关键是要把着眼点放在前置防线、前瞻治理、前端控制、前期处置上，通过畅通和规范群众诉求表达、利益协调、权益保障通道，努力将矛盾化解在基层，要完善化解市域社会稳定风险的两个重要机制：

一是完善科学决策机制。决策是执行的起点，正确的决策是从源头上预防社会稳定风险的重要基础，要推动完善决策机制和程序，完善公众参与、专家论证、风险评估、合法性审查、集体讨论决定等制度，特别是要严格落实重大决策社会稳定风险评估制度，搭建党委和政府、责任主体、群众之间的协商平台，形成破解社会矛盾外溢这一难题的共同体。完善严格按照法定权限和程序履行职责的制度和机制，优化行政决策，提高依法行政水平。

二是完善排查化解机制，充分发挥基层社区干部和网络员人缘地缘优势，及时发现社会稳定风险的苗头，努力把问题解决在早在小，把社会矛盾解决在萌芽状态是防止社会矛盾外溢的源头治理。要完善多元化解社会矛盾机制，人民调解、行政调解、司法调解“三调联动”是具有中国特色的非诉讼纠纷解决方式，要积极推行和完善这一工作体系，还要发挥好仲裁、行政复议、诉讼等纠纷解决方式的作用。市县领导实行接访下访制度是及早发现社会矛盾、最大限度化解社会矛盾于本地的行之有效的制度，应该继续大力推行这一制度。

2. 提升市域公共安全风险防范化解水平

社会治安是平安建设的重点，要主动应对社会治安问题复杂易变这一最现实的挑战，提升市域公共安全风险防范化解水平。党的十九届四中全会的《决定》明确提出，要“坚持专群结合、群防群治，提高社会治安立体化、法治化、专业化、智能化水平，形成问题联治、工作联动、平安联创的工作机制，提高预测预警预防各类风险能力，增强社会治安防控的整体性、协同性、精准性”。当前，要一手抓群众反映强烈的治安突出问题的解决，一手抓公共安全防护短板的补强，提高动态化、信息化条件下的社会治安管控能力。

一是以解决人民群众最盼、最急、最忧的突出问题为主线，健全经常化专项打击整治机制。把握黑恶犯罪滋生蔓延特点，强化“抓省促市”“抓市促县”策略，强化行业治理、基层治理，密切跟踪人民群众反映强烈的治安问题，因地制宜开展专项打击整治行动，推广一些地方搭建跨区域合成作战平台等做法，提高对大要案件、多发性案件的侦查打击能力。

二是以增强社会治安防控整体性、协同性、精准性为目标，织密织牢社会治安防控网格，坚持立体化、法治化、专业化、智能化方向，打造城乡统筹、网上网下融合、人防物防技防结合、打防管控一体化的社会治安防控新格局，坚持专群结合，布建起社会治安防控的天罗地网。

3. 提升市域公共服务水平

社会治理的核心是对人的服务管理，市域公共服务直接关系到人民群众的生活和切身利益，要积极回应人民群众对美好生活的新需要，精准把脉服务难点、办事堵点，做实做细公共管理服务各项工作。当前要主要抓好以下三项工作，主动补齐优质公共服务不足这一最明显的短板，以提高市域公共服务水平。

一是聚焦流动人口有序融入，推动市域公共服务均等化，加大户籍制度改革措施落实力度，完善相关配套政策，完善居住证制度，推进城镇基本公共服务常住人口全覆盖，使流动人口真正在城镇安定下来，增强获得感、归属感。

二是聚焦“放管服”改革，推动市域公共服务便捷化，在市域层面推出更多便民利民举措，行简政之道，开方便之门，切实解决好办证多、办证难等问题，打造公共服务“最后一公里”，让群众办事少跑腿成为常态。

三是聚焦个性化服务，推动市域公共服务精准化，通过政务 App、社区服务红线、微信公众号等方式，广泛收集民情民意，精确把握群众公共服务需求，提供有针对性的服务。

4. 处理好“六个关系”，确保市域社会治理各项工作部署落实到位

中央政法委关于市域社会治理现代化试点工作实施方案中，还提出要处理好市域社会治理工作中存在的“六个关系”，确保各项工作部署落实到位。充分发挥党的领导和我国社会主义制度的政治优势，加大统筹协调力度，完善组织保障措施，凝聚各方力量智慧，努力把宏伟蓝图变成美好现实。

一是正确处理好顶层设计与分层对接的关系，形成工作合力。推进市域社会治理现代化是一项系统工程，涉及中央省市等多个层级，必须同向发力，中央政法委发挥牵头抓总作用，各级省委政法委发挥组织推动作用，市级党委发挥主体主责作用。

二是要正确处理统筹推进与分类指导的关系，确保精准实施。处理好统一性与差异性的关系，因地制宜、因情施策。中央政法委将选择一批具有代表性的地市进行深入调研，“解剖麻雀”，总结推出一批适合东中西部各自实际，具有鲜明地方特色的社会治理模式，为不同地方提供更加切合实际的样板。

三是正确处理试点先行与面上推进的关系，增强示范效应。中央政法委研究制定了《全国市域社会治理现代化试点工作实施方案》《全国市域社会治理现代化试点工作指引》，既为试点工作提供基本遵循，又为试点成效评估提供衡量标准，各地要抓紧抓好试点工作，做到起点高、靶向准、方法新、带动强。

四是正确处理制度创新与制度运行的关系，释放制度威力。在制度思维上再强化，在制度创新上求突破，在制度集成上下功夫，在制度执行上见效果，以制度现代化驱动市域社会治理现代化。

五是正确处理治理现代化与各有关工作能力的关系，提升治理能力，主动适应新形势、新任务的需要，着力提升统筹谋划能力、改革创新能力、政

策把握能力、科技应用能力、群众工作能力、舆论引导能力。

六是正确处理立足当前与着眼长远的关系，确保善作善成。实行目标化管理，把市域社会治理现代化的战略目标分解为可量化、可评估的阶段性目标，明确时间表、路线图和可检验的成果形式。实行项目化推进，每年确定一批重点项目，确保每一个项目都有新进展，积小胜为大胜。实行责任化考核，将推进市域社会治理现代化工作纳入平安建设“综合治理”考评，与全国平安建设“综合治理”表彰挂钩，科学评估各类责任主体工作质效，以责任到位确保落实到位。

中央政法委关于社会治理现代化试点城市工作方案所提到的正确处理好“六个关系”，是对开展市域社会治理现代化试点工作的城市工作的部署和具体要求，既是规划书也是路线图，正确处理好这六个方面的关系，既能够明确市域社会治理宏观架构，又能够化解市域社会治理过程中的具体难题，是市域社会治理各项部署落实到位的保障。

三、市域社会治理现代化评价指标

中央政法委在2019年12月3日全国政法工作会议上宣布启动全国市域社会治理现代化试点工作，并发布了《全国市域社会治理现代化试点工作指引》，既为开展试点工作提供了基本遵循，又为试点成效评估验收提供了衡量标准，其中包括共性工作指引、区域特点工作指引两部分，并附一张负面清单。其共性工作指引即“规定动作”，突出市域社会治理体制现代化、治理工作布局现代化、治理方式现代化三大板块，将坚持和完善社会治理制度贯穿其中。

（一）市域社会治理体制现代化

治理体制现代化，主要是完善党委领导体制、政府负责体制、民主协商体制、社会协同体制、公众参与体制、纵向指挥体制，把体制的优势更好转化为社会治理效能。

1. 完善党委领导体制

其一，要坚持党总揽全局、协调各方的领导核心作用，善于把党的领导和我国社会主义制度的优势转化为社会治理效能。一是党委把切实加强推进社会治理现代化，深化平安建设工作的领导，列入重要日程，认真研究解决工作中的重大问题，推动社会治理融入经济社会发展全过程，推动社会风险防控贯穿规划、决策、执行、监督各领域各环节。二是全面健全落实政治督察、巡视巡查、执法监督、纪律作风督查等工作制度机制，更好地把党的领导优势转化为社会治理效能。

其二，党委政法委创新完善平安建设工作协调机制，统筹好政法系统和相关部门的资源力量，形成问题联治、工作联动、平安联创的良好局面。一是市、县、乡（街道）三级全面建立平安建设协调机制；二是深入学习贯彻《中国共产党政法工作条例》。党委政法委要加强对社会治理领域重大实践和理论问题的调查研究，建立社会治安稳定形势研判分析制度。乡镇（街道）党组织全面配备政法委员。党委政法委和乡镇（街道）政法委员加强对同级综治中心的工作统筹、政策指导，推进社会治理工作。

其三，落实好平安建设领导责任制。一是要确定党委政府主要领导、分管领导、班子成员推进社会治理现代化的第一责任、直接责任和分管工作范围内的责任。建设平安建设责任分担机制，科学界定和合理分配各层级、各部门风险管控责任。二是要健全社会治理绩效考评指标体系和考核标准，将考核结果作为干部晋职晋级、评优评先和实施奖惩的重要依据。把社会治理和平安建设成效纳入各级党政领导班子和领导干部政绩考核指标体系，完善本地区平安建设表彰奖励政策，落实通报、约谈、挂牌督办、一票否决等制度。

其四，加强基层党组织建设，强化政治引领，发挥党的群众工作优势和党员先锋模范作用，推动基层党建与基层社会治理深度融合。一是要创新基层党组织设置方式，推进“基层党建 +”工作模式，构建区域统筹、条块协同、共建共享的基层党建工作格局，以党建覆盖推动治理落地。推进党组织建在网格上，确保每个网格有一名党员作为网格员或网格辅助力量参与社会治理工作。二是辖区内要以县为单位，全面实施村级党组织带头人整体优化提升行动。全面落实村“两委”换届候选人县级联审机制。三是推进党员联系群众、挂牌亮身份、志愿服务等工作，创新党员参与社会治理、服务广大群众的工作载体，发挥带头示范作用。

2. 完善政府负责机制

其一，政府履行好社会管理的基本职能，从人力物力财力上保障社会治理和平安建设工作的顺利开展。将社会治理和平安建设纳入经济社会发展规划，设定市域社会治理规划，明确可量化、可评价的阶段性目标。每年推进落实一批市域社会治理重点项目。公共财政有效保障社会治理和平安建设工作顺利开展。

其二，优化政府机构设置、职能配置、人员编制，提高社会治理能力和水平。一是提高市县乡政府运行效率，推进编制资源向乡镇和街道倾斜，统筹使用各类编制资源，充分加强基层一线工作力量。二是深入推进“放管服”改革，推进“互联网＋政务服务”建设，持续开展“减证便民”行动，总结推广“最多跑一次”“马上办、就近办、一次办”“网上办、刷脸办”等做法，努力提供普惠均等、便捷高效、智能精准的公众服务。80%以上的民生事项可以凭身份证“一证通办”，90%以上服务事项整合进入乡、村“一站式”服务大厅，适合代办的事项100%可代办。

3. 完善群团组织助推体制

发挥群团组织联系群众的桥梁纽带作用。按照总体部署，有序推进群团组织体制改革，构建小机关、大网络、强基层、全覆盖的群团组织体系。明确各群团组织在社会治理中的职责任务，广泛组织各方面群众参与社会治理工作。

4. 完善社会力量协同体制

其一，充分发挥社会组织作用，推进社会组织健康发展，引导激励社会组织参与社会治理。一要加强社会组织党的建设，全面增强党对各类各级社会组织的领导，加强对社会组织的综合监管，建立健全日常考核、评估管理、社会监督机制。引领社会组织专业规范运作，依法依规办事。二要创新孵化培育、人才引进、资金支持等方式，依托综治中心等设置社会组织培育和工作场所，推动在街道（乡镇）成立社区社会组织联合会，实现每个城市社区有10个以上社区社会组织，每个农村社区有5个以上社区社会组织。制定完善政府向社会组织购买服务清单和承接政府转移职能的社会组织清单，支持社会组织参与社会治理、开展公益事务。政府新增公共服务支出通过政府购买服务的部分，向社会组织购买的比例不低于30%。

其二，调动企事业单位自主自治积极性。建立企业社会责任评估和激励奖惩机制，推动企事业及园区等开展平安创建工作，鼓励引导企业参与社会治理，更多地承担社会公益、科技创新、辅助决策等社会责任。

5. 完善人民群众参与体制

贯彻好党的群众路线，善于把党的优良传统和新技术、新手段结合起来，创新组织群众、发动群众的机制。一要加强社会工作的人才队伍建设，社会工作专业人才不低于全市户籍人口的1‰。探索社会工作职业分类分级管理办法，推进网格员队伍与社会工作人才队伍融合发展。二要健全志愿服务激励保障机制，支持和发展事务工作服务机构和志愿服务组织，注册志愿者占本地常住人口比例≥13%，每个乡镇（街道）至少有一个平安建设志愿服务品牌。三要完善举报奖励、公益反哺、以奖代补等激励措施，广泛动员城乡群众，开创专群结合、群防群治新局面。

6. 完善高效联动、上下贯通的指挥体制

其一，是全面推进综治中心规范化建设，发挥社会治理实战化平台作用。具体措施是对照国家标准，细化本地区综治中心建设规范，实现市县乡三级综治中心规范化建设全覆盖，完备矛盾纠纷调解室、心理咨询室、法律服务室、社会组织孵化室等功能组成，完善首问负责、情况报告、应急联动、考核评价等工作机制。村（社区）全面建设的“一门式办理、一站式服务、线上线下结合”的综合服务管理平台应具备社会治理的相应功能。通过集成服务、集约管理、集中办公、统筹好社会治理资源力量，提高服务群众、维护稳定的能力水平。

其二，是构建区域联动、部门协作机制。一要依托平安建设协调机制，健全跨区县矛盾风险联动处置机制和工作预案。建立健全市、县主管部门牵头、相关部门紧密协作的跨领域矛盾风险综合治理机制，打好“组合拳”。二要各系统、各行业广泛组织开展平安创建活动。

其三，是推进乡镇（街道）治理创新。具体要推动县级对乡镇（街道）的赋权赋能，将行政执法权限和力量向基层延伸和下沉，实现乡镇（街道）职权对等、财事匹配。全面推进乡级综合行政执法机构建设。按照法律规定相对集中行使行政处罚权，以乡镇（街道）名义开展执法工作。

其四，是深入推进社区治理创新。深化拓展网格化管理，尽可能把资源、服务、管理放到基层。一是对照国家标准，完善本地区网格化服务管理工作规范，建立网格化综合管理责任清单。科学划分网格，实现网格化服务管理全域覆盖。统筹网格内相关工作，打造“全科网格”。加强网格力量配备，一个网格配备至少一名专门负责的网格员。建立网格员培训、保障、激励机制，提升网格员队伍专业化水平。二是要深化社区警务战略，加强社区（驻村）警务室建设，“一村（社区）一警一辅警”100%全覆盖。加快打造“红色物业”，推动相关机制与网格化服务管理机制紧密融合，把资源、服务、管理向社区、网格、楼栋、家庭延伸。三是要积极开展“无非正常上访、无刑事治安案件、无邪教、无公共安全事故”社区（村）等平安社区（乡村）建设活动。

（二）市域社会治理工作布局现代化

1. 抓好维护国家政治安全这一首要工程

健全维护国家政治安全工作体系，严密防范和坚决打击各种渗透颠覆破坏活动、暴力恐怖活动、民族分裂活动和宗教极端活动。具体要抓好以下几个方面的工作：（1）构建维护国家政治安全工作机制；（2）依法加强境外非政府组织在华活动管理；（3）深化反恐怖、反分裂斗争；（4）全力防范宗教极端势力，依法处置非法宗教活动；（5）深入开展反邪教工作；（6）推动高校加强和改进思想政治工作。

2. 抓好社会治安防控体系建设最基础性工程

主要抓好四个方面的工作：

其一，对突出违法犯罪，保持高压震慑态势，坚持重拳出击，露头就打。一是坚持什么问题突出就集中力量解决什么问题，深化对突出违法犯罪的打击整治，咬定三年为期目标不放松，紧盯涉黑涉恶重大案件黑恶势力经济基础、背后“关系网”“保护伞”不放，打防并举、标本兼治，确保取得实效、长效。二是发挥市级部门优势，建立完善市级统一指挥、合成作战、专业研判、分类打击机制。深化缉枪治爆斗争和禁毒人民战争，严厉打击盗抢骗、黄赌毒、食药环等突出违法犯罪，确保社会治安大局稳定。依法打击各类经济犯罪，维护市场经济秩序，提升打击电信网络等新型犯罪和跨区域犯罪的能力。

其二，加强社会面治安防控网建设。一是要优化防控力量布局，建设完善覆盖基层的社会治安防控体系，构建紧密衔接的地面、空中、网上防线，打造高效联动的核心、外围、远端防线，形成立体化、无死角、高智能的“大防控”格局，紧盯重点区域部位，建立健全民航、高铁、地铁、公交等内外安检制度，强化重点场所安全防范机制。二是要坚持专群结合，科学调配公安干警、辅警及群防群治力量，60%以上综合警力摆上街面，建立专兼职平安巡防队伍，其中专职平安巡防队人员不低于常住人口的1‰。

其三，加强重点行业和重点人员治安防控网建设。主要是加强三个方面的管理：一是加强流动人口管理，研究出台可操作的户籍制度改革措施，稳步推进农业转移人口市民化，统筹制定社会保障、公共服务、社会管理政策措施，让长期工作、居住、生活在城市的流动人口真正融入城市。二是加强特殊人群服务管理工作，健全政府、社会、家庭三位一体的关怀帮扶体系，加强相关专业社会组织、社会工作人才队伍等建设，落实教育、矫正、管理以及综合干预措施。深入预防青少年违法犯罪，加强专门学校建设和专门教育工作。三是加强旅馆业、机动车改装业、娱乐服务业等重点行业的治安管理工作，加强邮件、快件、寄递和物流运输安全管理，落实法人责任，全面落实实名登记制度。

其四，提高网络综合治理能力，形成综合治网格局。一是要加强网上阵地管控，深化网安警务室等建设，依法坚决打击整治网络谣言和有害信息，净化网上政治生态。依法严厉打击网络黑客、电信网络诈骗、侵犯公民个人隐私等违法犯罪行为。加强网络安全保护。二是要做强做大政法网宣铁军，健全政法网宣铁军保障体制，加快政法网络新媒体矩阵建设，创造网评力量，更加有效地开展网上舆论斗争，牢牢掌握加强和创新社会治理，深化平安建设的话语权、主导权。三是要借鉴网上“枫桥经验”，规范和引导网络社团社群健康发展；推进社区、网格群众工作微信群全覆盖，发动党员、社区工作者、网格员等“进群”推动社情民意在网上了解、矛盾纠纷在网上解决、正面能量在网上聚合。

3. 抓好防范化解社会矛盾风险这一控制性工程

要从四个方面完善防范化解社会矛盾风险的相关机制。

其一，完善重大决策社会稳定风险评估机制，健全完善重大决策社会稳定风险评估制度，推动矛盾风险防范与经济社会发展同步规划、同步实施。

其二，完善社会矛盾排查预警机制。一要坚持定期排查和重点排查相结合，健全社会矛盾排查预警机制，以经济、金融、劳资、环保、征地拆迁、交通运输、房地产等领域为重点，运用信息技术加强对社情、舆情和公众诉求的监测分析，做到底数清、情况明。加强对民间纠纷的排查调处，有效防范可能引发的事件。二要全面推行市县领导干部每月下基层大接访制度，及时负责地解决群众合理合法诉求。对影响社会稳定的历史遗留存量问题，进行全面摸排梳理，搞清底数、建立台账、明确责任、逐项攻坚。三要坚持保障合法权益和打击违法犯罪两手都要硬，落实分级分类动态管控机制，做好涉军群体、涉众型经济案件受损群体、特殊群体的稳定工作。按照“全覆盖”“五有”等要求，全面建设退役军人服务保障体系。

其三，完善矛盾纠纷多元化解机制。一是要坚持发展新时代“枫桥经验”，做到“小事不出村、大事不出镇”。把非诉讼解决纠纷机制挺在前面，加强人民调解员队伍和行业性专业性调解组织建设，完善调解、仲裁、行政裁决、行政复议、诉讼等有机衔接、相互协调、高效便捷的多元化纠纷解决机制。推进“信访超市”、法律服务站与综治中心融合，诉调对接中心与诉讼服务中心融合，提供“一站式”解纷服务。深入开展诉源治理工作，探索“无讼社区（村）”创建试点。二是结合实际，拓宽人大代表、政协委员、律师、法学和法律工作者等第三方参与矛盾化解的制度化渠道，健全群众诉求表达和合法权益保障机制。三是推进在线矛盾纠纷化解平台建设并与社会治理综合信息系统对接，充分整合矛盾化解资源，开展“网上调解”“微信调解”以及诉讼案件在线立案、在线审判等工作，更为及时地解决矛盾纠纷。

其四，健全社会心理服务体系和疏导机制、危机干预机制。一是要推动将社会心理服务纳入城乡基本公共服务体系，确立健全社会心理服务疏导机制、危机干预机制。建立市、县两级“心理人才库”，推进社会心理服务队伍和机构建设。依托县乡两级综治中心、村级综合服务管理平台建设心理咨询室或社会工作室（站），在乡镇（街道）全面建立精神卫生综合管理小组，推进相关工作开展。

4. 抓好保障公共安全这一底板性工程

保障公共安全要把好源头关、监测关和管控关。

其一，把好公共安全风险源头关。具体要做到落实公共安全属地责任、部门责任，建立行业安全稳定风险评估化解和管控制度，确保管行业、管业务、管生产同步管安全稳定。以城市公共安全管理为重点，把安全工作落实到城市工作和城市发展的各个环节和各个领域。

其二，把好公共安全风险监测关。要完善公共安全风险监测预警体系，提高对重点领域、重点部位、重点环节、重点人群的动态监测、实时预警能力。健全公共安全隐患常态化排查整治机制，建立军地协作风险联测联发联处机制，推动城乡公共安全监管执法和综合治理一体化。

其三，把好公共安全风险管控关。一是要依托综治中心等体系，建成市县乡三级应急综合指挥平台，完善突发案事件应急处置机制，构建实战化、扁平化、合成化应急处置模式。推进市、县综合性应急处突队伍和社会救援力量等建设。着眼基层一线，加强乡镇处突力量建设。强化综合实战演练，提高快速反应和应急处置能力，实现上下衔接、统分结合。二是健全落实依法处理、舆论引导、社会面管控“三同步”机制，妥善处置各类敏感舆情，营造良好舆论生态。

（三）市域社会治理方式现代化

1. 发挥政治引领作用

把政治建设贯穿于社会治理全过程和各方面。一要深入学习贯彻习近平新时代中国特色社会主义思想，推动进机关、进企业、进校园、进农村、进社区，广泛生动开展理想信念教育和中国梦宣传教育。二要深入开展政法机关“不忘初心、牢记使命”主题教育，推动广大政法党员干部“守初心、担使命、找差距、抓落实”。

2. 发挥法治保障作用

其一，要建设科学完备的市域法律规范体系，加强社会治理领域立法，用足用好地方立法权，结合实际，针对矛盾纠纷多元化解，有效解决“医闹”、严重精神障碍患者监护、疑难复杂信访事项处理等本地社会治理重点难题问题，人大每年开展社会治理领域专项执法检查和督查活动不少于两次，政协机关每年开展社会治理领域协商民主专题调研视察活动不少于一次。

其二，要建设公正权威的市域法治实施和监督体系。一是市县乡全面落实党委政府法律顾问、公职律师制度。全面落实市县乡三级重点决策项目依法决策机制，严格履行公众参与、专家论证、风险评估、合法性审查等程序。二是加强行政执法管理，建立执法全过程记录制度。全面推行行政执法公示制度。严格确定行政执法责任和责任追究机制，加大扶贫、安全生产、生态环境、食品药品、交通安全等民生领域执法力度。三是推进严格公正司法，健全落实政法机关党组（党委）向同级党委报告制度。深化司法体制综合配套改革，全面落实司法责任制。全面建立领导干部干预司法活动，插手具体案件的记录、通报、责任追究制度。加强产权司法保护。推动行政执法与刑事司法有机衔接。四是完善执法司法权运行机制和管理监督制约体系，打破市县乡村的层级界限，建立立体化、全天候、上下贯通的市域法治监督网络。

其三，要建设务实管用的市域法治保障体系。具体从三个方面进行建设：一是落实《关于完善国家工作人员学法用法制度的意见》，把《宪法》法律列入党委中心组学习内容，列为党校必修课。落实法治宣传“七五”规划，完善分业、分类、分众法治宣传教育机制。落实“谁执法谁普法”普法责任制，建立健全以案释法制度。推进城乡法治文化广场、长廊、公园建设，村级法治宣传阵地覆盖率100%，开展群众性法治文化活动，全民法治宣传教育普及率≥80%。二是完善公共法律服务体系，深入推进公共法律服务实体、热线和网络平台建设，全面整合法律服务资源，建成覆盖全域、便捷高效、普惠均等的市域公共法律服务网络。在村（社区）培养一批“法治带头人”“法律明白人”。全面实现一村（社区）一法律顾问，引导群众依法表达诉求、解决纠纷、维护权益。三是健全政法干警激励保障政策，全面落实从优待警措施。健全司法辅助人员、警务辅助人员管理制度，提升科学化、规范化、精细化管理水平，健全律师、公证员、司法鉴定人、仲裁员等法律服务工作者的职业道德和行风建设政策。

3. 发挥德治教化作用

其一，要大力弘扬社会主义核心价值观，加强思想教育、道德教化。坚持以社会主义核心价值观为统领，挖掘中华优秀传统文化，弘扬优良革命传统，用社会主义先进文化陶冶道德情操。深入实施公民道德建设工程，全面建设社会、学校、家庭“三位一体”的德育网络。充分发挥新媒体作用，讲好“平安”故事，增强平安建设的亲和力、公信力。

其二，要推进各层级道德领域评选、评议工作。一是改进见义勇为英雄模范评选表彰工作，进一步细化见义勇为人员奖励和保障政策，设立市级专项基金，及时表彰见义勇为行为。全面开展“最美人物”“道德模范”“身边好人”等系列选树活动，加大宣传力度，弘扬正气新风。二是在村（社区）全力推进红白理事会、道德评议会等评议机制，设立红黑榜、义举榜等平台，开展“星级文明户”“文明家庭”等评选，形成良好的道德约束激励机制。

其三，要推进道德规范、诚信体系建设。一是在党委领导和有关部门指导下，以法律法规为依据，依靠群众、因地制宜加强村规民约、居民公约建设，100%的村（社区）修订或制定村规民约、居民公约。建立健全村规民约、居民公约监督和奖励机制。指导群团组织、协会商会等加强行业规章、团体章程等建设，弘扬公序良俗。二是在实际层面健全跨部门、跨地区、跨行业的守信联合激励和失信联合惩戒的联动机制，在基层开展信用社区、诚信社区道德银行等活动，增加守信红利，提高失信代价。

4. 发挥自治基础作用

其一，要完善基层群众自治机制。具体要求是明确基层自治权界，制定区县职能部门、乡镇（街道）在城乡社区治理方面的权责清单，建立村（社区）工作事项准入制度。加强基层群众性自治组织规范化建设，合理确定其管辖规模和范围。100%的村居委会下设调解委员会、治安保卫委员会等自治组织。

其二，要丰富基层民主协商的实现形式，健全基层议事协商制度，做到民事民议、民事民办、民事民管。一是大力开展民主法治示范村建设。健全党组织领导的村（居）民自治机制，完善城乡社区民主选举、民主协商、民主决策、民主管理、民主监督制度。100%的村落实重大事项决策“四议两公开”。二是100%的村（社区）建立村（居）民议事会、理事会、监督委员会等议事协商载体，开展群众说事、民情恳谈、百姓议事等协商活动。

5. *发挥智治支撑作用*

其一，推进智能治理基础建设。一是把数据资源整合共享作为基础工程来抓。紧密结合“智慧城市”建设，在市级层面执行统一的技术规范标准、基础数据标准、数据开放标准，形成覆盖全域、统筹利用、统一接入的数据共享大平台，构建地方、部门和企事业单位信息资源共享体系。对人、地、物、事、组织等社会治理基础要素信息做到一次性采集、资源共享。二是以更高标准推进“雪亮工程”建设，全面达到（四全）要求。推进视频数据信息与人工智能技术深度融合。全面推进“智安小区”等建设，提升群众安全感。

其二，推进智能治理的深度应用。一是依据数据共享平台，推进市域社会治理“平安建设”信息系统建设，针对不同场景搭建智辅决策、智能监管、智能服务等应用模块，并优化相应工作流程机制，促进横向打通、纵向贯通、内外融通，提升市县乡村综治中心（综合服务管理平台）的实战效能，并向网格员等一线人员延伸，实现“五级联动”，对各类事件实时监测、分流处置、跟踪问效。坚持问题导向，抓住社会治理领域的突出矛盾和问题，深度开发各类便民应用。二是推进智慧法院、智慧检务、智慧公安、智慧司法等建设。建设政法机关一体化网上办案平台。

其三，推进智能安全风险防控。具体要加强对社会治理领域信息化产品开发与应用的全流程监管，建立安全防控体系。加强对新技术可能带来的风险深入研判，研究制定与智能治理有关的法规政策和标准体系，提升防范应对能力，促进社会治理领域健康发展。

第四章　加强预防和化解社会矛盾机制建设

一、新时代城市社会矛盾的类型化分析

社会矛盾是社会领域里各种现实矛盾的体现，它普遍存在于社会发展的各个不同阶段。新时代我国社会主要矛盾已经转化为人民日益增长的美好生活需要和不平衡不充分的发展之间的矛盾。这是党的十九大对中国特色社会主义进入新时代作出的实事求是的重大判断，把握这一重大判断，是我们重新认识我国城市社会矛盾以及解决社会矛盾的切入点和着力点。在社会主要矛盾发生变化的新形势下，城市社会矛盾在快速城镇化的过程中显得尤为突出，旧的社会矛盾不断解决，但新的社会矛盾也不断产生，社会矛盾预防和化解得好，就能保证社会的和谐稳定，促进社会经济的可持续发展，而预防和化解矛盾的前提，就是对我国新时代城市社会矛盾的现状及其发展变化，有一个客观全面的把握和准确的判断。

我们党和国家在改革发展中，尤其是进入21世纪后的20余年中，始终保持着清醒的认识，重视并着力化解社会矛盾。党的十六届六中全会作出的《中共中央关于构建社会主义和谐社会若干重大问题的决定》指出，目前，我国社会总体上是和谐的，但是也存在不少影响社会和谐的矛盾和问题："城乡、区域、经济社会发展很不平衡，人口资源环境压力大；就业、社会保障、收入分配、教育、医疗、住房、安全生产、社会治安等方面关系群众切身利益的问题比较突出；体制机制尚不完善，民主法制还不健全；一些社会成员诚信缺失、道德失范，一些领导干部的素质、能力和作风与新形势新任务的要求还不适应；一些领域的腐败现象仍然比较严重；敌对势力的渗透破坏活动危及国家安全和社会稳定。"2007年党的十七大报告也指出，在看到成绩的同时，也要清醒认识到我们的工作与人民的期待还有不小差距，前进中还面临不少困难和问题，突出的是：经济增长的资源环境代价过大；城乡、区域、

经济社会发展仍然不平衡；农业稳定发展和农民持续增收难度加大；劳动就业、社会保障、收入分配、教育卫生、居民住房、安全生产、司法和社会治安等方面关系群众切身利益的问题仍然较多，部分低收入群众生活比较困难；思想道德建设有待加强；党的执政能力同新形势和新任务不完全适应，对改革发展稳定一些重大实际问题调查研究不够深入；一些基层党组织软弱涣散；少数党员干部作风不正，形式主义、官僚主义问题比较突出，奢侈浪费、消极腐败现象仍然比较严重，我们要高度重视这些问题，继续认真加以解决。2012 年党的十八大报告中也强调指出，我国现阶段社会矛盾明显增多，教育、就业、社会保障、医疗、住房、生态环境、食品药品安全、安全生产、社会治安、执法司法等关系群众切身利益的问题较多，部分群众生活困难。2017 年党的十九大作出了我国社会主要矛盾已经转化为人民日益增长的美好生活需要和不平衡不充分的发展之间的矛盾的重大判断。同时，必须清醒看到，我们的工作还存在许多不足，也面临不少困难和挑战。主要是：发展不充分的一些突出问题尚未解决，发展质量和效益还不高，创新能力不够强，实体经济水平有待提高，生态环境保护任重道远；民生领域还有不少短板，脱贫攻坚任务艰巨，城乡区域发展和收入分配差距依然较大，群众在就业、教育、医疗、居住、养老等方面面临不少难题，社会文明水平尚需提高；社会矛盾和问题交织叠加，全面依法治国任务依然繁重，国家治理体系和治理能力有待加强；意识形态斗争依然复杂，国家安全面临新情况；一些改革部署和重大政策措施需要进一步落实；党的建设方面还存在不少薄弱环节。这些问题，必须着力加以解决。党的十九大报告对加强社会治理提出新要求，即“加强预防和化解社会矛盾机制建设，正确处理人民内部矛盾”。2019 年 10 月，党的十九届四中全会在通过的《决定》中指出，完善正确处理新形势下人民内部矛盾有效机制。坚持和发展新时代“枫桥经验”，畅通和规范群众诉求、利益协调、权益保障通道，完善信访制度，完善人民调解、行政调解、司法调解联动工作体系，健全社会心理服务体系和危机干预机制，完善社会矛盾多元预防调处化解机制，努力将矛盾化解在基层。这是党中央对预防和化解社会矛盾的总要求。

我们认为，要对我国新时代社会矛盾纠纷有全面客观的认识，必须要正确把握当前我国社会关系的新特点，社会矛盾纠纷从表象及原因上都可以视为社会关系不协调和有冲突。利益关系是社会关系的直接表现，“人民之间的社会关系说到底是一个利益关系问题，因为一定的社会关系又必然体现为一定的利益关系。人要生存、发展必须要从事获取利益、满足自身生存需要的社会活动，在获取利益以满足自身生存需要的社会活动中，彼此之间必然发生一定的社会关系。这种社会关系归根结底是一种利益关系，利益关系实际上就是人际关系的体现”[1]。利益是人生存和发展的需要，也是社会稳定的基础和社会发展的动力。社会矛盾纠纷就是利益主体由于利益差别和矛盾而形成的利益冲突。因此，从利益关系角度来考察我国城市社会矛盾纠纷，不仅会使我们清醒地认识到社会矛盾纠纷的本质，而且有助于我们预防社会矛盾纠纷并从源头来化解社会矛盾纠纷。当前，我国城市社会存在的由于利益冲突而引发的矛盾纠纷主要有以下几种类型：

1. 劳资纠纷

职工与企业之间的矛盾纠纷是一个历史性、世界性的问题。我国城市社会矛盾中的劳资矛盾是在改革开放后引进外资、准许开办私营企业之后出现的。一个时期以来，各地城市劳资矛盾频发，有的甚至酿成大规模罢工、冲突或群体性事件，给城市稳定发展造成影响。

劳资纠纷突出表现在以下三个方面：一是部分企业在改制过程中操作不规范，改制时下岗职工未得到妥善合理安置，拖欠职工工资或医疗费、集资款，劳动保险、经济补偿金不合理，合同短期化等问题引起纠纷，虽然企业改制自20世纪90年代开始，但遗留问题较多，至今仍然没有完全解决。二是在非公有制企业特别是“三资”企业中，劳动关系不规范，劳资双方签订的劳动合同存在许多疏漏和瑕疵，雇主延长工时、克扣或拖欠工资，出现工伤事故后不予补偿，企业负债后雇主逃匿，引起纠纷较多。三是特别要提到拖欠农民工工资问题，虽然农民工数量庞大，但没有组织力量，个体分散性强。农民工的工资低、劳动条件差，没有社会保障，经常性地被拖欠工资，这些方面的问题引起矛盾纠纷的集体上访已经成为社会焦点。

2. 收入分配差距过大形成两极分化的阶层矛盾纠纷

社会转型引起了利益分配机制的改变，计划经济时期单一的按劳分配方式，被步入市场经济时期的以按劳分配为主体、多种分配方式并存的分配制度取代，一方面调动了人们的积极性，促进了经济的发展；另一方面由于分配机制的制度性、政策性缺陷，造成了收入分配不公平、不合理的现象，不断增大社会贫富差距，这是当前社会矛盾凸显的重要原因。改革开放以来，

[1] 王伟光：《利益论》，人民出版社2001年版，第134页。

我们长期坚持“效率为先，兼顾公平”的指导思想，多年来以大中城市为主导力量的快速发展不仅扩大了城乡和地区差别，也极大地扩展了同一地区、同一城市内的阶层差距。40 多年来中国收入差距的不断过分拉大已成为无可争辩的事实，总体来看，贫富差距呈现过大趋势。根据联合国开发计划署的统计数字，中国目前的基尼系数为 0.45；占总人口 20% 的最贫困人口占收入或消费的份额只有 4.7%，而总人口 20% 的最富裕人口占收入或消费的份额高达 50%；最富裕的 20% 人口与最贫困的 20% 人口所占收入或消费份额之比为 10.7。根据中国人民大学和香港科技大学的联合调查，中国大陆的基尼系数已高达 0.53 或 0.54 左右。据调查，近年来富人收入来源呈多样化，增值速度加快，而穷人收入来源逐渐萎缩，呈递减趋势，形成富者越富，贫者越贫的马太效应。据统计，2017 年我国居民收入差距基尼系数为 0.467。中国社会科学院社会学研究所的调查分析表明，居民收入差距扩大主要表现在：“资本和劳动收益差距的扩大，农业和非农业收入差距的扩大，垄断行业和一般竞争行业收入差距的扩大，公务员工资水平区域差距的扩大。”不可否认，改革开放以来贫富差距扩大的成因有一部分属合理因素，是市场化改革促进效率提高带来的必然结果。然而，近年来贫富差距逐渐拉大的背后，更令人担忧的是推动贫富两极分化的诸多如教育、就业、公共服务等机会不平等因素，以及引发公众强烈不满的权力寻租、贪污腐败、垄断牟利等非公平因素造成的不合理、不合法的致富现象。这些隐藏在财富两极分化背后的不公问题，早已令中低收入居民普遍感到不满。这种不满情绪从城市居民的日常谈话和网络舆论表达中均可经常耳闻目睹，这些问题导致的社会矛盾日益凸显，一旦激化，必将危及社会稳定。

3. 拆迁补偿和安置方面的矛盾纠纷

城市建设需要占用土地，改造旧的城市建筑和破旧民居是城市产业发展、市容市貌改观、基础设施建设所必需。问题在于，在房屋拆迁中，政府确定的拆迁补偿标准和居民、企业搬迁落脚地点往往因涉及巨大的经济和便利性利益难以达成共识。拆迁户的利益受到损失，这一问题是近年来最为常见的社会矛盾纠纷。拆迁安置纠纷主要体现在市政建设、旧城改造、房地产开发过程中。在房屋拆迁评估环节就出现过一些对被拆迁户不公正、不公平的现象，个别地方政府在补偿款未到位、被拆迁户的房屋和人员安置等问题未解决的情况下开始拆迁，开发建设单位拖欠征地款、补偿款、拆迁费，逾期不能安置回迁或违反合同条款等。另外，的确也存在地方性拆迁政策与国家法律法规不匹配，政策边缘性问题缺乏权威性、可操作性的具体解决办法。拆迁政策错位、补偿办法不公平、住房和社会保障制度不完善等立法层面的问题，尤其是暴力强迁更容易引发和激化矛盾，造成群众集体上访，影响社会和谐稳定。政府往往以公共利益为名动用强制力实施拆迁，也是城市引起暴力拆迁冲突事件的重要原因。

4. 社会保障方面的矛盾纠纷

完善和健全社会保障制度是社会和谐的基石。2004 年我国《宪法修正案》规定："国家建立健全同经济发展水平相适应的社会保障制度。"改革开放以来，我国着力改变在计划经济条件下形成的社会保障制度，提出以基本养老、基本医疗、最低生活保障制度为重点，加快建立覆盖城乡居民的社会保障体系，并取得了相当大的成绩。但是，由于受经济发展水平和保障基础历史欠账等因素的影响，我国的社会保障还处于较低水平。在实践中，存在就业难的问题，劳动力供求总量矛盾和就业结构性矛盾同时并存，新成长劳动力就业和失业人员再就业问题相互交织，就业和再就业工作形势依然严峻。城市困难企业无力参加医疗保险社会统筹，这些企业的职工，特别是退休职工参保愿望强烈，成为上访的主要人群。企业和事业单位职工退休的"双轨制"，造成企业职工退休养老金较之事业单位职工退休养老金差距较大，是社会矛盾纠纷多发的领域。

5. 司法不公引起的矛盾纠纷

司法是保障公民权利、实现社会正义的最后一道防线。由于司法审判实践中存在地方不公和司法不完善问题，案件判决结果存在一些瑕疵。在一些案件审判中不能严格依法判案，甚至枉法裁判的情况也时有发生。这种情况与人民群众对司法公正的心理预期存在较大的差距，涉法涉诉上访事件成为社会矛盾的又一焦点。群众因为司法审判问题上访缠讼，有群众自身方面的原因，也有司法机关方面的问题，如在程序和实体上违背法律，对案件性质认定不准确、事实不清楚、证据不扎实，造成案件瑕疵和错案；对被害人权益保护不够，使被害人受侵害的合法权益得不到切实的救济。在各诉讼环节所认定的事实差距较大，案件滞留在起诉环节，较长时间没有结论。不能做到案件服判息讼，既判案件不能执行，刑讯逼供导致冤假错案并不鲜见。司法不公表现在普遍存在的办金钱案、关系案、人情案的现象，普遍存在的地方保护主义，有的袒护本地当事人，损害外地当事人的利益，有的大事化小，小事化了，有案不立，以罚代刑。尤其是对司法公正危害尤甚的司法腐败现象更是引起涉法涉诉矛盾纠纷的主要“祸根”。长期以来，司法腐败成为司法机关的顽症，是人民群众深恶痛绝的丑恶现象，引发社会矛盾纠纷，降低司法公信力，影响党和国家形象，必须高度重视，彻底解决。

6. 食品药品安全引起的社会矛盾纠纷

对食品药品安全问题，党和国家历来高度重视，因为它关乎人民的身体健康和生命安全，关乎千家万户的幸福生活。近年来。我国食品药品安全进入了风险高发期、易发期，从国际经验看，在市场经济高速发展的初期，由于市场自身约束机制不健全，契合市场经济需要的商业诚信体系不完善、食品药品安全问题一般会有一个凸显期。我国已经进入这个食品药品安全风险的高发、易发期，主要表现为食源性、药源性疾病频频发生；假冒伪劣食品药品屡禁不止，已成为社会一大公害。食品中新的生物性和化学性污染物，以及致病菌对常用治疗药物不断增加的抗药性，对人的健康造成了很大的威胁，食品中毒、滥用食品添加剂、农药残留超标等使人们谈食品色变；食品药品新材料应用给食品药品发展带来新的问题，如药品包装的“毒胶囊”事件。这些问题引起了人们对食品药品安全的不满，有的地方反应还比较强烈。一系列不断暴露的危害食品药品公共安全的恶劣事件，已经严重威胁到国家的公共安全体系和社会稳定。

7. 破坏生态污染环境引发的社会矛盾纠纷

人类与自然是生命共同体，生态兴则文明兴，生态衰则文明衰，这是被历史上无数经验教训反复证明的一条规律。我国改革开放40多年来，虽然经济建设取得历史性成就，但也积累了大量的生态问题。生态失衡是由于人类对自然资源不适当、不合理的开发活动引起的生态环境破坏；环境污染是由于工业生产、交通和生活排放的有毒、有害物质以及有毒化学品引起的环境污染。我国多地严重的生态破坏和各类环境污染，成为民生之患、民心之痛，对群众财产、生活和身体健康构成严重威胁。自然和环境造成的社会矛盾和纠纷主要表现在：一是对群众财产权益的损害不能得到及时合理补偿和赔偿。例如，矿山和油气田等自然资源开发建设对当地群众涉及的房屋及土地附属物的补偿问题；再如，排放泄漏污染物导致的环境破坏未能得到合理赔偿的问题。二是自然生态破坏和环境污染对人民群众的生活和生命健康造成威胁和实际侵害，如水污染和化学品污染也有纯粹是人为造成的，当然会引起群众的不满。中国生态失衡和环境污染有巨大的人口压力、经济调整的冲击、政府宏观调控的不足、公众环境意识差等原因。当人民群众的利益受到环境污染的侵害不能得到保障的时候，往往会把政府作为矛盾的对立面，从而引发群体性纠纷。

8. 城管执法中发生的矛盾纠纷

1996年，我国通过的《行政处罚法》第16条规定了相对集中行政处罚权的制度。据此，以前在城市管理中多头执法的局面由城市管理综合执法所取代。各地城市管理行政执法机关主要负责对城市市容市貌、占道摆摊、乱搭乱建等影响城市形象和群众生活秩序的现象整顿治理。近年来，因城管对流动商贩、无证商贩的治理引发的社会矛盾冲突已经成为媒体关注和报道的热点。一方面，城管执法人员确有违规执法、暴力执法等不文明执法现象，如收费、罚款不合理，暴力驱赶、殴打无证商贩、流动商贩，甚至致死致残等暴力事件；另一方面，流动商贩、无证商贩暴力抗法，威胁和伤害城管执法人员的恶性事件也常见诸报端，作为城市市容管理者的城管机关和执法人员面对的多是下岗工人、进城的无业游民等“弱势群体”组成的小商贩群体，常常会被作为城市管理矛盾冲突的聚焦点而被置于“社会审判”的地位。城管与流动商贩之间的矛盾尖锐，一触即发的冲突极易形成群体事件，而围观群众往往会更同情流动商贩。这种现象多发生在闹市和人口密集地区，社会影响大，成为我国现阶段的社会新的矛盾引发点，应该得到高度重视。

除了以上所列举的这些社会矛盾纠纷类型，还有更具有广泛影响的政治性、政策性很强的矛盾纠纷，如宗教矛盾、民族矛盾，由于这些矛盾涉及的背景更为复杂，在这里就不再作具体分析。还有一些社会矛盾当前也经常发生，如物业管理中，物业公司与业主之间的矛盾纠纷；群众就医中，医患之间的矛盾纠纷；军转干部因在不同性质单位待遇差别大而引起的矛盾纠纷等，尽管发生的领域较小，但也经常出现。总之，由于社会转型进入关键时期，改革不断深化，社会结构也在发生深刻变化，社会阶层分化、群众需求多样化，必然导致社会矛盾类型增多。

二、完善信访制度、化解社会矛盾

（一）新时代完善信访制度的重大意义

党的十九届四中全会通过的《决定》指出，要“完善信访制度”，并将其作为“完善正确处理新形势下人民内部矛盾有效机制”的重要组成部分。

习近平总书记高度重视信访工作，就加强和改进人民信访工作作出的重要指示和重要论述，对做好新时代信访工作具有重要意义。习近平总书记在2016年4月对信访工作作出了重要指示：当前，群众通过信访渠道反映出来的信访突出问题，既有新动向，也有老难题，但都事关群众切身利益，事关社会和谐稳定。

我们所说的信访，是指公民、法人或者其他组织采用书信、电子邮件、传真、电话、走访等形式，向各级人民政府、县级以上人民政府工作部门反映情况，提出建议、意见或者投诉请求，依法应由有关行政机关处理的活动。我国信访制度自建立以来，在密切联系群众，反映社情民意，为群众排忧解难，维护群众合法权益以及宣传贯彻落实党和国家的法律法规政策方针，维护社会稳定等方面发挥了重要作用。

新时代新形势下完善信访制度对于城市社会治理具有重要意义。

其一，信访制度是我们党和国家机关与群众政治沟通的桥梁，是中国特色社会主义民主的一项重要制度。信访制度本质上就包含有公民民主参与的政治属性。一方面，通过群众信访，党政机关能够倾听到人民群众的意见和建议，及时收集到社情民意，是惠及群众利益问题的“窗口”；另一方面，党政机关通过对群众来信来访的反馈和处理，宣传党和国家的法律法规和政策方针，细致耐心地做群众的思想工作，使群众了解相关规定，释疑解惑，化解矛盾。这种下情上达和上情下达的双向双流渠道有利于促进社会和谐稳定。

其二，信访制度是公民利益表达的必要渠道，是司法之外公民权利救济的制度安排。习近平总书记指出：“信访是送上门来的群众工作，要通过信访渠道摸清群众愿望和诉求，找到工作差距和不足，举一反三，加以改进，更好为群众服务。”表达即是群众的诉求能够传递到权力机构中去。在我国现有制度框架内，一般群众的利益表达渠道并不充足，在这一背景下，群众的信访、上访，其诉求能够传递到权力机构，成为公民利益表达的重要渠道，也可以起到群众宣泄情绪的社会“排气阀”“减震器”的作用。

虽然我国《宪法》规定了“国家尊重和保障人权”，但在某些具体问题上，也可能发生侵犯公民基本权利的情况。在信访、上访中，大多数是涉及群众权益的“民生”问题，诸如社会保障、房屋拆迁、医疗卫生、环境保护、企业改制、食药品安全等，亦多属于“维权”之列，信访制度的存在，让那些权利受到侵害的群众能够通过信访程序获得补偿和赔偿，成为一种重要的矛盾纠纷解决渠道，得到群众的信赖。

其三，信访制度是对公权力行使实施监督的重要方式，有利于实现公民的监督权。虽然我国初步形成了监督公权力的制度，但大多是权力监督权力，是自上而下的监督。以权利监督权力的自下而上的监督相对薄弱，信访制度为群众自下而上的监督党和政府机关提供了渠道。群众通过信访形式除直接监督国家机关和工作人员的违法乱纪与官僚主义作风外，几乎所有的纠纷解决型的信访事项都附带有监督特定国家机关工作部门和工作人员的功能，是人民民主权利对公权力的监督和约束。长期以来，我国都将信访视为反对官僚主义、反腐败的重要手段，信访制度起到了促进公权力机关廉洁用权的作用。

（二）《信访工作条例》是新时代信访工作的基本遵循

随着新时代我国社会主要矛盾已经转化为人民日益增长的美好生活需要和不平衡不充分的发展之间的矛盾，信访工作也面临着许多新情况、新问题。要主动适应形势的变化和任务的需要，全面加强党对信访工作的领导，全面提升信访工作的规范化、制度化水平，更好地担负起为人民解难、为党分忧的职责使命。在党中央的领导下，国务院信访局对2005年的《信访条例》进行了修改，形成新的《信访工作条例》。2022年1月24日，习近平总书记主持召开中央政治局会议，审议批准新条例。2月25日，中共中央、国务院发布了《信访工作条例》（以下简称新条例）。新条例以习近平新时代中国特色社会主义思想为指导，深入贯彻习近平总书记关于加强和改进人民信访工作的重要思想，总结党长期以来领导和开展信访工作经验，特别是党的十八大以来信访工作制度改革成果。新条例是坚持和加强党对信访工作的全面领导的重要制度安排；是坚持人民至上，保持党和政府同人民群众血肉联系的重要举措；是理顺信访工作体制机制，进一步加强和规范信访工作，为新时代信访工作提供的有力制度保障。

1. 新时代信访工作的总体要求

新条例开宗明义地提出，制定条例的宗旨就是为了坚持和加强党对信访工作的全面领导，做好新时代信访工作，保持党和政府同人民群众的密切联系。与2005年的《信访条例》相比，明显地强调了党对信访工作的领导。首先体现在发布机关方面，2005年条例是由国务院发布的行政法规，新条例则是由中共中央、国务院联合发布，说明它既是国务院的行政法规，也是中国共产党的重要党内法规，并在使用范围中规定适用于各级党的机关、人大机关、行政机关、政协机关、监察机关、审判机关、检察机关以及群团组织、国有企事业单位等，较之以前规定只适用于行政机关有明显的扩大，既突出了党的各级机关，也增加了其他国家机关和单位。新条例还明确规定了信访工作的地位和作用，即“信访工作是党的群众工作的重要组成部分，是党和政府了解民情、集中民智、维护民利、凝聚民心的一项重要工作，是各级机关、单位及其领导干部、工作人员接受群众监督、改进工作作风的重要途径”。

新条例规定了信访工作的指导思想。信访工作坚持以马克思列宁主义、毛泽东思想、邓小平理论、“三个代表”重要思想、科学发展观、习近平新时代中国特色社会主义思想为指导，贯彻落实习近平总书记关于加强和改进人民信访工作的重要思想，增强“四个意识”、坚定“四个自信”、做到“两个维护”，牢记为民解难、为党分忧的政治责任，坚守人民情怀，坚持底线思维、法治思维，服务党和国家工作大局，维护群众合法权益，化解信访突出问题，促进社会和谐稳定。这一指导思想，集中体现了我们新时代信访工作的时代性、政治性和人民性。

信访工作的原则是为新条例的规则提供的综合性的、指导性的价值准则和规范。新条例规定了信访工作应当遵循的五项原则。这些原则贯穿于信访工作的具体规则和具体活动之中。一是坚持党的全面领导。把党的领导贯彻到信访工作各方面和全过程，确保正确政治方向。二是坚持以人民为中心。践行党的群众路线，倾听群众呼声，关心群众疾苦，千方百计为群众排忧解难。三是坚持落实信访工作责任制，党政同责，一岗双责，属地管理，分级负责，谁主管、谁负责。四是坚持依法按政策解决问题。将信访纳入法治化轨道，依法维护群众权益、规范信访秩序。五是坚持源头治理化解矛盾。多措并举、综合施策，着力点放在源头预防和前端化解，把可能引发信访问题的矛盾纠纷化解在基层、化解在萌芽状态。

针对以往有的党政机关和单位在信访工作中存在的问题，新条例还要求各级机关、单位应当畅通信访渠道，做好信访工作，认真处理信访事项，倾听人民群众建议、意见和要求，接受人民群众监督，为人民群众服务。

2. 信访工作体制和工作格局

新条例确立了党领导下的信访工作体制和工作格局。明确规定，坚持和加强党对信访工作的全面领导，构建党委统一领导、政府组织落实、信访工作联席会议协调、信访部门推动、各方齐抓共管的信访工作格局，并明确了以上各部门在信访工作中的定位和职责。

新条例分别规定了党中央的领导和地方党委的领导。规定党中央加强对信访工作的统一领导。主要体现在三个方面：一是强化政治引领，确立信访工作的政治方向和政治原则，严明政治纪律和政治规矩；二是制定信访工作方针政策，研究部署信访工作中事关党和国家工作大局、社会和谐稳定、群众权益保障的重大改革措施；三是领导建设一支对党忠诚可靠、恪守为民之责、善做群众工作的高素质专业化信访工作队伍，为信访工作提供组织保证。地方党委负责领导本地区的信访工作，贯彻落实党中央关于信访工作的方针政策和决策部署，执行上级党组织关于信访工作的部署要求，统筹信访工作责任体系构建，支持和督促下级党组织做好信访工作。地方党委常委会应当定期听取信访工作汇报，分析形势，部署任务，研究重大事项，解决突出问题。

各级政府在信访工作中的职责。明确在信访工作中，各级政府与党委及上级政府的关系。各级政府贯彻落实上级党委和政府以及本级党委关于信访工作的部署要求，科学民主决策、依法履行职责，组织各方力量加强矛盾纠纷排查化解，及时妥善处理信访事项，研究解决政策性、群体性信访突出问题和疑难复杂信访问题。

信访工作联席会议。联席会议是信访工作领导小组的一种工作机制。2005 年的信访条例提到联席会议，但并无具体规定。新条例具体规定了中央和地方信访工作联席会议制度的职责和相关的工作制度。中央信访工作联席会议在党中央、国务院领导下，负责全国信访工作的统筹协调、整体推进、督促落实履行。它的职责是：研究分析全国信访形势，为中央决策提供参考；督促落实党中央关于信访工作的方针政策和决策部署；研究信访制度改革和信访法治化建设重大问题和事项；研究部署重点工作任务，协调指导解决具有普遍性的信访突出问题；领导组织信访工作责任制落实、督导考核等工作；指导地方各级信访工作联席会议工作；承担党中央、国务院交办的其他事项。中央信访工作联席会议由党中央、国务院领导同志以及有关部门负责同志担任召集人，各成员单位负责同志参加。中央信访工作联席会议办公室设在国家信访局，承担联席会议的日常工作，督促检查联席会议议定事项的落实。中央信访工作联席会议的会议制度是根据工作需要召开全体会议或者工作会议。研究涉及信访工作改革发展的重大问题和重要信访事项的处理意见，应当及时向党中央、国务院请示报告。中央信访工作联席会议各成员单位应当落实联席会议确定的工作任务和议定事项，及时报送落实情况；及时将本领域重大敏感信访问题提请联席会议研究。新条例还对地方各级信访工作联席会议制度作出了具体规定。地方各级信访工作联席会议在本级党委和政府领导下，负责本地区信访工作的统筹协调、整体推进、督促落实，协调处理发生在本地区的重要信访问题，指导下级信访工作联席会议工作。联席会议召集人一般由党委和政府负责同志担任。地方党委和政府应当根据信访工作形势任务，及时调整成员单位，健全规章制度，建立健全信访信息分析研判、重大信访问题协调处理、联合督查等工作机制，提升联席会议工作的科学化、制度化、规范化水平。根据工作需要，乡镇党委和政府、街道党工委和办事处可以建立信访工作联席会议机制，或者明确党政联席会议定期研究本地区信访工作，协调处理发生在本地区的重要信访问题。

信访部门。新条例规定，各级党委和政府信访部门是开展信访工作的专门机构。信访部门的工作职责有：受理、转送、交办信访事项；协调解决重要信访问题；督促检查重要信访事项的处理和落实；综合反映信访信息，分析研判信访形势，为党委和政府提供决策参考；指导本级其他机关、单位和下级的信访工作；提出改进工作、完善政策和追究责任的建议；承担本级党委和政府交办的其他事项。

其他机关、单位。新条例对信访部门以外的其他机关、单位如何做好信访工作也作出了相应的规定。要求各级党委和政府信访部门以外的其他机关、单位，应当根据信访工作形势、任务，明确负责信访工作的机构或者人员，参照党委和政府信访部门职责，明确相应的职责。各级党委和政府以外的其他机关、单位，应当做好各自职责范围内的信访工作，按照规定及时受理办理信访事项，预防和化解政策性、群体性信访问题，加强对下级机关、单位信访工作的指导。各级机关、单位应当拓宽社会力量参与信访工作的制度化渠道，发挥群团组织、社会组织和“两代表一委员”、社会工作者等作用，反映群众意见和要求，引导群众依法理性反映诉求、维护权益，推动矛盾纠纷及时有效化解。乡镇党委和政府、街道党工委和办事处以及村（社区）“两委”应当全面发挥职能作用，坚持和发展新时代“枫桥经验”，积极协调、处理、化解发生在当地的信访事项和矛盾纠纷，努力做到“小事不出村、大事不出镇、矛盾不上交”。

信访工作保障措施。新条例还从信访部门建设、干部教育培训、经费支持等方面明确信访工作保障措施。新条例规定各级党委和政府应当加强信访部门建设，选优配强领导班子，配备与形势任务相适应的工作力量，建立健全信访督查专员制度，打造高素质专业化信访干部队伍。各级党委和政府的信访部门主要负责同志应当由本级党委或者政府副秘书长［办公厅（室）副主任］兼任。各级党校（行政学院）应当将信访工作作为党性教育内容纳入教学培训，加强干部教育培训。各级机关党委应当建立健全年轻干部和新录用干部到信访工作岗位锻炼制度。各级党委和政府应当为信访工作提供必要的支持和保障，所需经费列入本级预算。

3. 信访事项处理程序

（1）信访事项的提出

公民、法人或者其他组织（信访人）可以采用信息网络、书信、电话、传真、走访等形式，向各级机关、单位反映情况，提出建议、意见或者投诉请求，有关机关、单位应当依规依法处理。依照便民原则，各级机关、单位应当向社会公布网络信访渠道、通信地址、咨询投诉电话、信访接待的时间和地点、查询信访事项处理进展以及结果的方式等相关事项，在其信访接待场所或者网站公布与信访工作有关的党内法规和法律、法规、规章，信访事项的处理程序，以及其他为信访人提供便利的相关事项。

各级机关、单位领导干部应当阅办群众来信和网上信访、定期接待群众来访、定期下访，包案化解群众反映强烈的突出问题。市、县级党委和政府应当建立和完善联合接访工作机制，根据工作需要组织有关机关、单位联合接待，一站式解决信访问题。

为保护信访人的权利，新条例明确规定，任何组织和个人不得打击报复信访人。同时也具体规定了信访人提出信访应当遵循的规则。信访人提出信访的形式有书面、口头和走访，可以采用信息网络、书信、电话、传真、走访等形式，向各级机关、单位反映情况，提出建议、意见或者投诉请求。新条例对信访人提出信访事项明确了三个方面的要求：一是信访人一般应当采用书面形式提出信访事项，并载明其姓名（名称）、住址和请求、事实、理由。对采用口头形式提出的信访事项，有关机关、单位应当如实记录。信访人提信访事项，应当客观真实，对其所提供材料内容的真实性负责，不得捏造、歪曲事实，不得诬告、陷害他人。同时对信访事项已经受理或者正在办理的，信访人在规定期限内向受理、办理机关、单位的上级机关、单位又提出同一信访事项的，上级机关、单位不予受理。二是规定信访人采用走访形式提出信访事项的，应当到有权处理的本级或者上一级机关、单位设立或者指定的接待场所提出；其所提出涉及诉讼权利救济的信访事项，应当按照法律规定的程序向有关政法部门提出；多人采用走访形式提出共同的信访事项的，应当推选不超过5人的代表。进一步压实属地责任，规定各级机关、单位应当认真接待处理群众来访，把问题解决在当地，引导信访人就地反映问题。三是规定信访人在信访过程中应当遵守相关法律、法规，不得损害国家、社会、集体的利益和其他公民的合法权利，自觉维护社会公共秩序和信访秩序，不得有在机关、单位办公场所周围、公共场所非法聚集等行为。

（2）信访事项的受理

信访部门的受理。各级党委、政府信访部门收到信访事项，应当予以登记，并区分情况在15日内分别按照下列方式处理。一是对依照职责属于本级机关、单位或者其工作部门处理决定的，应当转送有权处理的机关单位；情况重大、紧急的，应当及时提出建议，报请本级党委和政府决定。二是涉及下级机关、单位或者其工作人员的，按照“属地管理、分级负责，谁主管、谁负责”的原则，转送有权处理的机关、单位。三是对转送信访事项中的重要情况需要反馈办理结果的，可以交由有权处理的机关、单位办理，要求其在指定办理期限内反馈结果，提交办结报告。另外，各级党委和政府信访部门对收到的涉法涉诉信件，应当转送同级政法部门依法处理；对走访反映涉诉问题的信访人，应当释法明理，引导其向有关政法部门反映问题。对属于纪检监察机关受理的检举、控告类的信访事项。应当按照管理权限转送有关纪检监察机关依规依纪依法处理。

信访部门以外的其他机关、单位的受理。党委和政府信访部门以外的其他机关、单位受到信访人直接提出的信访事项，应当予以登记，然后区别不同情况采取不同措施：一是对属于本机关、单位职权范围的，应当告知信访人接收情况以及处理途径和程序；二是对属于本系统下级机关、单位职权范围的，应当转送、交办有权处理的机关、单位，并告知信访人转送、交办去向；三是对不属于本机关、单位或者本系统职权范围的，应当告知信访人向有权处理的机关、单位提出。另外，对信访人直接提出的信访事项，有关机关、单位能够当场告知的，应当当场书面告知；不能当场告知的，应当自收到信访事项之日起15日内书面告知信访人，但信访人的姓名（名称）、住址不清的除外。对党委和政府信访部门或者本系统上级机关、单位转送、交办的信访事项，属于本机关、单位职权范围的，有关机关、单位应当自收到之日起15日内书面告知信访人接收情况以及处理途径和程序；不属于本机关、单位或者本系统职权范围的，有关机关、单位应当自收到之日起5个工作日内提出异议，并详细说明理由，经转送、交办的信访部门或者上级机关、单位核实同意后，交还相关材料。政法部门处理涉及诉讼权利救济事项、纪检监察机关处理检举、控告事项的告知按照有关规定执行。涉及两个或者两个以上机关、单位的信访事项，由所涉及的机关、单位协商受理；受理有争议的，由其共同的上级机关、单位决定受理机关；受理有争议且没有共同的上一级机关、单位的，由共同的信访工作联席会议协调处理。应当对信访事项作出处理的机关、单位分立、合并、撤销的，由继续行使其职权的机关、单位受理；职责不清的，由本级党委和政府或者其指定的机关、单位受理。各级机关、单位对可能造成社会影响的重大、紧急信访事项和信访信息，应当及时报告本级党委和政府，通报相关主管部门和本级信访工作联席会议办公室，在职责范围内依法及时采取措施，防止不良影响的产生、扩大。地方各级党委和政府信访部门接到重大、紧急信访事项和信访信息，应当向上一级信访部门报告，同时报告国家信访局。

（3）信访事项的办理

各级机关、单位及其工作人员应当根据各自职责和有关规定，按照诉求合理解决问题到位、诉求无理的思想教育到位、生活困难的帮扶救助到位、行为违法的依法处理的要求。依法按政策及时就地解决群众合法合理诉求，维护正常信访秩序。各级机关及其工作人员办理信访事项，应当恪尽职守、秉公办事、查明事实、分清责任，加强教育疏导，及时妥善处理，不得推诿、敷衍、拖延。各级机关、单位应当按照诉讼与信访分离制度要求，将涉及民事、行政、刑事等诉讼权利救济的信访事项从普通信访体制中分离出来，由有关政法部门依法处理。各级机关、单位工作人员与信访事项或者信访人有直接利害关系的，应当回避。

根据信访事项性质的不同，新条例区分建议意见类、检举控告类、申诉求决类事项，分别明确了受理办理程序，保证合理合法诉求依照法律规定和程序就能得到合理合法的结果。第一类是建议意见类信访事项。规定有权处理的机关、单位应当认真研究论证。对科学合理、具有现实可行性的，应当采纳或者部分采纳，并予以回复。信访人反映的情况、提出的建议意见，对国民经济和社会发展或者对改进工作以及保护社会公共利益有贡献的，应当按照有关规定给予奖励。同时规定，各级党委和政府应当健全人民建议征集制度，对涉及国计民生的重要工作，主动听取群众的建议、意见。第二类是检举控告类信访事项。规定纪检监察机关或者有权处理的机关、单位应当依规依纪依法接收、受理、办理和反馈。党委和政府信访部门应当按照干部管理权限向组织（人事）部门通报反映干部问题的信访情况，重大情况向党委主要负责同志和分管组织（人事）工作的负责同志报送。组织（人事）部门应当按照干部选拔任用监督的有关规定进行办理。但不得将信访人的检举、揭发材料以及有关情况透露或者转给被检举、揭发的人员或者单位。第三类是申诉求决类事项。有权处理的机关、单位进一步细分为六种情形进行处理：一是涉法涉诉事项办理程序适用于审判机关、检察机关、公安机关。二是仲裁程序，是适用于仲裁部门。三是办理党员申诉等四项党内程序，适用于党的机关。四是办理行政复议等事项的行政程序。五是依法履行查处违法行为职责，适用于行政机关。六是不属于以上情形的事项，应当听取信访人陈述事实和理由，并调查核实，出具信访处理意见书。对重大、复杂、疑难的信访事项，可以举行听证。对属于第六种情形的事项，信访人可以申请复查、复核。

关于信访处理意见书，新条例作出了明确而具体的规定。信访处理意见书应当载明信访人投诉请求、事实和理由、处理意见及其法律法规依据。第一种情况是请求事实清楚，符合法律、法规、规章和其他有关规定的，予以支持。第二种情况是请求事由合理但缺乏法律依据的，应当作出解释说明。第三种情况是请求缺乏事实根据或者不符合法律、法规、规章和其他有关规定的，不予支持。有权处理的机关、单位作出支持信访请求意见的，应当敦促有关机关、单位执行；不予支持的，应当做好信访人的疏导教育工作。各级机关、单位在处理申诉求决类事项过程中，可以在不违反政策法规强制性规定的情况下，在裁量权范围内，经争议双方当事人同意进行调解；可以引导争议双方当事人自愿和解。经调解、和解达成一致意见的，应当制作调解协议书或者和解协议书。

作为信访工作的程序规则，新条例对办理信访案件的时间作出了明确规定。对申诉求决类的信访事项，应当自受理之日起 60 日内办结；情况复杂的，经本机关、单位负责人批准，可以适当延长办理期限，但延长期限不得超过 30 日，并告知信访人延期理由。新条例还规定了信访人对信访处理意见不服的救济程序，信访人对信访处理意见不服的，可以自收到书面答复之日起 30 日内请求原办理机关、单位的上一级机关、单位复查。收到复查请求的机关、单位应当自收到复查请求之日起 30 日内提出复查意见，并予以书面答复。信访人对复查意见不服的，可以自收到书面答复之日起30日内向复查机关、单位的上一级机关、单位请求复核。收到复核请求的机关、单位应当自收到复核请求之日起30日内提出复核意见。复核机关、单位可以按照有关规定举行听证，经过听证的复核意见可以依法向社会公示。听证所需时间不计算在规定的期限内。信访人对复核意见不服，仍然以同一事实和理由提出投诉请求的，各级党委和政府信访部门和其他机关、单位不再受理。

4. 信访工作监督体系

有效的监督是确保责任落实的必要条件。新条例构建了包括监督责任、监督机制、责任追究在内的监督体系。一是强化信访工作督查，规定各级党委和政府应当对开展信访工作、落实信访工作责任的情况组织专项督查；信访工作联席会议及其办公室、党委和政府信访部门应当根据工作需要开展督查，就发现的问题向有关地方和部门反馈，重要的问题向本级党委和政府报告；各级党委和政府督查部门应当将疑难复杂信访问题列入督查范围。二是强化信访工作考核，规定各级党委和政府应当以依规依法及时就地解决信访问题为导向，每年对信访工作情况进行考核。考核结果应当在适当范围内通报，并作为对领导班子和有关领导干部综合考核评价的重要参考；对在信访工作中作出突出成绩和贡献的机关、单位和个人，可以依照有关规定给予表彰和奖励；对在信访工作中履职不力、存在严重问题的领导班子和领导干部，视情节轻重，由信访工作联席会议进行约谈、通报、挂牌督办，责令限期整改。三是强化信访部门“三项建议”的职责。即党委和政府信访部门发现有关机关、单位存在违反信访工作规定受理、办理信访事项，办理信访事项推诿、敷衍、拖延、弄虚作假或者拒不执行信访处理意见等情形的，应当及时督办，并提出改进工作的建议；对工作中发现的有关政策性问题，应当及时向本级党委和政府报告，并提出完善政策的建议；对在信访工作中推诿、敷衍、拖延、弄虚作假造成严重后果的机关、单位及其工作人员，应当向有管理权限的机关、单位提出追究责任的建议。对信访部门提出的改进工作、完善政策、追究责任的建议，有关机关、单位应当书面反馈采纳情况。

新条例还明确规定违反信访工作规定的相关责任追究。因超越或者滥用职权，侵害公民、法人或者其他组织合法权益；应当作为而不作为，侵害公民、法人或者其他组织合法权益；适用法律、法规错误或者违反法定程序，侵害公民、法人或者其他组织合法权益；拒不执行有权处理机关、单位作出的支持信访请求意见这四种情形之一导致信访事项发生，造成严重后果的，对直接负责的主管人员和其他直接责任人员，依规依纪依法严肃处理；构成犯罪的，依法追究刑事责任。

新条例还规定了负有受理信访事项职责的机关、单位的法律责任。负有受理信访事项职责的机关、单位有下列情形之一的，由其上级机关、单位责令改正，造成严重后果的，对直接负责的主管人员和其他直接责任人员依规依纪依法严肃处理：对收到的信访事项不按照规定登记；对属于其职权范围的信访事项不予受理；未在规定期限内书面告知信访人是否受理信访事项。还规定了对信访事项有权处理的机关、单位有下列情形之一的，由其上级机关、单位责令改正，造成严重后果的，对直接负责的主管人员和其他直接责任人员依规依纪依法严肃处理：推诿、敷衍、拖延信访事项办理或者未在规定期限内办结信访事项；对事实清楚，符合法律、法规、规章或者其他有关规定的投诉请求未予支持；对党委和政府信访部门提出的改进工作、完善政策等建议重视不够、落实不力，导致问题长期得不到解决；其他不履行或者不正确履行信访事项处理职责的情形。

新条例还规定了有关机关、单位及其领导干部、工作人员有下列情形之一的，由其上级机关、单位责令改正；造成严重后果的，对直接负责的主管人员和其他直接责任人员依规依纪依法严肃处理；构成犯罪的，依法追究刑事责任：对待信访人态度恶劣、作风粗暴，损害党群干群关系；在处理信访事项过程中吃拿卡要、谋取私利；对规模性集体访、负面舆情等处置不力，导致事态扩大；对可能造成社会影响的重大、紧急信访事项和信访信息隐瞒、谎报、缓报，或者未依法及时采取必要措施；将信访人的检举、揭发材料或者有关情况透露、转给被检举、揭发的人员或者单位；打击报复信访人以及其他违规违纪违法的情形。

新条例对信访人的责任也作出了明确规定，信访人滋事扰序、缠访闹访情节严重，构成违反治安管理行为的，或者违反集会游行示威相关法律法规的，由公安机关依法采取必要的现场处置措施、给予治安管理处罚；构成犯罪的，依法追究刑事责任。信访人捏造歪曲事实、诬告陷害他人，构成违反治安管理行为的，依法给予治安管理处罚；构成犯罪的，依法追究刑事责任。

（三）全面推进信访信息化建设

在信息技术驱动社会变革的大背景下，信息革命推动着政府治理的发展，也促进了社会治理的创新。党的十八大以来，人工智能、大数据等科学技术提升了信访工作的智能化、信息化水平，大大增强了信访工作的透明度和公开性。信访信息化是信访工作在新时代城市社会治理中的革命性创新，应该全面推进信访信息化建设。《信访工作条例》也提出各级党委和政府应当加强信访工作信息化、智能化建设，依规依法有序推进信访信息系统互联互通、信息共享。各级机关、单位应当及时将信访事项录入信访信息系统，使网上信访、来信、来访、来电在网上流转，方便信访人查询、评价信访事项办理情况。

1. 大力推行网上信访

党的十八届三中全会中共中央关于深化改革的决定中明确提出要改革信访制度，实行网上受理信访制度，健全及时就地解决群众的合理诉求机制。2014 年，中共中央办公厅、国务院办公厅印发的《关于创新群众工作方法解决信访突出问题的意见》也提出“实行网上受理信访制度，大力推行阳光信访”。并在江苏淮安召开了全国网上信访工作现场推进会。网上信访是基于互联网的开放系统，信访受理机构可以通过互联网受理、办理信访事项，信访当事人可以通过互联网提交、查询信访事项。较之传统的来信、来访、来电方式，互联网的网上信访具有快捷、成本低、可追踪等优势。网上信访是便民利民的制度创新，群众足不出户即可提交信访事项，查看办理进程和结果，降低了信访成本。因此，应当鼓励群众少走访，多信访，让“数据多跑路，群众少跑腿”，便民利民的同时，也拓宽了信访渠道。网上信访不影响信访制度功能的发挥，信访的政治功能主要有公民权利救济功能、对公权力的监督功能、信息汇集的功能和民主参与功能。网上信访非但不影响这些功能的发挥，而且有助于这些功能的实现。

要畅通网上信访渠道，向人民群众宣传网上信访的优势，让群众知晓国家信访信息系统均已联网，各地受理的信访事项都统一在网上流转，网上办理流程的结果也都可以在网上实时查询、跟踪、督办、评价。要解决网上信访在各地区、各个不同的社会阶层由于思想认识和技术条件的不平衡所造成的实际差距，为相对落后地区的群众提供网上信访的便利和实际帮助，使这项工作落到实处。

2. 深化国家信访信息系统的功能应用

国家信访局于 2014 年发布《关于推进信访工作信息化建设的意见》，提出当前和今后一个时期，加快推进信访工作信息化建设的总体目标是：依托互联网建设一个全国统一的网上信访信息系统，进一步畅通和拓宽群众诉求表达渠道，规范信访事项受理办理程序，接受社会监督，推动相关地方和单位落实工作责任，维护正常信访秩序，形成加强和改进信访工作的良性循环。具体要做到“三化”：一是业务流程标准化。国家信访工作机构充分利用政务信息网络资源，建立全国信访信息系统，为信访人在当地提出信访事项、查询信访事项办理情况提供便利。县级以上地方人民政府应当充分利用现有政务信息网络资源，建立或者确定本行政区域的信访信息系统，并与上级人民政府、政府有关部门、下级人民政府的信访信息系统实现互联互通。二是处理过程透明化。依托全国网上信访信息系统，实现信访事项网上流传、网上处理，处理环节、进展和结果公开透明，方便群众查询评价，接受社会监督。三是统计分析智能化。实现信息数据的自动采集、汇总和分析，提高对信访数据的深度运用的水平。在2014年以前，我国建成了基于政府专网的信访信息系统。2007年1月1日，全国信访信息系统上线试运行，2011年，全国信访信息系统一期工程验收。地方县级以上相继开通网上信访信息平台。2014年江苏淮安全国网上信访工作现场会后，开始并用一年的时间建成了基于互联网的全国网上信息系统。新的国家信访信息系统提升了信访办理的效率。今后，要在如何深化国家信访信息系统功能应用上多下功夫。

要使网上信访信息系统更加便捷畅通、权威管用，信访事项不能“走空”，要做到网上及时回应，网下面对面沟通，避免在“网对网”“键对键”中造成解决群众诉求的“空对空”。要依托网络平台打造“阳光信访”，规范信访信息公开与信访考核稽查，进一步规范网上信访的办理工作规程和规则，加强网上信访的规范化和法治化，要建立群众满意度评价体系，让投诉的群众在网上可以查询、跟踪、监督、评价整个事项办理的全过程，打造“阳光信访”，提高信访公信力。

三、完善社会稳定风险评估和社会矛盾纠纷排查预警机制

（一）完善社会稳定风险评估机制

我国社会大局总体上是和谐稳定的，但我们目前所面临的风险挑战的严峻程度却也是前所未有的，如何预防与化解这些重大风险，已经引起了我们党和国家的高度重视。2019年1月，习近平总书记在省部级主要领导干部坚持底线思维着力防范化解重大风险专题研讨班的讲话中，对预防化解我国政

治、意识形态、经济、科技、社会、外部环境、党的建设等七大领域的重大风险方面的工作提出了具体要求，其中社会领域涉及社会治安、教育、医疗、安全生产等多个方面，与群众生活密切相关，直接关乎群众的获得感、幸福感、安全感。习近平总书记指出，要完善风险防控机制，建立健全风险研判机制、决策风险评估机制、风险防控协同机制以及风险防控责任机制。

社会稳定风险评估是有效防止矛盾碰头叠加、蔓延升级，将社会矛盾纠纷从源头上进行治理、遏制的重要机制。决策不正确、决策失误，往往是造成重大社会风险的主要原因。各级政府、社会组织，甚至企业有重大决策出台，都应当进行社会稳定风险评估。目前，我国社会仍然是比较典型的政府主导的社会，所以，必须对政府作出的直接关系到人民群众切身利益的重大决策事项，特别是其中涉及面广、比较容易引发社会稳定风险的一些重大的决策事项，诸如有关重大公共事项的决策、有关重大事项的管理措施、有关重大事项的改革措施以及有关的重大建设项目等的决策事项，进行审慎的社会稳定风险评估。中共中央办公厅、国务院办公厅联合印发的《关于建立健全重大决策社会稳定风险评估机制的指导意见（试行）》指出，开展重大决策社会稳定风险评估，对于促进科学决策、民主决策、依法决策，对于社会矛盾纠纷的预防与解决，对于社会主义和谐社会的构建都具有非常重要的意义。有效、妥善地开展社会稳定风险评估，必须要坚持始终以人为本、执政为民原则，必须要将实现好、维护好、发展好最广大人民群众的最根本利益，作为做好各项工作的出发点和落脚点，必须要正确处理好改革、发展、稳定三者之间的关系，必须要注重从源头上预防、化解各种社会矛盾纠纷，最大限度地减少和降低各种矛盾和纠纷发生、发展的可能性，尽最大力量确保和进一步促进我国经济社会又好又快地发展。在对社会稳定风险进行评估时应当遵循其基本要求，即从基本国情出发，实事求是，确保取得实际效果。对所有的重大决策事项，必须要做到按照规定应评尽评，凡是没有经过评估的，就不能作出决策；必须要充分发扬民主，深入客观实际进行认真的调查研究，全面、客观地进行分析论证，才能科学客观地进行评估，实事求是地反映出重大决策事项可能引发的各种社会稳定风险，以及其可能影响社会稳定的程度；查与访并重，既要全面查找重大决策可能引发的社会稳定风险，又要做到有的放矢，保证措施适当且有针对性，加强解释、引导，预防、化解社会矛盾纠纷；坚持统筹兼顾原则，在客观的评估结果基础上作出决策，统筹考虑发展与稳定的关系，统筹考虑整体与局部的关系，统筹考虑各种利益与各方面之间的相互关系，在此基础上，审慎地作出决策。

社会稳定风险评估的范围。所有涉及面广、与群众切身利益关系密切的、比较可能引发社会稳定问题的重大决策事项，包括涉及征地拆迁、农民负担、国企改制、环境影响、社会保障、公益事业等方面的重大工程项目的建设，重大政策的制定，涉及其他对社会稳定有较大影响的重大决策事项，党政机关在最终作出决策之前，都要认真、全面、客观地进行社会稳定风险评估。

社会稳定风险评估的内容。以下四个方面的评估应当是作出主要决策时需要考量的：一是对决策的合法性进行评估。评估决策机关的决策权资质是否具备；评估决策机关作出的决策范围、决策内容、决策程序是否合乎相关法律、法规和政策规定。二是对决策的合理性进行评估。决策事项是否符合大多数群众的切身利益、现实利益和长远利益；决策事项是否会加重群众的经济负担，是否影响群众生产、生活的便利；决策事项是否会造成不同地区、行业、群体之间相互进行不必要的攀比；拟采取的措施与手段是否必要、适当、合理，是否尽可能维护了相关群众的合法权益；对政策调整、利益调节对象和范围的界定和划分是否正确；拟给予群众的补偿、安置、救助是否公平、合理、及时、有效。三是对决策的可行性进行评估。决策事项是否适应本地区的经济社会发展水平；对决策事项的实施是否备足了所需的人力、物力、财力；相关的配套措施是否科学、严密；相关决策出台的时机和条件是不是已经成熟；所作出的决策方案是不是能够被大多数群众所广泛地接受、承受、支持。四是对决策的可控性进行评估。决策事项是否存有严重的公共安全隐患；能否引发群体性事件，能否引发集体上访事件；能否引发影响社会稳定的负面舆情、恶意炒作；决策事项可能引发的社会风险是否可控，是否能得到及时、有效的防范和化解；是否已经备足社会矛盾纠纷的预防、化解措施以及应急处置预案；相关的宣传解释和舆论引导工作是否已经准备充分。

进行社会稳定风险评估需注意解决的几个问题：一是社会稳定风险评估的主体要避免由决策部门本身担任。《关于建立建全重大决策社会稳定风险评估机制的指导意见（试行）》规定，地方党委和政府作出的决策，其评估主体由地方党委和政府指定的部门担任，地方党委和有关部门作出的决策，其评估主体由该部门或者牵头部门协商其他有关部门指定的机构担任。从学理上讲，制定重大决策的部门不宜担任社会稳定风险的评估主体，即“自己不能做自己的法官”，评估主体应当由相对独立的第三方来担任。决策主体同时是评估主体，那么难以保证评估结果的公正性，难免“走程序”“做形式”。二是社会稳定风险评估的对象应当是重大的决策。何谓“重大”，弹性较大，实践中掌握起来有一定的随意性。三是关于社会稳定风险评估责任，要区分决策责任和评估责任。决策责任是决策机关没有以评估结论为根据，忽视了社会稳定风险作出决策，从而导致社会风险发生的责任；评估责任则是评估主体的评估行为不符合评估程序和要求的规定，致使评估结论错误，给决策带来错误引导的责任。

在社会稳定风险评估中，各地方出现了许多好的经验。例如，辽宁省大连市出台了《关于深入推进重大决策社会稳定风险评估机制建设的意见》，同时，组建了专门进行重大决策社会稳定风险评估的专家库，构建了社会稳定风险评估的梯次运行机制，全面建立了稳评工作体系。从全市 26 个部门 7 所高校遴选 77 位专家参与重大决策社会稳定风险评估工作，对促进社会大局稳定、源头防范发挥了重要作用。各地因地制宜，曾经形成了四川“遂宁模式”、山东“烟台模式”、江苏“淮安模式”等不同的重大决策社会稳定风险评估模式，目前，许多省、市都已经建立了此项机制，取得了很大成效，但同时，各地还需要不断探索、总结，结合地区、行业等的特点，进一步建立健全重大决策社会稳定风险评估制度，以更加有效地预测、防范和化解社会矛盾和可能发生的影响社会稳定的风险，更好地维护社会秩序，促进社会持续、稳定、健康地发展。

（二）完善社会矛盾纠纷排查预警机制

任何矛盾往往都经历了从萌芽、累积到最终爆发的过程，防范化解社会矛盾风险的重要环节是做到抓早、抓小、抓苗头。“凡事预则立，不预则废”，预防和化解可能出现的对抗性的社会矛盾冲突，首先应当准确预测基层社会矛盾的发生、发展过程。中央政法委多次要求，要建立健全社会矛盾发现预警机制，持续开展对各类风险的基础调查、滚动排查，提高对各类风险的动态监测、实时预警能力，确保对各类风险隐患底数清、情况明。对社会矛盾纠纷的发生、形成，要立足于早、立足于小，紧盯苗头性、倾向性的问题，全面落实排查预警、防范化解、应急处置措施，守紧源头关、监测关、管控关，努力使风险不累积、不扩散、不升级。从事前、事中、事后的整体视角进行防范，从源头、传导、转化等关键环节进行管控，防止内外风险、不同领域风险的交叉感染、叠加碰头。

源头治理是社会矛盾风险防范的治本之策，是纠纷冲突的第一道防线。要不断提高矛盾纠纷预防的主动性和科学性，要坚持预防为主，关口前移，把工作做在前面，进一步建立健全重大事项社会稳定风险评估机制，并且将其落到实处，预先做好社会稳定风险评估，力争在重大事项社会风险发生之前，就将其遏制住，消除掉，与此同时，还要注重更加细致的工作，要善于从社会矛盾纠纷的末端处理中发现其前端预防、治理中存在的带有普遍性、趋势性的问题，进一步完善相关制度，进一步落实风险源头防范化解责任。

社会矛盾纠纷排查要抓好以下几个方面的工作。一是形成日常不定期排查与定期集中排查相结合，重点排查与普遍排查相结合，上下结合、条块结合的工作机制，实行全方位、全覆盖、多层次的深入细致的排查制度，做到社区不漏户、户不漏人，做到社会矛盾纠纷早发现、早报告，进一步做到相关工作早到位、矛盾纠纷早解决。二是按照“属地管理”原则、“谁主管谁负责”原则，逐级建立起社会矛盾纠纷排查预警组织，城市一般应建立区、街道、社区三级矛盾纠纷排查的预警、调处组织机构。明确各组织机构的相关职责、切实落实各组织机构的相关责任；要进一步建立健全统一指挥、反应灵敏、协调有序、运转高效的工作机制；建立健全矛盾纠纷信息网络，发挥社区治保、调解组织、调解信息员的作用，在已经实施网格化管理的地方，要充分发挥网格员的作用。三是建立矛盾纠纷分析研判制度，对排查的信息，专门梳理归类、登记造册，会同有关部门组织召开分析会议，研究分析矛盾纠纷形势，提出有效的预防处置措施和相关意见。四是建立要情报告制度、完善纠纷报送途径、畅通纠纷报送渠道。对于意图举行或者已经发生的，诸如非法聚会、游行、示威，聚众冲击保卫机关、政法机关、电视台等关乎社会稳定的重要机关，聚众冲击金融机构、电厂、水厂等关乎到国计民生的重要单位，聚众堵塞公共交通、占据公共场所以及哄抢国家仓库，在大型的体育、文娱、商贸等活动中聚众滋事、制造混乱甚至破坏公共设施，进行较大规模的聚众械斗等危害社会秩序、危害公共安全的重大、紧急事件，应当及时发现，迅速报告，不得隐瞒。对于社会矛盾纠纷排查预警工作来讲，要做到早发现，防患于未然，就是要排查可能发生上述事件的苗头。及时发现重大纠纷隐患，只要有可能发生上述事件的迹象，就应当及时报告主管领导和部门。应当建立常态的报告制度，有事报情况，无事报平安。五是特别关注重大节日、假日、敏感时期以及纠纷多发时期，矛盾纠纷排查预警组织应及时安排值班和巡查，对于重点单位、重点人、重点事应当及时组织人员集中排查，甚至逐户排查，结合群众来访反映的问题，不留盲点和死角，真正做到纠纷排查，“横向到边，纵向到底”，及时了解矛盾纠纷冲突隐患。六是坚持边排查边调处的原则，要严格按照“谁主管谁负责、条块结合、属地管理、各方参与、分级负责、归口管理”的原则，对发现的社会矛盾纠纷苗头以及已经出现的社会矛盾纠纷，要果断迅速、认真、细致、耐心地进行调处。上级主管部门要及时地对排查的社会矛盾纠纷下督办函，跟踪社会矛盾纠纷的调处化解情况。各部门、各地方、各单位要及时解决、就地化解排查的社会矛盾纠纷，不推向上级，不推向社会。七是建立健全考核督查制度。严格坚持贯彻责任制原则。各地方、各单位一把手即为社会矛盾纠纷排查预警第一责任人。严格实行责任追究制度，对懒政、怠政失职失误，导致社会矛盾纠纷重大事件的，实行一票否决。进一步加强党政统一领导，要将矛盾排查预警调处工作纳入平安建设和维护社会稳定目标管理的重要内容之中。八是对排查预警对象摸清底数，分类建档立卡。充分利用信息技术、建立矛盾数据库，在各个领域分门别类查找极易引发社会矛盾的不稳定因素，根据不同类型，列出重点人员、重点群体，做到底数清、情况明；要建立工作方案数据库，制定化解矛盾纠纷防范社会风险工作方案，在重要敏感节点分别制订应急预案。

在建立和完善社会矛盾纠纷排查预警机制方面，很多地方积极行动，结合本地实际情况扎实工作，勇于创新，取得了很大成效。例如，四川省绵阳市游仙区构建区、镇、村三级矛盾纠纷排查预警网络，通过定期排查、专项排查、重点排查，从源头上发现和预防矛盾纠纷。每月研判一次矛盾纠纷形势，并以简报的形式向有关领导和单位发出预警。建立快反快处机制，把矛盾纠纷解决在发生之时。[1] 山东省济宁市嘉祥县创设“平安周例会”制度，在县、乡镇、村居分别建立平安周例会，每层级均成立矛盾纠纷分析研判小组，逐级负责排查化解纠纷及不稳定因素，立足抓早、抓小、抓苗头，及时调解，及时预警，及时定分止争，将矛盾纠纷遏制在萌芽状态。对重大疑难矛盾纠纷，移交相关职能部门，协调相关力量共同化解，有效防范了“民转刑”案件特别是“民转刑”命案的发生，有效维护了社会的稳定和秩序。[2]

---

〔1〕《绵阳市游仙区：“防新案、化积案、攻难案”打造新时代“枫桥经验”升级版》，载人民网2020年6月10日，http://jl.people.com.cn/n2/2020/0610/c349771-34077254.html。

〔2〕《济宁市嘉祥县：建立“平安周例会”制度打造新时代“枫桥经验”嘉祥版》，载搜狐网2020年8月31日，https://www.sohu.com/a/415723919_114731。

四、完善社会矛盾纠纷多元化解机制

(一) 新时代必须牢固树立矛盾纠纷多元解决新理念

社会矛盾纠纷多元化解机制，是城市社会治理体系的重要组成部分，进一步建立健全社会矛盾纠纷多元化解机制，并使之能够得到进一步深入、有效的推进，既是实现国家治理体系和治理能力现代化的重要内容，同时，又是促进社会公平正义、维护社会和谐稳定的必然要求。

党的十九大报告指出："中国特色社会主义进入新时代，我国社会主要矛盾已经转化为人民日益增长的美好生活需要和不平衡不充分的发展之间的矛盾。"报告还进一步强调："人民美好生活需要日益广泛，不仅对物质文化生活提出了更高要求，而且在民主、法治、公平、正义、安全、环境等方面的要求日益增长。同时，我国社会生产力水平总体上显著提高，社会生产能力在很多方面进入世界前列，更加突出的问题是发展不平衡不充分，这已经成为满足人民日益增长的美好生活需要的主要制约因素。"发展不平衡，主要是指各地区、各行业、各方面的发展不够平衡，制约了全国整体发展水平的提升。发展不充分，主要是指一些地方、一些领域、一些方面还存在发展不足的问题，发展的任务仍然是很重的。现阶段我国经济、社会的发展参差不齐，发展不平衡、不充分的现象比较普遍，表现在很多方面。例如，从社会生产力方面看，我国目前仍存在着比较多的相对传统、落后甚至比较原始的生产力，各地区、各行业、各部门的生产力发展水平和生产力的布局还很不均衡；从我国"五位一体"总体布局方面看，我国在经济、政治、文化、社会、生态等各方面的平衡发展、充分发展上还需要进一步加大力度；从我国城乡区域发展方面看，我国的城乡区域发展的水平仍然很不平衡，还存在较大的差距，特别是一些老少边穷地区，总体上看，其经济、社会发展还比较落后；从收入分配方面看，人们的收入差距、贫富差距仍然比较大。这些经济、社会发展不平衡、不充分的问题不是孤立存在的，往往相互影响，相互掣肘，产生了很多影响社会稳定、有序发展的社会矛盾和问题，成为我国现阶段存在的各种社会矛盾的主要根源，也成为影响我国社会发展的社会主要矛盾的主要方面。

新时代，我国社会矛盾纠纷的特点主要是：纠纷主体多元、利益诉求多样且复杂、纠纷类型繁多，各种利益纠葛导致种类繁多的群体性、对抗性、敏感性的矛盾纠纷增多，处理难度很大。在这种形势下，传统的、单一的纠纷解决方式显然难以化解和应对这种复杂的局面。必然要求多元化的纠纷化解方式，即参与纠纷化解的主体多元，须动员社会各方面力量协同参与，而不能仅仅依靠政府和司法机关，主体多元性避免了纠纷解决的单一制，可以取得更好的解纷效果；必然要求纠纷解决的规则是多元的，除了法律以外，其他的社会规则、公序良俗甚至公共道德等都是化解矛盾纠纷的依据；必然要求纠纷解决的方式是多元的，诉讼和非诉讼的方式，调解、协商、仲裁、行政裁决、行政复议乃至司法裁判等，能够圆满化解纠纷的方式都可以采用。

学理上认为，多元化解纠纷的解决机制是相对于单一化的纠纷解决方式而言的。单一化的纠纷解决方式可以是意指纠纷解决方式的任何一种，但在当下我国讨论和探索多元化纠纷解决机制的语境下，单一化主要是指对抗性的司法诉讼解决方式。因为在法治社会，司法诉讼乃是最具权威且最具效率的纠纷解决方式。然而司法诉讼并非纠纷解决的唯一方式，司法诉讼也不可能包揽解决所有的矛盾纠纷。我国在改革开放后人们的法治观念和诉讼意识增强，通过法院解决成为一时之风，案件的增加也使得法院无法应对所有的社会纠纷。因此，寻求建立多元化的纠纷解决机制是非常符合我国在社会转型时期社会矛盾纠纷多元化的特点以及人们对纠纷化解的需求的。“多元化纠纷解决机制是指一个社会中，多种多样的纠纷解决方式以其特定的功能和运作方式相互协调地共同存在、所结成的一种互补的、满足社会主体的多样需求的程序体系和动态调整系统。”〔1〕多元化纠纷化解机制较之单一化解纠纷机制，具有系统性、层次性、可选择性的优势。

2015年12月，中共中央办公厅、国务院办公厅印发《关于完善矛盾纠纷多元化解机制的意见》，对建立健全有机衔接、协调联动、高效便捷的矛盾纠纷多元化解机制作出了顶层设计。各地也出台不少实施方案。社会矛盾纠纷多元化解机制得到了广泛的推广和应用，特别在深入学习新“枫桥经验”的基础上，多元化解机制不断充实和丰富，得到很好的发展。但在发展过程中，多元化解机制也存在一些问题。一是社会矛盾纠纷多元化解机制还不够系统，不够完整。例如，虽然人民调解和诉讼在法律上可以有机衔接，但在实践中，人民调解、仲裁等民间纠纷解决方式在化解矛盾纠纷时与诉讼方式的具体分

〔1〕范愉：《以多元化纠纷解决机制 保证社会的可持续发展》，载《法律适用》2005年第2期。

工和作用领域仍存在不清晰问题，如在设计和职能替代上存在着重复现象，在一定程度上影响了多元化纠纷解决方式在化解社会矛盾中的应有作用。二是灵活调解与依法调解之间冲突的平衡问题依然没有得到很好的解决，注重灵活性是人民调解的优势，而依法调解是基本原则，如何在发生冲突时寻求最合理、最有效的解决方法还是一个难题。三是各地方司法机关在司法实践中存在各自为政的现象，这是造成司法不统一的重要因素。以刑事和解为例，有的法院主张，只要当事人之间达成和解，被告人真诚悔罪，即可以适用刑事和解，而在有的法院则主张，只能在轻微的刑事案件中才能适用刑事和解，司法不统一则会影响司法的权威。

（二）完善人民调解制度

我国《中华人民共和国人民调解法》（以下简称《人民调解法》）第2条规定："本法所称人民调解，是指人民调解委员会通过说服、疏导等方法，促使当事人在平等协商基础上自愿达成调解协议，解决民间纠纷的活动。"人民调解是一项群众性的自治活动，相较于其他纠纷解决方式，人民调解成本低廉，更加灵活、方便、快捷，是具有中国特色的深受群众欢迎的一种解决民间纠纷的方式，是除了诉讼方式以外，在中国运用得最广泛、最成功的纠纷解决方式以及基层社区服务方式，更是具有中国特色的社会主义民主法制建设的一项伟大的创举。几十年来，人民调解在化解民间纠纷、维护社会稳定、缓解司法机关压力、使司法资源得到合理配置等方面发挥了巨大的作用，显示了其作为"政法工作的第一道防线"独特的优势及其强大的生命力，为国际社会所赞誉，被国际上称为"东方经验"。

人民调解作为一种适合我国国情的有效的解决纠纷机制，对于维护社会的和谐稳定，对于促进社会的发展具有重要意义。人民调解的功能和优势主要有：一是化解纠纷的功能，具有解决纠纷便捷性、效率性及普遍性的优势。二是预防纠纷的功能，具有减少甚至杜绝矛盾、纠纷产生的优势。三是舒缓诉讼压力的功能，具有节约诉讼成本、优化资源配置的优势。四是弘扬传统文化、道德和培养新的社会观念的功能，具有提升社会道德水平、促进人际关系和睦及社会和谐的优势。五是普法教育的功能，具有普遍提升社会成员法律素质的优势。六是稳定社会的功能，解决纠纷具有彻底性的优势。

2010年8月，第十一届全国人大常委会第十六次会议通过了《人民调解法》。这是我国第一部专门的、比较系统、完备的规范人民调解工作的法律，规范了人民调解工作的性质、原则、组织、人员、程序、效力，在法律层面确立了我国的人民调解制度。《人民调解法》的颁布实施，进一步完善了人民调解制度，虽然条文不多，但涵盖的内容很广，在很大程度上解决了人民调解无法可依的问题，推动了人民调解的现代转型和发展。但该法的规定仍显得较为笼统、模糊，实践中也反映出人民调解仍然存在一些亟待解决的问题。

一是人民调解的组织形式还有待进一步完善。《人民调解法》对人民调解的组织形式设定了三种。但在实践中，多元化的纠纷化解格局已经初步形成，不同的人民调解的组织形式、调解程序、作用等亦不同，应分别进行较为详细的具体规定，但目前我国《人民调解法》的规定尚不具体，有待进一步细化、完善。二是人民调解的适用范围有待进一步明确，《人民调解法》规定，人民调解的适用范围是“民间纠纷”，但何为“民间纠纷”，该法并没有明确界定。实践中人民调解的适用范围不断扩大，甚至包括刑事附带民事案件的民事部分和刑事自诉案件。三是调解人员的素质有待进一步提高，调解人员的任职资格、任职条件有待完善，对调解人员的培训方式有待改革。实践中，人民调解组织中的调解人员的素质参差不齐，很多基层调解组织对人民调解人员的准入标准的规定普遍较低，对人民调解人员的文化水平、法律专业水平以及相关工作经验缺少具体的考量标准和要求，一些调解人员年龄偏大，专业技术水平较低，面对一些大型、疑难、复杂的纠纷，往往力不从心，无从下手，难以满足和适应我国现阶段纠纷处理的实际需要，调解队伍的力量相对薄弱，调解人员的素质有待提高。四是人民调解的程序有待进一步完善。例如，《人民调解法》第 17 条、第 18 条规定了人民调解程序的启动方式，第 21 条第 2 款规定，“调解民间纠纷，应当及时、就地进行，防止矛盾激化”，第 26 条规定，“人民调解员调解纠纷，调解不成的，应当终止调解”，但对何为“及时”“就地”，何为“调解不成”都未明确界定，人民调解的起算时间和终止时间亦无明确规定。五是人民调解和其他纠纷解决方式之间的有效衔接机制有待进一步完善，虽然《人民调解法》对人民调解与其他纠纷解决机制之间的衔接作出了规定，但在衔接的具体环节方面尚欠缺具体规定。实践中，行政机关和人民法院委托人民调解，已较为普遍，但在《人民调解法》中，没有委托调解的规定。六是人民调解的评估标准存在偏差。评估往往以人民调解组织处理纠纷的数量为标准，不能充分反映人民调解的实际作用和成效。

完善人民调解制度应考虑修订《人民调解法》。根据近几年人民调解工作的发展及在实践中发现的问题，补短板，修漏洞，针对前述问题进行立法完善。另外，各地在开展社会治理过程中，学习、坚持和发展“枫桥经验”，亦有许多好的做法和经验，值得推广。例如，大部分地区都组建了人民调解的组织网络，包括市、区、街道、社区四级人民调解体系。辽宁省大连市为确保人民调解在纠纷化解体系中的基础地位，加强人民调解员队伍建设，增加专职人民调解员的数量，同时适当提高专职人民调解员的待遇，提高他们工作的积极性。当选的专职人民调解员大多为公检法司退休干部、律师等，他们有比较丰富的纠纷解决经验，不仅办案质量高，还可以指导培训更多的兼职人民调解员，从而进一步提升全市人民调解工作的质量。大连市还创新专业性、行业性纠纷化解机制，使与百姓生活息息相关的医疗、物业等矛盾纠纷得以更专业化、更有针对性地解决。创新物业纠纷调解机制，建立了物业管理纠纷调解中心，建立了新的医疗纠纷调解中心。大连市有的区还建立了交通、婚姻家庭、银行保险等方面的专业性调解机构。湖北省潜江市吸纳优秀转业退伍老兵加入调解员队伍，创新成立“老班长”调解室，[1] 江苏省盐城市选聘新乡贤担任人民调解员，从本地老干部、老教师、老党员、老军人、老模范等“五老”中选聘人民调解员，[2] 充分发挥他们的优势，创新建立人民调解员制度。四川省成都市金牛区积极探索劳动争议多元化解新模式，充分发挥人社部门处理劳动争议的职能作用，主要从强化协同基础、健全运行机制、完善调解组织三个方面入手，健全劳动争议多元处理工作格局，建立起“多方位、多元化、多层次”的部门联动、多方参与的劳动争议纠纷解决机制，构建了“主动服务、靠前服务、精准服务、联动服务”的服务体。[3]

（三）发挥矛盾纠纷多元化解模式的整体效能

既要充分发挥司法机关、政府部门等各种纠纷解决方式的特点和优势，针对各种纠纷矛盾的趋势特点，对症下药，促进各类纠纷化解方式各得各位，各尽所能，又要注重发挥矛盾纠纷多元化解模式的整体效能，坚持相互补充、

---

〔1〕《湖北省潜江市：创新人民调解制度 打造基层治理新格局》，载人民网 2021 年 1 月 19 日，http：//unn. people. com. cn/n1/2021/0119/c435200 - 32004759. html。

〔2〕《江苏省盐城市：矛盾纠纷化解在基层》，载人民网 2020 年 6 月 17 日，http：//jl. people. com. cn/n2/2020/0617/c349771 - 34094303. html。

〔3〕《成都市金牛区：改革创新服务为先——创建劳动争议调解服务中心经验》，载搜狐网 2021 年 8 月 12 日，https：//www. sohu. com/a/402014355_ 120578424。

相互协调，发挥出多元化解纠纷解决机制的最大效应。其中主要做好两个衔接机制的工作，一是完善人民调解、行政调解、司法调解"三调联动"之间的衔接机制；二是健全诉讼与非诉讼方式（如调解、仲裁、行政裁决、行政复议等）之间的相互衔接机制。

要积极整合各种调解资源和力量，建立人民调解、行政调解和司法调解的对接机制，促进人民调解、行政调解和司法调解各机制间的联通互动，资源共享，优势互补。为纠纷的当事人提供各种解决纠纷的便利和帮助，鼓励群众合理地选择纠纷解决途径，促使矛盾纠纷发生后能够得到及时、有效的解决。人民调解和司法调解要做到程序衔接、效力衔接和日常工作衔接。程序衔接，体现在诉前调解机制。人民调解的诉前介入，能进行人民调解的案件尽量通过非司法的方式解决纠纷。人民法院要坚持"调解优先，调判结合"工作原则。各级人民法院普遍建立庭前与人民调解委员会沟通机制，人民调解的诉中介入，可以诉讼内委托调解和协助调解。效力衔接，人民调解委员会达成的调解协议，具有法律约束力，当事人应当按照履行。另外还规定，双方当事人认为有必要的，可以自调解协议生效之日起 30 日内共同向人民法院申请司法确认。建立诉前司法确认制度，使人民调解制度进一步增加了活力，有利于实现司法程序和非诉调解程序的无缝对接。日常工作衔接，人民法院和人民调解委员会建立定点、定员、定期联系。建立法院指导人民调解工作的长效机制。司法行政部门和人民法院可以从素质较高的人民调解员中挑选人民陪审员人选。法院和司法行政机关选派专人定期评阅指导人民调解协议书。通过联席会议和信息通报制度的建立，固化人民法院与人民调解委员会的联系，分析问题、总结经验、交流体会，共同提高定分止争的能力和水平。人民调解和行政调解要做到衔接，由于公安机关接触和应对的纷争是最常见和数量最大的，所以，人民调解和公安机关行政调解的衔接较多，公安机关应当有意识地引导当事人选择人民调解方式来解决问题。行政机关同人民调解的衔接，可以采取委托人民调解、邀请人民调解、转交人民调解等方式进行。委托人民调解，是指由行政机关将纠纷委托给人民调解委员会进行先行处理的方式。邀请人民调解，是指行政机关在进行行政调解的过程中，吸收人民调解员参与调解过程的处理方式。转交人民调解，是指在发生当事人一方不同意行政调解，而双方当事人自愿接受人民调解的情况时，相关行政机关可以根据当事人的意愿将有关争议转交给人民调解委员会进行调解的处理方式。以上方式对于劳动争议、医疗纠纷、信访案件等均适用，是经过实践探索的人民调解与行政调解衔接的良好路径。

还要做好行政调解与司法调解的衔接。二者的施行主体都有一定的公权力色彩，其有效衔接，对各种类型的纠纷，特别是疑难复杂的纠纷的解决有着强大的推动作用。为有效化解行政管理活动中发生的各类矛盾纠纷，人民法院鼓励和支持行政机关依照当事人的申请，或者依照职权，进行调解、裁决，或者依法作出其他处理。行政机关对纠纷调解后达成的具有给付内容的协议，当事人可以依照《中华人民共和国公证法》的规定，申请公证机关依法赋予其强制执行效力，债务人不履行或不适当履行的，债权人可以依照法律的规定向有管辖权的人民法院申请执行。人民法院也要做好案前调解制度，对可以行政调解的案件，在立案前，人民法院应主动告知当事人可以先进行行政调解，使行政调解成为分流集中司法的一种方式。在行政调解效力衔接上，由于我国行政调解协议的法律约束力较弱，如果当事人不履行行政调解达成的调解协议，是否应当承担责任，应当承担何种责任，目前，法律尚无明确规定。因此，通过行政调解协议请求司法确认，可以较好地实现二者的效力衔接。

构建新形势下人民调解、行政调解、司法调解“三调联动”，即构建三者相互衔接、相互促进、相互配合的社会矛盾纠纷的化解机制。人民调解，是维护社会稳定、化解社会矛盾纠纷的“第一道防线”，在纠纷化解体系中处于基础性地位，但是，人民调解也不是万能的，故此，《人民调解法》第 25 条规定：“人民调解员在调解纠纷的过程中，发现纠纷有可能激化的，应当采取有针对性的预防措施；对有可能引起治安案件、刑事案件的纠纷，应当及时向当地公安机关或者其他有关部门报告。”人民调解员调解纠纷，不能调解的，应当及时终止调解，并依据有关法律、法规的规定，告知当事人可以通过仲裁、行政、司法等途径，依法维护自己的权利。行政机关具有国家公权力色彩，同时又往往在纠纷发生后不久即能接触到当事人，充分发挥其专业性和综合性的优势，能够较好地缓冲司法救济的压力。司法调解以维护司法公正为己任，是最后解决纠纷的手段，是维护公平正义的“最后一道防线”。只有在结构上既强调行政调解与司法调解各自作用的发挥，又强调二者之间的相互协调、相互衔接、相互作用，才能达到服务社会，促进社会和谐发展的最佳效果。入选 2019 年全国“创新社会治理 10 个最佳案例”的重庆市南岸区创新“三调合一”机制践行“枫桥经验”案例中，南岸区以“大调解”模式整合政法、信访、司法、公安、法院和属地镇街力量，打破条块束缚，深化访调对接、警调对接、诉调对接，构建了方式多元、功能互补、灵活高效的多元调解体系，创新了“三调合一”的一站式解决群众矛盾纠纷的机制，有效提高了基层矛盾纠纷化解的预见性、前瞻性、针对性和权威性，形成“多方参与、联动联调、矛盾多源、化解一源”的新局面。[1] 再如，大连市成立调解协会及人民调解、行政调解、产业性行业调解、商事调解为一体的市级调解协会，该协会是在大连市民政部门登记成立的非营利性社团法人，包括单位会员和个人会员，制定《大连市调解协会章程》、《会费标准》及《会费使用管理办法》并成立理事会、监事会，这些经验值得坚持、推广及发展。据统计，截止到 2021 年底，大连市有 1871 个调解组织，9495 名专、兼职调解人员，平均每年化解 2.3 万余件纠纷，调解成功率 98% 以上，为维护社会和谐稳定和护航经济社会发展发挥了重要的基础性作用。

在信息化时代，要充分、有效地利用信息化手段，进一步提高矛盾纠纷多元化解的水平。抓住国家实施“互联网 +”行动计划和“促进大数据发展行动纲要”的契机，大力推动现代信息技术在社会矛盾、纠纷的预防化解中的应用，提高矛盾纠纷化解效率。要抓住机遇，充分运用大数据、人工智能、“雪亮工程”等技术，进一步推动大调解矛盾信息管理系统、网格化服务管理系统以及维稳信息系统三大信息系统实现互联互通，实现社会矛盾纠纷多元化解，数据资源集成共享，进一步提高矛盾纠纷多元化解的效率、质量和效果。应进一步推广新时代“网上枫桥经验”，积极探索“互联网 + 矛盾纠纷多元化解”模式，运用“网上调解”“视频调解”“微信调解”等方式，将“线下”调解搬到“线上”，实现群众不出门也能化解矛盾、解决问题；探索建立“网上群众工作部”，推动社情民意在网上调解，矛盾纠纷在网上解决，正能量在网上聚合。辽宁省大连市花园口经济区搭建“线上矛盾化解大平台”，以各村屯为单位，建立了 7 个大群，31 个小群，涵盖“大调解”“大情报”“大学习”三大板块，形成了一张全覆盖的多功能网络，广泛吸收辖区热心群众加入群防群治管理队伍，同时，邀请各村屯村干部、小组长、党员等加入，织密辖区矛盾纠纷防控网络，确保第一时间全面掌握各种矛盾纠纷的详细状态和动态，做到未动预知，异动先知。强化公安民警主导、群众为主体的自防、自控、自管、自治模式，进一步促进民警融入社区、新形势下警民良性

---

〔1〕《南岸创新“三调合一”机制践行“枫桥经验”入选全国“十佳”》，载搜狐网 2019 年 12 月 16 日，https://www.sohu.com/a/360751398_120214174。

互动关系，积小平安为大平安，为各类矛盾纠纷的化解工作奠定坚实基础。[1]

对于多元化解矛盾纠纷的体制机制建设，我们党和国家一贯非常重视。2020年12月，中共中央印发《法治社会建设实施纲要（2020—2025年）》，指出要“推动大数据、人工智能等科技创新成果同司法工作深度融合，完善‘互联网+诉讼’模式，加强诉讼服务设施建设，全面建设集约高效、多元解纷、便民利民、智慧精准、开放互动、交融共享的现代化诉讼服务体系”。2021年2月19日，中央全面深化改革委员会第十八次会议审议通过了《关于加强诉源治理推动矛盾纠纷源头化解的意见》（以下简称《意见》），目的在于完善预防性法律制度及从源头上减少诉讼增量。为了深入贯彻落实该《意见》，最高人民法院在2021年9月28日发布了《最高人民法院关于深化人民法院一站式多元解纷机制建设推动矛盾纠纷源头化解的实施意见》（以下简称《实施意见》），以进一步“推动构建源头防控、排查梳理、纠纷化解、应急处置的社会矛盾综合治理机制，促进基层治理体系和治理能力现代化，建设更高水平的平安中国”。最高人民法院发布的该《实施意见》，对进一步深化人民法院一站式多元解决纠纷机制的建设，进一步推动矛盾纠纷从源头上化解工作的落实作出了很多具体部署和安排，对提高我国社会矛盾纠纷治理现代化水平，对我国法治社会的建设和法治国家的实现具有重要意义。

---

〔1〕《【创新社会治理】辽宁省大连市花园口经济区：搭建“线上矛盾化解大平台”》，载人民网2019年11月15日，https://www.sohu.com/a/353963006_114731。

第五章 加强和完善公共安全体系

在党的十九大报告中，习近平总书记再次强调“健全公共安全体系”，足见其重要性。公共安全是指多数人的生命、健康和公私财产的安全。目前，我国正处于突发公共事件高发期。突发公共事件，是指突然发生，造成或者可能造成重大人员伤亡、财产损失、生态环境破坏和严重社会危害，危及公共安全的紧急事件。新冠肺炎疫情更是对我国公共安全的严峻考验。随着疫情在世界各国的持续蔓延，各种自然灾害、事故灾难、公共卫生事件等突发危害公共安全事件越来越频繁地出现。因此，在未来很长一段时期内，突发公共事件的应对将是我国社会治理中的重要课题，其所带来的各种社会问题是对我国公共安全体系的一次持久性考验。如何加强处理各种突发公共事件的应急管理，提高政府应对公共安全危机的能力，已然成为实现国家治理体系和治理能力现代化的重要衡量标志。

一、公共安全体系的构成及重要性

建设更高水平的平安中国，首先要有更高水平的公共安全。公共安全关系着千家万户，确保公共安全是人民群众生命财产安全的重要保障，也是改革发展稳定大局的关键性问题。坚持和完善共建共治共享的社会治理制度，要求把健全公共安全体系作为重点。2019 年党的十九届四中全会通过的《决定》专门强调“健全公共安全体制机制”，并提出了三个方面的重点内容。在这三方面的基础上，结合《决定》的思想要求，以及在疫情持续性存在的现实之下，我国的公共安全体系应当由以下几部分构建：

第一，完善和落实安全生产责任和管理制度。建立公共安全隐患排查和安全预防控制体系。要坚持安全第一、预防为主、综合治理的方针，完善和落实安全生产责任和管理制度。完善安全生产法律法规，提高安全生产的安全控制水平和科技支撑能力。要坚持党政同责、一岗双责、齐抓共管、失职追责，落实企业安全生产主体责任和政府安全生产监管责任，严格实行管行业必须管安全，管业务必须管安全，管生产经营必须管安全和谁主管谁负责原则，制定综合监管与行业监管责任清单。要坚持严格安全生产目标考核和责任追究，实行重大隐患治理，逐级挂牌督办和整改评价制度，严格查处非法违法或违规违章生产经营建设行为。要健全市场化、社会化参与机制，强化科技手段运用，综合运用法律的、行政的、市场的手段，及时排查化解安全隐患，提高精准安全预防控制能力。

第二，构建统一指挥、专常兼备、反应灵敏、上下联动的应急管理体制，优化国家应急管理能力体系建设，提高防灾减灾救灾能力。要建立统分结合、职责清晰、协调有力、运转高效的应急管理运行机制，统一领导、权责一致、权威高效的国家应急管理能力体系，专业化、规范化、正规化的安全生产监管执法队伍体系，法规标准健全、科技深度应用、社会广泛参与、政策保障有力的支撑保障体系，全面提升应急管理能力和水平。要坚持灾前预防与应急处置并重，推进常态减灾与非常态救灾相结合，完善部门协同、上下联动、社会参与、分工合作的防灾减灾救灾机制，形成有效应对自然灾害的强大合力。

第三，加强和改进食品药品安全监管制度，保障人民身体健康和生命安全。要坚持以人民为中心的发展思想，树立消费者至上的理念，用最严谨的标准、最严格的监管、最严厉的处罚、最严肃的问责加强食品药品安全监管，确保人民群众“舌尖上的安全”。要坚持源头严防、过程严管、风险严控，完善食品药品安全监管体制，加强统一性和权威性，充实基层监管力量。要完善食品药品安全标准体系，努力实现食品药品质量安全稳定可控，保障水平明显提升。要强化政府对食品药品安全的监管责任。对食品药品安全实施有效的统一监管。要落实企业在食品药品安全中的主体责任，建立让生产经营者真正成为食品药品安全第一责任人的有效机制。强化消费者权益保护，加强食品药品安全风险监测评估预警，健全食品药品安全多渠道投诉举报和突发事件快速反应机制，依法惩治食品药品领域违法犯罪活动，营造安全放心的市场消费环境。

第四，努力完善生态环境安全监管制度，保护青山绿水，守护我们共同的家园。坚持人与自然和谐的生态文明观，健全完善生态环境法律制度，理顺生态环境监督管理体系，加强生态环境执法力度，培养公众的环境意识，加强公众参与水平，确保生态环境的可持续。

第五，完善公共卫生安全监管体制，保障公众健康安全。随着疫情防控进入常态化，外防输入、内防反弹的防疫压力依然巨大。这对社会治理工作的完善提出了巨大挑战。城市治理面临多种传染病威胁并存、多种健康影响因素交织的复杂局面。城市的人口密集程度高、国内外人员流动频繁，增加了突发公共卫生事件的风险，迫切需要提升公共卫生安全防控能力。因此，如何做好公共卫生安全工作，建立健全疫情常态化时期的公共卫生安全监管工作成为社会治理中的重要议题和关键环节。

二、食品药品监管体制

我国正处于全面推进依法治国的关键时期，党中央提出了“四个全面”重大战略布局，食品药品安全问题是关系每个公民切身利益的大事，也是极易引发社会矛盾的重要问题。习近平总书记在主持中共中央政治局第二十三次集体学习中提出，用最严谨的标准、最严格的监管、最严厉的处罚、最严肃的问责，毫不松懈抓好食品药品安全工作，保证广大人民群众吃得放心、安心，守护好人民群众“舌尖上的安全”。因此，针对食品药品安全监管提出了“四个最严”确保食品药品安全。

监管是保障食品药品安全最重要的措施之一，主要由政府部门负责。“四个全面”重大战略布局和“四个最严”都表明，食品药品安全必须坚持依法监管。食品药品安全的依法监管是指政府部门依法对食品药品进行监督与管理，监管部门的主要职责是为人民群众的食品药品安全提供有效的监督与管理，确保食品药品的安全。依法监管进一步明确了政府部门对食品药品安全的监管是严格依照法律法规进行的。健全的法律法规是食品药品安全依法监管的前提，依法监管是依法治国背景下食品药品安全监管的核心。

当今全国食品药品监管体制在两个维度上存在着不一样的情形：一是在部门设置的“横向”维度上存在着食品药品监督管理部门和市场监管部门的情况；二是在“纵向”维度上存在着“垂直”管理与“属地”管理的情况。两个维度的交叉使当今的食品药品监管体制呈现出一种奇特的“混乱”局面。

（一）食品药品安全监管体制类型

我国的食品药品监督管理机构的设置几经变革，2018 年《国务院机构改革方案》将原来对食品药品实施统一监管的食品药品监督管理总局取消，组建了国家市场监督管理总局，负责食品安全监督管理及综合协调，并在国家市场监督管理总局下组建国家药品监督管理局。市场监管实行分级管理，药品监管机构只设到省一级，药品经营销售等行为的监管由市县市场监督部门统一承担。

结合监管实际，我国目前的食品安全监管主要有属地管理、垂直管理这两大模式。采取“属地管理”是我国大部分省市的做法，由省级食品药品监管部门和基层市场监管部门结合管理进行。在“垂直管理”模式中，又可以分为以天津市为代表的市场监管模式和以北京市为代表的食品药品监管模式。

所谓的“属地管理”模式就是指基层食品药品监管部门由同级地方人民政府管辖，即所谓“人、财、物”和工作均由同级地方政府负责的体制模式。而“垂直管理”模式是指基层食品药品监管部门由上级食品药品监管部门管辖，“人、财、物”和工作均由上级食品药品监管部门负责的体制模式。

食品药品安全是关系到每个人身体健康、生命安全的基本民生问题。对于这一“公共产品”本质的认识，在两种管理体制模式中应该没有区别，也是食品药品监管的最根本的驱动力。但是，由于同级地方政府和上级食品药品监管部门的职责区别较大，基于同一认识的驱动力并不相同。地方政府除了需要对本地区的各种安全负责以外，还承担着经济发展、社会稳定、地区建设、环境优化等很多公共管理职责。这种“身兼数职”的地方政府实际存在着以下“驱动力”不足的情形。例如，政府面临着多项绩效的评估，既要考虑经济增长、财政税收，又要兼顾社会稳定等内容。因此，在排序上必然存在不同的选择。食品药品安全监管较之其他领域的评价，存在一定的风险和博弈因素。在食品药品监管力度加大的情况下，对地区食品药品生产经营者违法行为的处罚往往会与生产经营者形成正面博弈，而这一博弈的第三方参与者——地方政府则可能由于“规制被俘获”的原因，以“维护地区经济发展”等理由而明示或暗示监管部门“放水”，此时“属地管理”将出现驱动力不足的问题，甚至走向负面。

然而在“垂直管理”体制中，同为食品药品监管部门的上一级管理者则可以从体制上规避上述问题。不仅如此，在以“安全换市场”的问题博弈中，“垂直管理”体制还可以在一定程度上对地方政府形成制约。

食品安全“属地管理”的认识源于“权责对应”的思想，依据是2021年修正的《中华人民共和国食品安全法》（以下简称《食品安全法》）。本法第6条第1款规定：“县级以上地方人民政府对本行政区域的食品安全监督管理工作负责，统一领导、组织、协调本行政区域的食品安全监督管理工作以及食品安全突发事件应对工作，建立健全食品安全全程监督管理工作机制和信息共享机制。”应当说，“权责对应”的思想没有问题。问题在于：奉行这一思想并不意味着应当将食品安全监管以“属地管理”体制进行落实。因为各级地方政府应当全面负责属地的“食品安全”，而不仅仅是“食品安全监管”责任。众所周知，食品安全的第一责任人是食品生产经营者。所以，地方政府应当以“属地”的食品安全“源头控制”为重点，从这一地区的发展布局、产业结构、招商引资政策等开始，以政策工具为主要手段，从政府管理的“源头”对食品生产经营者进行安全规制。较之上述全面规制手段，食品安全监管具有单一性、滞后性、专业化、高成本等特点，属于行政部门的职责特征。将政府职责定位在“食品安全监管”方面，实际上是弱化了地方政府食品安全的管理能力与责任，将食品安全的控制点后置，与食品安全“源头控制”的思想相悖。同时，以《食品安全法》作为“属地管理”的法律依据并不正确。《食品安全法》所指的“负责”是后文中的具体表述“统一领导、组织、协调食品安全监督管理工作”，而不是让地方政府将具体承担监管职责的执法队伍“据为己有”。此外，《中华人民共和国药品管理法》（以下简称《药品管理法》）的规定与《食品安全法》相关规定基本一致。

食品安全监管是任何“单一部门”不能全面接管的公共管理事物。两种体制各有优势。“属地管理”在综合调度各部门执法资源、统一领导、协调指挥、联合行动等方面具有优势。但是，出于同样的原因，地方政府将食品药品监管部门作为一支“综合执法力量”而委派以其他执法任务的情况也屡见不鲜。而“垂直管理”的优势在于其管理目标与职责的“专一”、指挥管理的专业化与排除地方干扰的能力。此外，由于”属地管理”体制对“人、财、物”的绝对控制。食品安全监管专业人员的非专业流动不能被排除，可能造成监管队伍的专业素质下降，监管人员学习与提高专业能力的动力不足，监管目标短期化、表面化等现象。“市场监管”体制模式是将原工商、质监、食品药品等部门合并为一个行政监管执法部门的体制。这种改革的理论依据可以从“大部制”改革的理论中找到影子，现实的支持往往是以“机构人员得到精简、监管力量整合、对市场主体的行政检查整合”等作为体制的正收益评价。

从《食品安全法》、《药品管理法》及《医疗器械监督管理条例》等法律法规和“三定方案”的规定分析，食品药品监管“一体化”体制设计的目标主要是：整合食品药品行政监管职责，形成专业化的监管队伍与职能归属，规范食品药品行政执法行为。从当前国家食品药品监督管理总局以及各省食品药品监督管理局的履职情况看，目标的设计基本得到实现：法律法规和食品安全标准在逐步建立与整合；食品药品监管的各项制度设计正在不断统一完善中；监管与执法行为在全国范围内逐步规范。

根据《国务院关于促进市场公平竞争维护市场正常秩序的若干意见》（以下简称《若干意见》）中的部分表述[1]可以看出其“市场监管”体制设计的目标表达。以这样的目标设计来衡量当今把食品药品监管也纳入其中的市场监管体制，可以发现，这个体制的目标实现与《若干意见》中的表述存在着三点不一致：首先，关于市场监管的“立足点”与食品药品监管的立足点基本完全不同；其次，建设现代市场体系的要求无法通过食品药品监管实现；最后，食品药品监管的目标实现在《若干意见》中没有相关的表述。可见，当今将食品安全监管也包括在内的市场监管体制与体制设计的“初心”，即目标设计目的存在着较大的差异。

（二）食品药品监管的实践问题

从现实情况看，目前我国食品药品监管上主要存在以下方面问题：

第一，食品药品监管的专业化要求与市场监管体制下执法职责整合要求的冲突。市场监管体制中，每一名执法人员都面对着不同的监管执法知识、能力要求，无论是理论上还是实践中，都不可能做到同时精通食品药品监管、工商行政管理、质量监督管理等全部监管工作。然而，如果将执法人员按照不同的监管领域进行专业性职责划分，则与“市场监管”建立的初衷相违背。另外，市场监管部门内部人员的岗位流动是这一体制建立的另一目的，即实现监管力量的整合。但是现实中可能出现的真实情况是：专业人员可能会以“工作需要”等各种理由被调离专业岗位，专业监管需求被“工作需要”的理由所屏蔽。

第二，基层监管执法存在着避重就轻、避难就易等“理性经济人选择”、权力过大的“寻租”，以及监管“幅度”过宽而导致的“深度”不够的情形。

---

[1] 《国务院关于促进市场公平竞争维护市场正常秩序的若干意见》指出：“立足于促进企业自主经营、公平竞争，消费者自由选择、自主消费，商品和要素自由流动、平等交换，建设统一开放、竞争有序、诚信守法、监管有力的现代市场体系、加快形成权责明确、公平公正、透明高效、法治保障的市场监管格局……”

不同监管领域的执法难度存在着差异，问责的力度也差别很大。尤其是近年来，食品药品监管的问责力度越来越大。出于容易完成和免责的“理性经济人选择”，基层执法人员往往会选择工商职责等以秩序维护为目标的工作任务岗位。市场监管的行政权力覆盖了一个市场经济主体几乎全部的行为规制，为权力寻租预设了可能的空间。另外，在管理学中，管理的“幅度”与“深度”成反比是一个常识。市场监管的幅度之广，足以造成监管人员“走马观花”式的监管方式。或许这种“一批大檐帽只去一次”的监管可以让企业倍感轻松，但却可能付出公众身体健康甚至生命安全得不到有力保障的代价。

第三，上下体制不统一，再加上“属地管理”的模式，食品药品监管的困境形成了“叠加”的趋势。2016 年以来，部分市县将新组建的食品药品监管部门与工商、质检、物价等部门合并为“多合一”的市场监管局。这一方面有利于精简机构，整合行政执法力量；但是，另一方面也有些地方弱化了食品安全监管职能。基层建立了市场监管部门，上一级仍是食品药品监管、工商、质检等部门，上级多头部署，下级疲于应付，存在不协调等情况。同时，监管机构名称标识不统一、执法依据不统一、执法程序不统一、法律文书不统一等问题，影响了法律实施的效果。监管体制机制需要进一步研究，“多合一”的市场监管局有利于精简机构，但也在有些地方弱化了食品安全监管职能。全国人大在对部分省市进行《食品安全法》执法检查时发现了市场监管体制存在的部分问题，其中，上级部门分别设立、基层执法机构统一为市场监管机构的体制暴露出来的问题尤为突出。“政出多门”历来是行政执行的大忌，出现问题并不足为怪。在此问题百出的体制上再叠加“属地管理”体制，市场监管部门可以堂而皇之地拒绝执行上级监管部门的要求，食品药品监管的“最后一公里”问题由此而凸显。

（三）食品药品监管体制改革措施

1. 科学把握综合执法与统一监管的关系

一般认为，综合执法，是指一个行政机关依法综合行使多个行政机关的法定职权。从有关部门的文件要求来看，综合执法具有以下几个属性：一是领域的综合性。在某个特定领域，有多个执法主体执行多部法律，执法对象之间存在一定的竞合。这一领域如城市管理、港口管理、运输管理、文化管理等。二是事项的关联性。多个部门对同一执法对象形成多个关联关系，造成职能交叉和重叠。事实上，食品药品监管与工商监管、质量监督基本上并不存在职能交叉或者重叠。三是根据的授权性。按照《中华人民共和国行政许可法》第25条和《中华人民共和国行政处罚法》第16条的规定，行使相对集中行政许可权和行政处罚权必须取得法律授权，而绝不是县市级地方政府可以自行决定。总之，无论概念如何表述，内涵如何界定，应当看到，相对于多元监管体制而言，综合执法体制有其进步意义。但相对于单一监管体制或者统一监管体制而言，综合执法体制则存在诸多弊端。研究综合执法与体制改革问题，有必要对政府机关的“边界”进行更为长远而深刻的思考。经验表明，现代社会管理不应一味追求所谓的“形而上”“大而全”，因为政府监管也有内部管理成本问题。

建立统一、权威、高效的食品药品监管体制，努力实现食品药品监管“一体化”目标。食品药品监管体制的改革尚未完成，应当以我国的基本国情为出发点，以当前的行政生态为基础，尽快将食品药品安全监管体制从不具有“同质性”的市场监管体制当中“剥离”出来，构建“统一、权威、高效”的食品药品监管体制，努力实现食品药品安全“一体化”监管。告别“单一部门监管”与“多部门监管”的历史，努力实现食品药品安全的“一体化监管”目标。

许多反对多部门监管的文章提出“单一部门监管”才是解决食品安全问题的正确路径。或许他们真正想说的是“一体化监管”。“一体化监管”与“单一部门监管”的本质区别在于：“一体化监管”是指以食品药品安全的客观属性为依据，以公共管理的“权、责、能”的科学配制为原则，将具有“同质性”的监管职责尽量交由同一行政部门；监管部门之间的“边界”由食品药品安全的“异质性边界”和科学分工的原则所决定；部门之间的无缝隙衔接则依靠制度、绩效与问责。在“监管全覆盖”的前提下，尽量减少监管部门的设置；在科学管理的前提下，尽量满足食品药品监管对行政资源的需求。形成监管目标清晰明确、监管部门职责清晰、监管执法深入到位、全过程监管无缝隙衔接的统一、权威、高效的食品药品监管体制。

建立“统一、权威、高效”的食品药品监管体制是实现食品药品监管一体化目标的唯一路径。

2. 充分调研，制订改革方案

通过在实际工作中反复论证和充分调研，编办提出了改革设想：将食品安全委员会办公室相关职能并入食品药品监督管理局，并在食药局加挂政府食品安全委员会牌子；将工商局、质监局原有的食品安全监管和药品监管职能划归食药局，相关专业工作人员以自愿的方式一并纳入食药局；食药监局内设办公室、食品药品安全协调和应急管理股、食品生产监管股、食品流通监管股、餐饮食品监管股、药械化妆品监管股和法制股共计 7 个职能股室，下设行政机构食品药品稽查大队；将食品安全监督所改为食品药品监督管理中心所，负责城区附近乡镇的监管工作。之后，为进一步提升监管效能，又在个别地市推行“三局合一”，即将食品药品、工商、质量监督三局的机构、职责、人员进行合并，成立市场监管局，过去的多头监管难以做到无缝衔接，监管责任难以落实。此次打破“多头”管理体制，变分段监管为集中监管，避免重复监管，消除监管的“盲点”，避免推诿扯皮。

第一，将食品药品监管从非“同质性”的市场监管体制中“剥离”，从国家到乡镇一级自上而下地建立专业的食品药品监管执法机构。只有将监管的载体职责清晰明确，并去除与食品药品监管无关的职责，食品药品监管的专业化特征才能予以凸显，其专业化监管的作用才能够得以发挥。国家层面各项关于食品药品安全保障的“顶层设计”可以最大程度地到达基层执法层面，使食品药品的问题得到真正的关注与及时的回应。监管执法队伍的专业化素质提升获得动力，工作实践的锻炼机会将大幅提高。

第二，实行省以下食品药品监管部门“垂直管理”的体制，建立国家“权威”的食品药品监管指挥、调度体系。“地方割据”的食品药品监管体制根本无法满足食品药品安全保障的需要。实行“垂直管理”，可以树立食品药品监管自上而下的权威，排除种种外部干扰。保证政令畅通，使包括行政许可、监督检查、行政处罚等各项具体措施的行政监管到位并切实发挥作用。“垂直管理”的体制还可以在一定程度上使食品药品监管部门有可能对地方政府的食品药品安全责任落实情况予以监督和“纠错”，避免地方政府因其他种种理由而以食品药品安全为“交换条件”的“理性经济人选择”。当然，“垂直管理”并不是不要地方政府的领导，食品安全监管工作还应当依法接受地方政府的统一领导，以充分保证监管与属地的特点相适应。

第三，大幅度增加食品药品专业监管执法人员的数量，提高执法人员素质，壮大食品药品监管执法队伍，形成强大的专业化监管部门。

3. 加强监管体系建立，提升监管能力

食品药品监管体系包括法律体系、标准体系、风险评估体系、注册许可体系、审核查验体系、监测评价体系、检验检测体系、执法监督体系、应急管理体系、宣传教育体系、投诉举报体系、风险交流体系等。建立体系完备、功能完善、运转协调的食品药品监管体系是全系统的共同责任。研究食品药品监管能力，可以从多个视角、多个层次展开。对立统一规律表明，只有在安全与风险的对立中研究食品药品安全，才能把握食品药品安全的奥妙；只有在安全与风险的统一中研究食品药品安全，才能把握食品药品安全的真谛。从风险治理的角度来看，食品药品监管能力主要是风险评估、风险管理和风险交流三大能力。当前这三大能力建设，尤其是风险交流能力建设，还存在着严重的不足。当然，这里的风险绝不仅仅是技术意义上的风险，其还包括社会意义和政治意义上的风险。

监管体制改革是全球食品药品监管改革的重中之重。21世纪以来，我国食品药品安全问题凸显。党中央、国务院坚持人民利益至上，顺应时代发展要求，按照科学、统一、权威、高效的目标，不断改革完善我国食品药品监管体制，着力提升食品药品监管科学化、现代化水平。食品药品安全是基本民生问题，是体现我党执政能力的大问题，是关乎政府形象和公共管理水平“及格”与否的关键性问题。在这样的监管要求下，不应当以“控制编制预设、精简公务员队伍”为唯一的标准来衡量食品药品监管执法队伍的建设，也不能以“市场监管”体制的形式在表面上解决食品药品监管专业化力量不足的问题，应当正视当前食品药品监管执法队伍人员不足、专业化监管力量水平还与监管需要相去甚远的现实，从基本民生保障的高度解决这个问题。在明确建立“垂直管理”的食品药品监管体制的同时，应当进一步考虑科学这个专业化行政监管部门的机构设置与人员配备，在科学测量的基础上不断动态调整，以满足食品药品安全保障的需要。

三、安全生产监管体制

我国由于工业化、城镇化的快速发展，在城市建设规划方面的不足，形成了生产企业与居民区混杂交错的布局，虽然最近几年正在进行调整，但是也为安全生产事故的产生增加了潜在风险。要解决安全生产问题，就要加强监管体制建设，而加强安全生产的监管力度首先要从机构上进行加强。目前，我国已经建立以安全生产管理的领导机构、综合监管机构、行业监管机构和政府常设应急机构为主体的安全生产体系。

作为国家安全生产监管的综合性部门——国家安全生产监督管理总局，为国务院直属机构，负责组织起草安全生产综合性法律法规，拟定安全生产政策规划，承担国家安全生产综合监督管理责任和工矿商贸行业安全生产监督管理职责，还负责危化品和烟花爆竹等安全生产的监督管理，是我国安全生产监管中的最主要机构。站在战略的高度，国家安全生产监督管理总局提出了建立安全生产长效机制的设想：即安全生产的管理体制，从五个层面着手，努力构建“政府统一领导、部门依法监管、企业全面负责、群众参与监督、社会监督支持”的安全生产工作新格局。

（一）格局设置

1. 政府统一领导

安全生产工作必须在国务院和地方各级人民政府的领导下，依据国家安全生产法律法规，做到统一的标准和要求。无论何种所有制形式或经营方式的生产经营单位，政府对安全生产的要求都是相同的，都必须保障安全生产的技术和物质条件符合安全生产的要求。政府要建立健全安全监管体系和安全生产法律法规体系，把安全生产纳入经济发展规划和指标考核体系，形成强有力的安全生产工作、组织领导和协调管理机制。

2. 部门依法监管

各级安全生产监管部门和相关部门，要依法履行综合监督管理和专项监督管理的职责。依法加大行政执法力度，加强执法监督。政府有关部门要在各自的职责范围内，对有关安全生产工作依法实施监督管理。特别是在当前大部分专业机构部委撤销、政企脱钩、国有大中型企业普遍下放地方、企业重组并购的新形势下，安全生产的监督管理社会功能将发挥重要的作用。

3. 企业全面负责

生产经营单位要依法做好安全管理工作，切实保证本单位的安全生产。各类企业（包括经营单位）要建立健全安全生产责任制和各项规章制度，依法保障所需的安全投入，加强管理，做好基础工作，形成自我约束、不断完善的安全生产工作机制。

4. 群众参与监督

工会组织和全社会形成“关爱生命、关注安全”的社会舆论氛围，形成社会舆论监督、工会群众监督的机制，保障安全生产的实施。

5. 社会监督支持

重视发挥社会及中介组织的作用，为安全生产提供技术支持和服务。

上述五个层面的安全生产管理机制缺一不可，不能互相替代，各有各的职责，各有各的特点。它们是相互联系、相互促进、相辅相成的统一的有机整体，它们之间必须统筹协调，形成合力，总体推进，形成市场经济条件下安全生产工作的监督体系，使安全生产的监督管理更加规范。

（二）政府安全监管体制

根据《中华人民共和国安全生产法》（以下简称《安全生产法》）的规定，我国现阶段实行的国家安全生产监管体制是：国家安全生产综合监管与各级政府有关职能部门专项监管相结合的体制。安全生产的综合监管部门是国家安全生产监督管理局，专项监管的部门有公安部消防局负责消防安全，公安部交通管理局负责机动车辆监管，煤矿安全生产监察局负责煤矿安全监察，交通部海事局负责船舶水上交通运输安全监管，质量技术监督局负责特种设备的安全监管等。国家的安全生产有关部门合理分工、相互协调，构成了我国安全生产监管体系。这种监管体制表明了我国《安全生产法》的执法主体是国家安全生产综合管理部门和相应的专门监管部门两大执法主体系统。

（三）国家安全生产监督管理的思路

1999 年 12 月我国成立了国家煤矿安全监察局，2001 年初又组建了国家安全生产监督管理局，并于 2003 年成为国务院直属机构，这为进一步强化安全生产的综合监管工作、完善安全监管体系提供了体制上的保障。为了保障国家安全生产监督管理职能和行政执法的有效实施，国家安全生产监督管理局提出了基本的总体工作思路，即瞄准一个目标，构建一种工作格局，着力抓好三件大事，建立六个支撑体系，推进五项创新。

第一，一个目标就是适应全面建设小康社会的总体要求，致力于建立安全生产的长效机制，依靠地方政府，依靠各有关部门，通过几年的努力，基本形成高效运作的安全监管体系、健全的安全生产法律体系和企业安全生产的自我完善和约束机制，以及全社会“关爱生命、关注安全”的舆论氛围，使重大、特大事故得到有效控制，工矿企业事故总量逐年下降，实现全国安全生产状况的稳定好转。

第二，工作格局就是政府统一领导、部门依法监管、企业全面负责、群众参与监督、社会监督支持的安全生产工作格局。

第三，三件大事具体为：一是按照深化行政体制改革的要求，推进安全监管体制和工作机制建设，形成运转灵活、精干高效的安全监管体系和有效的运行机制；二是加强安全生产法制建设，尽快形成以《安全生产法》为主干，以相关法规、规章、规程和标准等相配套的安全生产法律体系，同时强化依法行政工作；三是加强队伍建设，努力建设一支“政治坚定、业务精通、作风过硬”的特别能战斗的安全监管和安全监察行政执法队伍。

第四，六个支撑体系具体为：在健全完善全国安全生产监管体系的同时，加快建立安全生产法律、信息、技术装备、宣传教育、培训和应急救援六大体系，形成对安全综合监管工作的有力支撑和有效保障。

第五，五项创新具体为：一是安全生产思想观念的创新，即加强安全生产基础理论研究，构建安全理论体系；二是安全生产监管体制和机制的创新；三是安全生产监管手段的创新；四是安全科技创新；五是安全文化的创新，立足于提高全民安全文化素质，推动安全文化建设的社会化和产业化。

除了综合性的生产安全监管外，还应该注意到特定领域的生产安全问题。因为技术监管的特殊性，应将特定领域的监管分别交由不同的政府部门来承担，以突出其专业性和针对性的特点。例如，在交通安全和消防安全监管中，公安部门可以承担其重要责任；民用航空安全可由中国民用航空局承担。此外，水利、电力、建筑、国防等一些特殊的领域，应当由相应的业务部门负责。在这样一种交错细致的布局中，我国一定能够构建起广泛覆盖、功能完善的安全生产监管体系。

四、生态环境安全监管

环境保护是我国近年来十分关注的问题，为了适应我国国情，贯彻国家生态文明建设发展的方针战略，我国政府部门在 2015 年 7 月，审议通过了《环境保护督察方案（试行）》，把环境问题突出、环境保护责任落实不到位、重大环境事件频发的地方政府及有关部门作为先期的环保督查对象。2018 年 3 月，在中共中央印发的《深化党和国家机构改革方案》中，更是明确提出要“整合环境保护和国土、农业、水利、海洋等部门相关污染防治和生态保护执法职责、队伍，统一实行生态环境保护执法”。将生态环境领域中的部门进行整合升级，形成了以生态环境部和自然资源部为主的环境监管机构体系。这不仅表明了我国对环保问题的重视，同时也预示着我国环保监管体制改革进一步深化。生态文明建设从根本上转变了与生产力布局、空间格局、产业结构、生产方式、生活方式、价值观，包括建立与经济、政治、文化、社会密切相关的发展观念和方法。它是综合系统工程。因此，完善符合生态文明建设要求的生态管理制度是整个体系的重要组成部分，是建设生态文明的重要保障之一。

（一）生态环境安全监管的问题

1. 相关法律制度的调整尚在进行

2012 年，我国开始进行大规模的环境生态法律制度完善和调整，大量法律规范进行了重新制定和修改，尤其是在 2014 年我国通过了新《环境保护法》，环境法治迎来了新的发展时期，使环境保护工作更加有法可依。但是这一轮大规模的调整尚未完成，新旧法律之间仍存在部分冲突，新制度尚处于磨合状态，导致生态环境安全监管制度尚有完善和发展的空间。

2. 部门协调困难弱化监管能力和效率

生态环境的系统性决定了生态环境的统一与协调。虽然我国已经整合了部分环境保护机构，较过去相比，监管体制得到了进一步的理顺。但是由于环境管理本身的专业性和复杂性特征，我国的环境管理还是多部门配合的模式，而且随着流域管理和区域管理模式的出现和加强，给原本就比较复杂的管理权分配造成了更多的困扰。如果各部门之间的监管权责不能进一步的细化和明确，必将弱化其监管能力和效率。

目前，我国现行的环境管理体制有两大特点：其一，是统一监督管理和各部门分工负责相结合的特点，如国务院环境保护行政主管部门与县级以上地方政府环保部门对全国和各地方的环保工作统一进行监督管理。这种管理体制既可以保证国务院环保主管部门的主导地位，同时又重视其他地方环保部门的分工负责的作用。其二，是中央与地方的分级监督管理相结合的特点。例如，国务院环保主管部门与国家海洋主管部门、港务监督、军队环保部门以及公安交通等管理部门对全国性的环保工作进行监督管理。这种管理体制既发挥了中央政府统一领导、宏观调控的作用，同时也兼顾到环保的区域性特点，充分发挥出地方政府环保部门的主动性。总体上，我国的环保管理体制是和我国的经济社会发展相适应的，不仅在职能职责方面不断增强，在环境保护管理机构的建设方面也不断细致化、规范化，在环保管理机构的能力建设方面越发专业化、现代化。

3. 环保监管体制机制仍存在问题

第一，政府环境保护与企业经济发展的目标相矛盾。企业有自身的经济利益，地方政府有自身的发展目标，地方政府各级部门也有各自的利益，而中央政府和环保部门与地方政府及地方环保部门又有着很大的区别。环境资源的属性是一类自然的公共物品，如果各方之间的目标和利益不一致，又没有很好的市场运作机制，那么必然导致政府或市场对环境保护资源配置的失灵。这种失灵具体体现在市场被垄断，不能实现环保资源的合理配置。

第二，政府环保机构职能重叠且权责不明，基层环保部门混岗问题严重。目前，我国政府机构大多是以经济发展为导向来进行政策措施的制定，这种措施很可能没有充分地考虑到后续会引发的环境问题。比如，很多工业、能源的发展都是以消耗和破坏环境资源为代价的，这种目标导向与我国当下及未来的环保发展理念严重冲突。再加上各部门机构的职能和权限有模糊或重叠的部分，使得政府在制定扶持和发展策略的时候忽视了环境保护问题。同时，很多基层部门人员职责不清，兼岗混岗现象普遍存在。

第三，环保部门在环保监管时受到诸多因素制约，独立性和权威性不够。地方环保机构和部门在组织开展环境保护行动时会受到很多因素的制约，如地方政府财政政策、环境保护的手段和治理技术、环保监管的执法力度等，使环境保护行动的开展和落实受到不同程度的影响，难以达到理想的预防和治理效果。

生态环境管理体系最突出的问题是中央政府缺乏有效的地方环境监管约束机制，中国实行环境监管的等级责任制。财政权力由同级地方政府掌握，地方环保部门的监督职能在很大程度上受到地方政府的限制。生态环境监管在很大程度上受到地方政府目标的制约，地方政府通过绩效评估推动并关注GDP增长，因此地方环境保护机构难以有效地实施监督职能。

4. 社会公众参与监管不足

公众是生产和生活最直接的参与者，其对生态环境的感知是最敏感的。生态环境监管需要发挥公众和社会的作用。结合了政府、企业和公众，使市场和政府的无形之手与公众携手合作。公众参与可以真正覆盖政府权力，可以弥补政府行政监督的不足，可以有效降低政府监管成本，也可以使人们对经济体制进行监督。中国的社会公共监督资源十分丰富，监督权力正常。但是，中国现行的环境法仍然强调政府行政权力的控制，公众的正常监督权力尚未释放，导致政府部门的环境保护进程不快。寻租执法、不公平执法、执法空缺等问题层出不穷，生态环境监管责任无法落实。

（二）完善我国生态环境安全监管的方案建议

1. 优化监管主体结构配置

生态环境监管主体结构的合理性是严格生态环境监管的基本保证。第一，我们必须建立一个独立和专业的环境监管机构。为各个工业部门建立一个独立的环境保护监管机构，改善环境监管机构的规范和权威，并允许将环境 GDP 真正纳入考绩制度。第二，要建立生态环境垂直管理的行政监督体系。为避免地方环保部门受到地方政府制度缺陷的制约，环境保护部应成为生态环境的最高行政部门，以及各省的环境保护部门共同管理各行政区域的环境保护工作，接受环境保护部的行政管理，减少地方政府对环境事务的干预。第三，要调整环境保护、农业、水利、林业、住房和建设等部门之间的监管责任，以适应环境事务和财政权力。第四，我们必须建立正确的政企关系。督促企业自律，实现政府和企业对环境的合作管理，促进企业最大化施加对生态环境管理的影响。第五，要提高公众参与生态环境监管的地位，补充行政监督。

2. 强化政府部门的环保主体责任，明确基层环保部门及人员的职责权限

地方政府作为公共管理的决策主体，对地区经济的发展有主要的导向作用，因此应该强化政府的环保责任主体地位，在行使权力的同时还要履行相应的职责。政府机构和部门要尽快转变发展导向，树立绿色生态可持续性发展观，构建利于生态文明发展的决策体系，注重引导和扶持有利于生态文明建设和发展的行业和企业，规范各种市场主体的经济行为，减少经济发展和环境保护间的利益矛盾，通过提供各种公共资源和公共服务来矫正环保资源配置调控失灵的现象。通过政府的制度修正和创新来发挥环境保护的主导作用。同时对于基层环保部门的职责及人员岗位设定要更加明确，配合约束和激励制度来保障环保监管队伍的稳定，减少人员流动。

3. 提高生态环境管理执行力

政府和环保部门要按照环境监管和标准化的要求，加强生态环境管理机构的能力建设，确保生态环境监管的资金充足，重视环境管理人员的建设，提高监管人员的设备配置水平，提高生态环境管理的效率。加强环境管理人员队伍建设，明确环境执法队伍现状，增加执法队伍人员数量，提高管理执法人员素质。

4. 完善环保和资源监管体制

首先，要明确地方政府各部门之间的权限和职责以及地方企业在环保方

面需要履行的具体责任，形成国家监察、地方监管、企业负责的层级环保监管体系。其次，要有一套综合协调的环保监管机制，确保在重大环境问题上的综合调度、分工协作以及系统论证。最后，要继续完善环境保护监管的各项规范和标准，进一步理顺参与方的具体操作细则，同时建立公众举报的渠道和平台，提高监管执法的透明度。此外，还要继续强化环保监管部门的管理水平，不断提高环保监管队伍的整体素质，发挥出人力资源的潜能。

5. 创新环保治理的手段和相关政策

首先，要完善排废排污的各项收费政策，以经济手段对企业进行约束，督促企业重视环保治理。其次，要尽快构建和完善与环境相关的税收政策，可以按照先押金后退款的形式来进行。再次，要引导市场化的环保治理体系，完善排污治污的交易政策。最后，要完善环境补偿政策，调动起地方环境保护的积极性，在决策时能够更多地从环保的角度来考虑。

6. 建立地方负责人约谈和离任生态环境审计制度

制度和机制是制约和鼓励党政领导干部行为的决定性因素。保护生态环境必须依靠制度建设。生态环境质量作为地方绩效评估指标的分类和辞职审计的内容，无疑将对转变地方官员的政绩观念，促进经济社会可持续发展产生重要的激励作用。实施地方负责人访谈和生态环境审计制度，是对干部任期内生态环境评价的创新，对加快生态文明建设具有重要的现实意义。

7. 畅通公众参与管理机制

生态和环境问题的社会性和广泛性使得不可能完全依靠政府来解决环境问题，而且需要公众的积极参与。随着民主政治的发展和国家“治理”概念的提出，公众参与监督力量，让公民和社会组织逐步承担部分行政管理职能，已成为现代行政管理的发展趋势。因此，要畅通群众和舆论参与生态环境监管渠道，提高群众参与生态建设和环境保护的积极性；建立区域生态环境和谐信息公开制度，拓宽信息公开渠道，扩大信息公开范围，增加公众生态和谐与理解权；鼓励公众参与对生态环境产生重大影响的建设项目和政府决策的监督，建立生态环境违法行为投诉制度，实行奖励和报告制度，鼓励群众积极参与监督；充分利用网络监管工具，通过“12369”环保微信服务平台，确保群众反映的环境污染问题得到及时处理。

生态环境安全问题是关系到国家发展和民众生存的基本问题，政府部门需要正视目前环保监管体制中的问题，采取更有效的策略来充分发挥政府机构和监管体系的实际效能。

五、应急管理体系建设

应急管理体系是指应对突发公共事件时的组织、制度、行为、资源等相关应急要素及要素间关系的总和，是一个由政府和其他各类社会组织构成的应对突发事件的整合网络。这个网络中既包括国家法律法规、体制机构等静态内容，也包括能力与技术、环境与文化等动态联系。只有建立比较完善的应急管理体系，才能保证在预防、预测、预警、指挥、协调、处置、救援、评估、恢复等应急管理各环节中各方面快速、高效、有序反应，防止突发公共事件的发生，或减少突发公共事件的负面影响。

我国五千年悠久的历史就是一部与各种灾难斗争的历史，应对灾害的管理在历朝历代都是社会管理的一项重要内容，也是关系社会能否稳定有序的重要工作。2003 年一场非典肺炎疫情，开启了我国全面建设应急管理体系的序幕。以这一阶段的应急管理工作作为“起跑点”；发展于加强党的执政能力和政府的行政能力建设，从而把创新应急管理制度作为“着力点”；提高于贯彻落实科学观的实践，把应急管理摆放到全面建设小康社会的大格局中，并为其确立“定位点”；形成了应急管理“点”与常态行政管理“面”的结合，推动了科学发展。党和国家从经济建设、政治建设、文化建设、社会建设和生态建设“五位一体”总体布局中，为应急管理体系建设定位。2006 年 3 月，国家制定《中华人民共和国国民经济和社会发展第十一个五年规划纲要》，第一次提出“开创社会主义经济建设、政治建设、文化建设、社会建设的新局面”的要求，在这个总要求下，提出“建立健全社会预警体系和应急救援、社会动员机制，提高处置突发性事件能力”。特别是党的十七大提出要进一步完善突发公共事件应急管理体系，“完善突发公共事件应急管理体制”，“坚持安全发展，强化安全生产管理和监督，有效遏制重特大安全事故”，“提高重大疾病防控和突发公共卫生事件应急处置能力”，“健全社会治安防控体系，加强社会治安综合治理，深入开展平安创建活动，改善和加强城乡社区警务工作，依法防范和打击违法犯罪活动，保障人民生命财产安全”。这为应急管理工作进一步明确了重点与方向。

2018 年我国组建了应急管理部[1]，标志着我国的应急管理体制迈向了新

---

〔1〕 详见 2018 年《国务院机构改革方案》。

的阶段。应急管理部的主要职责为：组织编制国家应急总体预案和规划，指导各地区各部门应对突发事件工作，推动应急预案体系建设和预案演练。建立灾情报告系统并统一发布灾情，统筹应急力量建设和物资储备并在救灾时统一调度，组织灾害救助体系建设，指导安全生产类、自然灾害类应急救援，承担国家应对特别重大灾害指挥部工作。指导火灾、水旱灾害、地质灾害等防治。负责安全生产综合监督管理和工矿商贸行业安全生产监督管理等。公安消防部队、武警森林部队转制后，与安全生产等应急救援队伍一并作为综合性常备应急骨干力量，由应急管理部管理，实行专门管理和政策保障，采取符合其自身特点的职务职级序列和管理办法，提高职业荣誉感，保持有生力量和战斗力。应急管理部要处理好防灾和救灾的关系，明确与相关部门和地方各自职责分工，建立协调配合机制。新的应急管理体系强化了应急救援专业队伍的建设，有利于我国综合应急效率效果的提升。

我国应急管理体系建设的伟大成就，是进一步完善应急管理体系的一面镜子。经验和教训往往如同一个钱币的两面。总结和提炼经验越是深刻、到位，发现不足和思考改进就可以越深入、准确。面对现代社会突发公共事件呈现高度复合型的趋势，也暴露出我国应急管理还存在不少需要进一步加强的地方。进一步发展和完善我国应急管理体系的基本思路是：综合化、系统化、专业化、协同化、规范化。

（一）我国应急管理形势呈现新局面

与过去相比，我国的应急管理机制虽然有了长足发展，然而新形势下的应急管理面临着新的更为艰难的挑战。

首先，社会发展中新型风险在增加。近年来，我国的城镇化发展迅速，超大型城市不断出现，人口不断密集，各类风险不断加大，如火灾、燃气灾害、城市能源风险、地下空间风险、特大高楼风险等。风险出现的几率增加，救援的难度也在不断加大。而且随着技术的更新进步，新技术所带来的风险也不断出现。

其次，风险事件复合性加强。随着世界一体化、区域经济生活的联动，一个局部的风险事件可能引发连锁反应。例如，一次大雨，可能让城市变为海洋，使供电供水面临困境；一次传染病，由于人员流动的频繁可能引起世界范围内的大规模感染；一次安全生产事故，可在一定条件下中断整个产业链；等等。

最后，应急管理应当由应对向防范转变。传统的应急管理都是属于事后处理机制，主要采取救济手段来处理危机和风险，但是随着风险社会的到来，自觉防范风险的发生已经成为社会管理的重要手段，因此应急管理也应当顺应这一需要，建立预防机制。

在我们迈向后工业时代的特殊历史阶段后，现代社会风险与突发事件越发表现出高度的复杂性、关联性、耦合性、跨界性等特征，尤其是特别重大的突发事件，往往是系统性危机，一个突发事件会引起连锁反应，产生次生、衍生事件，形成一个灾难链条，这就需要建立新的应对机制，多部门统一协同合作应对。

（二）我国应急管理中存在的问题

面对新形势、新挑战，我国应急管理主要存在以下问题：

第一，单类型（单灾种）应急模式不适应现代社会高风险特征。我国长期以来实行“单灾种”型应急管理体系，即不同的专业部门管理不同类型的灾害和突发事件，如消防部门负责火灾事故的应急处理，民政部门负责自然灾害救助等。这种分类管理虽然具有专业化的优势，但是也存在线条过多、划分过细、部门间协调联动不足的问题。

第二，风险防范的共享机制不足。风险信息建立不够完整，很多情况下无法实现共享，“大数据”体系尚需建立完善。

第三，在应急准备中，各类应急资源存在部门分割、低水平重复建设的问题，在专业化部门管理和属地化区域管理之间也存在着协调不足的问题。

第四，应急预案体系缺乏针对性、专业性，实际可操作性不强，尤其是预案衔接较为困难。

（三）新时代应急管理机制完善的建议

1. 完善应急预案体系建设

应急预案是应急管理的重要基础。根据国家相关指引规定[1]，应该按照

---

〔1〕《国家突发公共事件总体应急预案》规定：“根据实际情况的变化，及时修订本预案。”国务院办公厅颁布的《国务院有关部门和单位制定和修订突发公共事件应急预案框架指南》规定：“每一次重大突发公共事件发生后，都要进行预案的重新评估和修订。”

综合化的要求，进一步增强预案的全面性、科学性、针对性和实际可操作性。2004年是我国应急预案编制之年，距今也快20年了，很多情况发生了变化，应急预案也应因势而动，及时调整完善，引导应急机构完善，充分发挥应急值守的重要意义。

2. 科学进行分类分级管理

我国一直采取分类分级的应急管理方式，按类型和程度进行分类分级。按照事件的类型将突发公共事件分为自然灾害、事故灾难、公共卫生事件和社会安全事件四大类。这样分类，有助于了解相关性强的突发公共事件所具备的共同性质，有助于把握应急管理的规律和应对的重点。例如，自然灾害类应急管理的重点是提高预报水平，增强预警能力，增加物资储备，提高救助力度；事故灾难类应急管理的重点是加强各级政府对安全生产管理的责任制，增强救援的能力和科学化程度；公共卫生类应急管理的重点是加强预防，做好防疫工作，提高信息报告的准确性和及时性；社会安全类应急管理的重点是正确处理人民内部矛盾，及时化解社会风险，果断处置群体性骚乱。但是，突发公共事件的分类是相对的，实际上，自然现象和社会现象、自然规律和社会规律在许多时候是交织在一起的，特别是极端性自然灾害往往产生突发公共事件的衍生效应，放大灾情，在制订预案和实施应急管理时，如果过分强调分类，就可能影响对突发公共事件复合性的认知，降低救灾的系统性程度，束缚机动能力的发挥。

在分级上，我们是按程度将突发公共事件分为四级，即特别重大、重大、较大和一般，明确了不同类别突发公共事件每级的量的递进式规定性，这对于处置在一定界限内的突发公共事件，具有易于把握峰值、有效配置应急资源的优点，有很强的实用价值。同样，应对突发公共事件的分级也是相对的，我们在设定分级中，强调量的渐进性偏多，而对质的分界把握不够。[1] 我国应急管理分级，在特别重大级中，未进行细分，只有下限的量的规定，没有上限，难以适应在特别重大级中处于顶级的应急之需。因此，需要对突发公共事件的分级作新的认识和进一步的界定。

3. 进一步推进应急管理体制建设

党的十七届二中全会通过的《关于深化行政管理体制改革的意见》指出，

[1] 国家专项预案《国家地震应急预案》规定："特别重大地震灾害是指造成300人以上死亡（含失踪），或者直接经济损失占地震发生地省（区、市）上年国内生产总值1%以上的地震灾害……"

“按照精简统一效能的原则和决策权、执行权、监督权既相互制约又相互协调的要求，紧紧围绕职能转变和理顺职责关系，进一步优化政府组织结构，规范机构设置，探索实行职能有机统一的大部门体制”。应急管理机构设置也需要按照“大部制”的总体要求，进一步加强应急管理体制的整合和专业化建设。一是建议改变以往遇事再建立临时性机构的做法，建立常设的国家应急管理委员会，作为中央政府应对特别重大突发公共事件的指挥机构，可在国务院办公厅设该委员会的办公室。二是把目前仍然分散在各部门的应急管理职能加以整合，将公安、民政、水利、交通、安全生产监管、地震、气象等部门中的应急决策、指挥和协调职能集中起来，成立应急管理部（或署），成为专门管理突发公共事件预防、处置的综合性专业部门，进入政府序列；同时，根据突发公共事件分类的特点及管理的重点，依托现有部门，建立和充实应急救援队伍。

4. 完善应急管理机制

我国应急管理机制还存在着外部协调性差、民间自发性强、预测预警能力低等问题。理顺中央和地方、基层三个方面在应对突发公共事件中的关系，理顺应急指挥和实施部门的关系，理顺高层决策和属地管理的关系，理顺综合应急部门和专业机构的关系，建立信息统一、管理对接、资源共享、协同有力的应急管理机制，调动各方面应急管理的积极性，是当务之急。另外，将多个部门管理的应急资源按类别适度整合到几个部门管理，并设计以一个部门为主、有关部门配合的机制，也应引起重视。突发公共事件预测预警的信息汇总和研判机制，媒体信息发布机制，国际合作机制，志愿者有序参与机制，突发公共事件影响评估、应急能力评估、应急管理绩效评估，也需要进一步加强。

应急管理机制是一个国家在非常状态下实行法治的基础，是一个国家实施应急管理行为的依据。2007 年我国通过了《中华人民共和国突发事件应对法》（以下简称《突发事件应对法》），这是我国第一部应对各类突发事件的综合性法律，其颁行起到了重要作用。在此次疫情管理中，我们大量的应急管理行为的实施都是依赖这部法律。但是从另一方面来看，我国还需要鼓励地方和相关部门出台能够配合《突发事件应对法》的实施性规范，在可能的立法空间之内尽量给予该法以更大的可实施性和细则性适用。实施性文件要重点解决突发公共事件应对的程序性规范，明确各级政府实施应急管理的步骤、过程和方式，弥补“重实体、轻程序”的缺陷，并就《突发事件应对法》已有涉及但尚不完善的制度给予补充，如在现有财产征用补偿的基础上，补充对财产限制的补偿规定，以及对非财产性利益征用的补偿规定；对社会多元治理结构的法制框架、志愿者参与应急工作的组织化和专业培训问题，作出规定。《突发事件应对法》中对应急管理的预案管理，分类、分级、分阶段应对的规定，应急关口前移、重心下移等重要原则，都是法律总结的宝贵经验，也是经过实践检验得到证实的规律性认识，必须坚决执行，做到有法必依、执法必严。

根据不同的突发公共事件类型，建立健全应急管理组织机构，对于各应急单位的职责，进行明确划分。大力加强基层应急队伍建设，从程序规范或制度约束中提炼出应急管理的基本原则、应急程序、应急联动机制等，进一步强化对应急管理的机构及职能定位、应急管理的监督、指挥体系专业化、预案管理动态化、联动体系规范化等问题的研究，形成法制体系，明确责任。要实现应急管理的高效有序开展，必须建立完善的应急服务平台，包括统一联动的应急预警和接警系统、应急装备共享系统、突发事件信息监测系统、处置预案参考系统等整套流程，以方便各应急单位及应急专业人员的互联互通，实现统一指挥、统一行动、准备处置。一是针对不同突发公共事件的可能，成立专家小组，定期组织课题研讨，确保处理不同领域突发事件的权威性和专业性，为今后处置工作提供理论依据；二是要搞好应急救援队伍的培训工作，以提升应急救援队伍的专业素质和处置能力，明确个人在处置突发事件中的职责。在城市应急救援体系中，涉及的单位及人数都比较多，各单位的人员变动相对频繁，只有通过定期开展演习，使各队伍间通过演习加强沟通、协作，总结累积救援经验，提高解决问题的能力，才能在面对真正的突发事件中发挥出作用，最大化地减少和消除突发事件带来的破坏。

人类社会之所以能够走到这样一个高度发展的历史阶段，正是因为我们经受住了一次次突发公共事件与灾难的历练与考验。建立和发展“一案三制”，使我国应急管理体系建设不断得到推进，应急管理工作步入有力、有序、有效和良性循环的轨道。随着我们在实践中学习研究的不断深入，应急管理水平一定会有新的提高，应急管理体系建设将逐渐趋向成熟，我国的应急管理事业必将取得更大的成就。

六、完善公共卫生安全监管体制

2020 年注定会成为人类发展史上的重大节点。在现代这样一个医学科技发达的年代，一场疾病来得猝不及防，为全球公共卫生安全敲响了警钟。基于这次疫情暴露出的公共卫生体系所存在的短板与不足是不容忽视的。如何抓紧补短板、堵漏洞、强弱项，以问题聚焦倒逼改革，加紧完善疾病预防控制体系，健全完善传染病疫情和突发公共卫生事件监测系统，优化疫情监测预警响应机制和协同应对机制成为加强和完善我国安全监管体系的重要一环。

新冠肺炎疫情暴发给我国乃至世界社会经济发展和人民健康带来了极大损失。疫情的暴发及迅速流行暴露出我国公共卫生体系及应急体系在体系设计、管理模式、运行机制、队伍建设和反应能力方面存在一系列问题。要解决这一问题，可以从完善公共卫生常态管理和重大公共卫生事件危机管理入手，同时兼顾完善我国临床医学人才培养的结构体系。

如前文所述，我国已经建立了应急管理机制，但是在公共卫生应急管理的独立性和有效性方面还需进一步加强和完善。我国公共卫生危机管理能力不足，难以满足应对重大公共卫生事件的需求，2003 年 SARS 事件后国家加强了卫生应急体系建设，设立了各级卫生应急指挥机构。但都挂靠在各级卫生行政机构，公共卫生危机管理是利用和依托常态管理体系运行，导致危机管理和常态管理体系交叉，影响重大公共卫生事件应急处置。

我国虽然制定了《“健康中国 2030”规划纲要》，把全民健康作为国家战略，要求把健康融入所有政策，但作为全民健康战略不可或缺的重要组成部分，我国的公共卫生体系缺乏国家战略层面的顶层设计和整体规划，在不断深化的医药卫生体制改革中始终是个很少触及的难点甚至盲点。例如，近几年我国对慢性病的管理得到了加强，纳入常态公共卫生管理之中，但应急管理体系的独立性、可操作性和有效性还有待提高。

我国公共卫生改革严重滞后，常态管理亟待加强。我国医疗卫生服务与公众健康需求的矛盾仍未得到有效解决，国家对公共卫生体系建设和队伍建设的力度以及经费投入明显不足，2019 年医疗卫生经费投入临床占 95.3%，而公共卫生仅占 4.7%，专业人员社会地位低，经济收入差，队伍不稳定，人员流动性大，人才流失严重。做好我国公共卫生体系的顶层设计，构建公共卫生的常态管理和危机管理模式，具体分为以下三点：

首先，国家负责公共卫生的顶层设计和整体规划，把公共卫生体系作为国家安全和应急体系的重要组成部分来管理，坚持公共卫生的公益性和国家主导及国家投入的原则，充分发挥我国国家制度和治理体系的优势，并且加强国家公共卫生体系建设，构建公共卫生的常态管理和危机管理模式，这样才能促进国家社会经济发展，保障人民群众健康。

其次，理顺重大公共卫生事件危机管理体系，增强政府危机管理能力。明确国家及各级各类公共卫生机构职能，国家负责公共卫生发展战略和政策法规制定，区分公共卫生常态管理和危机管理，常态管理由卫健委负责，重大公共卫生事件危机管理由国家直接负责，常态模式建议还是由卫健委体系主管，因为像糖尿病、高血压这些慢性病的管理和人才培养是一个长期的过程。而应急模式应由政府来直管，相当于我们的公安体系、消防体系由国家来管理，成为国家应急体系的一部分，这样才能形成一个国家的整个纵向的体系，行动响应起来能进行垂直化的管理，对国家未来可能出现大规模的疫情或者公共卫生危机都能起到一个非常好的支撑作用，为以后再遇到类似的情况打下基础。

最后，深化医疗卫生体制改革，完善我国公共卫生常态管理。加强我国公共卫生体系建设，加大公共卫生投入。国家加大公共卫生专业队伍建设力度，出台相关政策，提高公共卫生专业人员待遇，改善专业人员工作及生活条件，营造有利于稳定公共卫生专业队伍和人才培养的环境，提高对公共卫生从业人员教育背景和素质能力要求，逐步实行公共卫生机构的准入制度和公共卫生专业人员的执业资质许可制度，使我国公共卫生体系更加科学化和专业化。

要重视加强国民对医学的认知教育，国民要对医学有新的认识、定位，要尊重生命、敬畏生命。应当加强公民健康意识和对疾病基本的普及教育，消除医患之间的误解。提高公共卫生专业人员待遇，改善专业人员工作及生活条件，营造有利于稳定公共卫生专业队伍和人才培养的环境。

加强公共卫生安全教育，不只是“救急”应对疫情防控，而是要形成健康的生活习惯、公共与个人卫生习惯。为防控疫情，我国各地都用各种方式，加强公共卫生安全教育、宣传，告诉大家要戴口罩、勤洗手、保持社交距离，使用公勺公筷。客观而言，其中很多措施是专门应对疫情的，如在人流聚集的地方戴口罩，而还有一些措施，是需要固定下来，成为一种健康的生活方式的。比如，聚餐时实行分餐制，使用公勺公筷，注意饮食卫生；饭前便后要勤洗手，保持手部卫生；等等。而不是等疫情结束，一切又重回老样子。

公共卫生安全教育，不是知识教育，而是生活教育、科学教育，对学生的公共卫生安全教育，不能只是进行公共卫生知识、概念的灌输、说教，而是要对学生进行生活教育，结合校园生活、家庭生活、社会生活，培养学生的卫生意识和习惯，要内化为行为习惯。

开展公共卫生安全教育，需要形成全社会的合力。这不是学校一家就能完成的任务。这正如代表建议的，要发挥多方主体优势，补齐公共卫生安全知识宣传普及教育的短板，汇聚成公共卫生安全教育的“大合唱”，引导文明健康、绿色环保的生活方式。

另外，在推进公共卫生安全教育时，还需要创新机制。学校可与当地医院携手，共同开展公共卫生安全教育。据报道，有政协委员提出“建立中小学校医专业化管理体系”的建议，这一建议则指向更具体的操作，探索“人在医卫、用在学校”的中小学校医体系，既能提高校医专业化程度，同时也可深入推进对学生的生命教育、公共卫生安全教育。

建立安全有效的公共卫生管理体系就要打通整合各方人员、机构、信息和资源，建立多点面立体化监督监管制约机制，加紧构建起集中统一、区域联动、协同高效的现代化公共卫生体系，切实织牢织密公共卫生安全防护网。要科学统筹建立健全分级、分层、分流的重大疫情救治机制，建立完善城乡三级医疗服务网络，增强应急救助和医疗救治综合储备能力，特别是要提高中医院的应急和救治综合响应能力，通过精准有效的制度体系建设，不断提高疾病防控和救治能力，全面提升应对突发性公共卫生事件的综合能力水平。

第六章　加强社会治安防控体系建设

社会治安，是指国家依据法律、法规和政策进行治理、管理活动所建立起来的社会秩序。从语义上看，治安是通过“治”而达到“安”的状态，是一个由动到静的过程。“治”的含义有三：从治安与国家政权和政治局势的关系来说，“治”有政治之“治”的含义；从阶级统治的角度而言，“治”是统治阶级实行本阶级统治的重要手段之一，因此，又是统治之“治”；从社会安定的实现角度看，“治”就要采取一系列的具体措施和办法，因此，“治”也有治理之“治”的意思。“安”包括人民群众生命财产安全、社会秩序安稳和国家政局安定三个层次的含义。

关于社会治安的治理与防控，自20世纪80年代以来中共中央和国务院先后发布了两个重要的专门文件，即《关于加强社会治安综合治理的决定》和《关于加强社会治安防控体系建设的意见》，这两个文件在发布背景、指导思想、目标任务和具体内容上有很大的不同。

一、从社会治安综合治理到社会治安防控体系建设

（一）社会治安综合治理：治安防控体系建设的前序

1991年2月19日，中共中央、国务院作出《关于加强社会治安综合治理的决定》，明确指出社会治安综合治理的方针，是解决中国社会治安问题的根本出路；同年3月2日，全国人大常委会通过了《关于加强社会治安综合治理的决定》，强调：“为了维护社会治安秩序，维护国家和社会的稳定，保障改革开放和社会主义现代化建设的顺利进行，为全面实现国民经济和社会发展的十年规划及‘八五’计划创造良好的社会治安环境，必须加强社会治安综合治理。”

1. 社会治安综合治理方针的形成背景

社会治安综合治理方针形成于改革开放之初刑事犯罪严重尤其是青少年

犯罪非常严重的背景下，刑事犯罪已经成为危害社会安定的突出问题。1979年6月，中共中央宣传部、教育部、文化部、公安部、国家劳动总局、全国总工会、共青团中央、全国妇联等八个单位联合向党中央提交了《关于提请全党重视解决青少年违法犯罪问题的报告》。中央于当年8月批转了该报告，向全党发出通知，要求在党委的领导下，把宣传、教育、劳动、公安、文化等部门及工会、共青团、妇联等各方面的力量统一组织起来，通力合作，着眼于预防、教育、挽救和改造，积极解决青少年违法犯罪问题。同时对极少数严重刑事犯罪分子必须予以惩办。

2. 社会治安综合治理方针的形成过程

1981年5月，中央政法委召开了北京、天津、上海、广州、武汉五大城市的治安座谈会，会议讨论了当时社会治安形势、任务、政策和措施。会议强调：解决社会治安问题，必须由各级党委来抓，全党动手，实行全面综合治理。这是用“综合治理”一词概括地表达我国社会治安工作总方针的最初表达和使用。

1982年8月，中共中央批转了《全国政法工作会议纪要》，总结了社会治安综合治理的经验，指出：综合治理的首要环节是严厉打击严重刑事犯罪；综合治理的重点是加强对青少年的教育；综合治理的基础是加强基层组织和基层工作；综合治理的关键是加强公安、司法队伍工作并建立治安保卫责任制。

1985年10月，中共中央发出的《关于进一步加强青少年教育预防青少年违法犯罪的通知》中指出：关心和教育青少年，预防和减少青少年违法犯罪，是一项综合治理的“系统工程”。文件同时提出了“十项”综合治理措施。这是在综合治理方针的框架下，对预防青少年犯罪问题的系统思考。

1986年2月，全国政法工作会议明确提出：近几年的实践证明，社会治安综合治理实质上就是一项教育人、挽救人、改造人的系统工程。会议强调指出，各级党委和政府要进一步加强对社会治安综合治理的领导，把它列为精神文明建设的重要内容之一。

3. 社会治安综合治理的实践经验

随着社会治安综合治理工作的全面展开，社会治安综合治理工作积累了许多行之有效的经验。这些经验包括：

落实责任制，即领导责任制、目标管理责任制、一票否决权等，这些责任制构成了治安综合治理责任体系的基本框架。落实领导责任制是工作保证，综合治理工作领导责任制从中央到地方，再到县乡，到村镇，各级政府层层落实，形成一条纵贯线；各级政府再向本级政府的各行政部门、各委办局落实领导责任制，在本级政府职权范围内形成纵横交错领导责任网格，这样就形成从中央到地方、到基层的领导责任网格，这不仅保证了各层级的综合治理工作有人管，而且还保证领导有力。在落实责任制的同时，各级各部门还结合所在地域、地区的治安状况和政治经济社会发展现状，在中央综合治理工作原则的指导下，因地制宜，灵活多样，制定具体的目标管理责任制，使综合治理工作有抓手，可落实。为保证综合治理工作目标管理责任制的落实，保证综合治理目标的实现，切实收到良好社会效果，实现社会长治久安，人民安居乐业的良性社会态势，社会治安综合治理工作实现一票否决的严厉考核机制，一票否决权是综合治理工作的最终保障。

“综合”。“综合”是综合治理的最大优势。刑事犯罪案件的发案率是衡量一个国家社会治安状况的最直接也是最主要的指标，由于刑事立法体例的不同，实际上我国对犯罪率的统计也应当将违反治安管理的违法行为统计在内，在这样的统计基础上我们再进行犯罪学上犯罪原因的分析，对犯罪原因的分析是犯罪预防的出发点和归宿。诚然，犯罪学上根据不同标准将犯罪原因进行了多种划分，但不管怎么说，犯罪原因异常复杂，任何国家、任何社会，不可能通过某一单一部门，采取单一策略实现真正的犯罪预防。正是基于犯罪原因的多样性和复杂性，我们提出犯罪预防的社会治安综合治理方针，“综合”包括两层含义：一是机制上综合，即社会多部门、多机构相互协同，互有分工，相互配合发挥作用；二是作用或者功能上的综合，即不同的部门或机构，立足自身的职能和职权，根据犯罪原因，发挥犯罪预防的职能作用。例如，学校教育作为犯罪原因中的微观的社会因素受到犯罪学原因研究的关注，那么综合治理工作中就应当注意发挥学校教育在犯罪控制中的作用。当然，在社会治安综合治理工作中，在注意发挥和挖掘综合治理的措施和作用的同时，也应当不断强化专业部门的作用，如公安机关。既实现综合治理，又注意强化专业职能，也即进一步实现“综合”与“专业”之间的综合。

群众参与。这是综合治理的力量源泉。这里的群众参与的含义略等同于全民参与，群众参与一方面指各级各部门的全员参与，另一方面是指综合治理要广泛发动社会面上的普通人民群众，即社会治安综合治理要走群众路线，实现群防群治。

打击严重刑事犯罪。这是综合治理的首要环节。已如前述，刑事案件的发案率是一国治安状况的最直接和最重要的衡量指标。综合治理首先是降低刑事案件的发案率，严厉打击刑事犯罪是实现减少刑事案件发案率的主要手段和策略。当然，在严厉打击刑事犯罪的过程中，应始终坚持宽严相济的刑事政策。所谓宽严相济的刑事政策，简单地说即宽宽严严，该宽的宽，该严的严，注意分清案件的性质和引起刑事犯罪的原因的性质，做到不枉不纵。这里要注意防止两个倾向：一是防止出现严厉打击一切刑事犯罪的倾向，即所谓“严打”，严打会导致刑法的泛化和工具化；二是要防止出现对轻罪行为的非犯罪化，由于立法体例的原因，我国刑事立法已经通过刑事立法“过滤”了大部分在西方国家看来是犯罪的案件，如刑法理论中的“盗窃一张纸的犯罪”。从某种意义上说，近年来曾经刮起的来自西方社会的“恢复性司法”的理论风潮，在我国并不具有相当的现实意义。盲目追求“恢复性司法”势必导致刑法在打击犯罪上威慑功能的弱化。

加强基层基础工作。特别是乡镇、街道综合治理的组织体系建设和治保、调解组织建设，因地制宜地建立专、兼职治保联防队伍。农村地区幅员辽阔，在计划经济时代，由于人口流动性小，居民基本长期稳定地固着于土地上，形成稳定的熟人社会，人际关系、社会关系简单而稳定，社会治安并不复杂；改革开放以来，农村人口流动性大，且农村人口流出比例大，尤其是青壮年劳动力流出严重。近年来，广大农村地区更出现了很多无人村、老人村、留守儿童村。社会政治经济变化引发治安状况的变化，农村地区犯罪率升高、犯罪类型出现了新变化。加强农村地区的治安防范成为社会治安治理的新的“增长点”，农村地区地广人稀，在农村地区开展技术防范，不具备物质条件，加强农村地区“人防”组织建设，以基层组织管人、以人管人加强基层自治、村民自治尤为可行。

加强基层安全创建活动。将治安管理、法治教育、对刑满释放人员安置帮教、外来人口管理、调解民间纠纷等作为落实综合治理各项措施的有效载体。基层社会治安综合治理，要做到“点面结合”，抓关键，抓重点，积极有效开展基层安全创建活动，有利于推动基层，尤其是社会面的治安管理工作。加强治安管理、法治教育、外来人口管理，做到防患于未然；对刑满释放人员安置帮教防止“死灰复燃”；调解民间纠纷在于及时化解矛盾，防止矛盾升级恶化，有利于构建和谐邻里关系、社区关系和社会关系。

加强教育，特别是将加强学校教育作为综合治理的根本措施。教育是重要的社会化设施，犯罪学理论中对犯罪原因的研究把学校作为犯罪原因的微环境因素开展实证研究。从受教育的主体来看，受教育者多为青少年，而青少年犯罪在各个年龄段中所占比例最大；学校教育的方式、内容对型塑青少年的人格也发挥着至关重要的作用。青少年学生的心理特征是对新生事物的易感性和易接受性，因此在学校教育中，应加强法治教育和积极的人生观、世界观教育，进行正面引导；同时告诫学生远离毒品、色情等不良诱惑。当然，学校教育应当根据学生的年龄特点，有针对性地设定适合不同年龄阶段的相应的教育课程。对校园周边秩序的整治，主要包括禁止在学校周边一定范围内开设网吧、影剧院等娱乐场所，营造良好的学习环境和学习氛围。

开展社区建设。根据各地经验，社区建设的着力点主要包括：协助司法机关打击违反犯罪活动；加强对失足青少年和刑满释放人员的帮教工作；积极开展人民调解工作；发展壮大治安防范队伍。社区建设在综合治理工作中发挥着越来越重要的作用。社区建设是社会治安综合治理的基本单元，社区建设除了日常的社会治安管理、群防群建工作外，还应突出重点，加强对重点人员的帮扶改造，尤其是对失足青少年和刑满释放人员的帮教，帮助他们及时及早回归社会。社区调解和治安防范队伍建设旨在为打击犯罪、预防犯罪服务。

（二）社会治安防控体系建设：超越社会治安治理的政治视野

2015 年 4 月 13 日，中共中央办公厅、国务院办公厅印发了《关于加强社会治安防控体系建设的意见》，并发出通知要求各地区各部门结合实际认真贯彻执行。通过与《关于加强社会治安综合治理的决定》的对比，虽然两个文件的发布机构、文件的主旨（关乎社会治安）、运行机制等方面均有一定联系，但《关于加强社会治安防控体系建设的意见》绝不是前者的翻版、扩大版或者简单的升级版。通过对两个文件的几个关键点的对比，我们认为就社会治安防范与管控而言，社会治安防控体系建设是对社会治安综合治理的质的超越，治安防控体系建设紧紧围绕完善和发展中国特色社会主义制度、推进国家治理体系和治理能力现代化的总目标。

1. 社会治安防控体系建设的提出

2005 年，我国将平安中国建设（治安防控上提出平安社区建设）作为加强社会治安综合治理的新举措，在各级党委和政府的统一领导下，组织动员社会各方面的力量，广泛开展平安地区和平安单位建设，确保人民群众安居乐业，确保社会稳定和国家长治久安。平安中国建设的提出，面临的是更为复杂的社会背景（包括经济的、政治的、文化的、治安的）；单从治安防控和管控、打击犯罪的角度来看，平安中国建设是社会治安综合治理方针的改进版和升级版。但是，平安中国建设不是仅仅应对治安问题，而是着眼和服务于国家治理体系和治理能力现代化的总目标；在应对治安问题上，平安中国建设相较于社会治安综合治理更具有积极性、主动性，具有政治高度，具有比社会治安综合治理更高的理论视野。

2. 治安防控体系建设作为党的工作任务被确认

党的十九大报告提出："加快社会治安防控体系建设，依法打击和惩治黄赌毒黑拐骗等违法犯罪活动，保护人民人身权、财产权、人格权。"维护社会和谐稳定，着眼于提升整体效能，推进立体化、信息化，努力构建全方位的公共安全防控网络，坚决遏制严重刑事犯罪高发态势，保护人民人身权、财产权、人格权是我党在十九大报告中提出的一项重要工作任务。治安防控体系建设的功能在于社会治安防控，着眼于国家治理体系和治理能力的提升，引领于习近平新时代中国特色社会主义思想，具有一定的政治性和高度性。

3. 2015 年 4 月 13 日，中共中央办公厅、国务院办公厅印发了《关于加强社会治安防控体系建设的意见》，确定了治安防控体系建设的指导思想、目标任务

指导思想。以邓小平理论、"三个代表"重要思想、科学发展观为指导，全面贯彻落实党的十八大和十八届二中、三中、四中全会精神，深入贯彻落实习近平总书记系列重要讲话精神，紧紧围绕完善和发展中国特色社会主义制度、推进国家治理体系和治理能力现代化的总目标，牢牢把握全面推进依法治国的总要求，着力提高动态化、信息化条件下驾驭社会治安局势能力，以确保公共安全、提升人民群众安全感和满意度为目标，以突出治安问题为导向，以体制机制创新为动力，以信息化为引领，以基础建设为支撑，坚持系统治理、依法治理、综合治理、源头治理，健全点线面结合、网上网下结合、人防物防技防结合、打防管控结合的立体化社会治安防控体系，确保人民安居乐业、社会安定有序、国家长治久安。

目标任务。形成党委领导、政府主导、综治协调、各部门齐抓共管、社会力量积极参与的社会治安防控体系建设工作格局，健全社会治安防控运行机制，编织社会治安防控网，提升社会治安防控体系建设法治化、社会化、信息化水平，增强社会治安整体防控能力，努力使影响公共安全的暴力恐怖犯罪、个人极端暴力犯罪等得到有效遏制，使影响群众安全感的多发性案件

和公共安全事故得到有效防范，人民群众安全感和满意度明显提升，社会更加和谐有序。

1991年，《中共中央、国务院关于加强社会治安综合治理的决定》中，没有明确地确立政治指导思想，仅以贯彻落实党的十三届七中全会精神，维护国家长治久安，保障社会主义现代化建设和改革开放顺利进行，必须进一步在全国范围大力加强社会治安综合治理工作为出发点。在目标任务上明确了社会治安综合治理的主要目标是：社会稳定，重大恶性案件和多发性案件得到控制并逐步有所下降，社会丑恶现象大大减少，治安混乱的地区和单位的面貌彻底改观，治安秩序良好，群众有安全感。与之相比，《关于加强社会治安防控体系建设的意见》确立了明确的指导思想，具有一定的政治高度；其所确定的目标任务，更宏大，更完善，也更具体，治安防控体系建设的具体内容上更合乎逻辑，也更具有可操作性。

二、社会治安防控体系建设的主要内容

《关于加强社会治安防控体系建设的意见》中就治安防控体系建设的具体工作、运行机制、法治推进和工作格局等作了具体的规划和部署。

（一）社会治安防控网建设

社会治安防控体系建设，首先要加强社会治安防控网建设，具体要架设、布好五张“网”，即社会面治安防控网，重点行业治安防控网，乡镇（街道）和村（社区）治安防控网，机关、企事业单位内部安全防控网，信息网络防控网。

1. 加强社会面治安防控网建设

第一，提升社会面动态控制能力。根据人口密度、治安状况和地理位置等因素，科学划分巡逻区域，优化防控力量布局，加强公安与武警联勤武装巡逻，建立健全指挥和保障机制，完善早晚高峰等节点人员密集场所重点勤务工作机制，减少死角和盲区。第二，加强公共交通安保工作，严防针对公共交通工具的暴力恐怖袭击和个人极端案（事）件。强化人防、物防、技防建设和日常管理，完善和落实安检制度，加强对公交车站、地铁站、机场、火车站、码头、口岸、高铁沿线等重点部位的安全保卫。第三，完善幼儿园、学校、金融机构、商业场所、医院等重点场所安全防范机制，强化重点场所及周边治安综

合治理，确保秩序良好。第四，加强对偏远农村、城乡接合部、城中村等社会治安重点地区、重点部位以及各类社会治安突出问题的排查整治。

2. 加强重点行业治安防控网建设

第一，公安机关切实加强对旅馆业、旧货业、公章刻制业、机动车改装业、废品收购业、娱乐服务业等特种行业的治安管理工作，落实法人责任，推动实名制登记，推进治安管理信息系统建设。第二，加强邮件、快件寄递和物流运输安全管理工作，完善禁寄物品名录，建立健全安全管理制度，有效预防利用寄递、物流渠道实施违法犯罪。第三，持续严控枪支、弹药、爆炸物，以及特种刀具。持续开展治爆缉枪、管制刀具治理等整治行动，对危爆物品采取源头控制、定点销售、流向管控、实名登记等全过程管理措施，严防危爆物品非法流散社会。第四，加强对重点人群的管理，包括社区服刑人员、扬言报复社会人员、易肇事肇祸等严重精神障碍患者、刑满释放人员、吸毒人员、易感染艾滋病病毒危险行为人群等特殊人群的服务管理工作，建章立制，落实教育、矫治、管理以及综合干预措施。

3. 加强乡镇（街道）和村（社区）治安防控网建设

第一，实现网格化管理，推动社会治安防控力量下沉。以网格化管理、社会化服务为方向，健全基层综合服务管理平台。把网格化管理列入城乡规划，将人、地、物、事、组织等基本治安要素纳入网格管理范畴，做到信息掌握到位、矛盾化解到位、治安防控到位、便民服务到位。第二，因地制宜确定网格管理职责，纳入社区服务工作或群防群治管理，通过政府购买服务等方式，加强社会治安防控网建设。到 2020 年，实现全国各县（市、区、旗）的中心城区网格化管理全覆盖。第三，整合资源，加强基层综合服务管理平台建设，逐步在乡镇（街道）推进建设综治中心，村（社区）以基层综合服务管理平台为依托建立实体化运行机制，强化实战功能，做到矛盾纠纷联调、社会治安联防、重点工作联动、治安突出问题联治、服务管理联抓、基层平安联创。到 2020 年实现县（市、区、旗）、乡镇（街道）、村（社区）三级综合服务管理平台全覆盖，鼓励有条件的地方提前完成。深化社区警务战略，加强社区（驻村）警务室建设。第四，将治安联防矛盾化解和纠纷调解纳入农村社区建设试点任务。

4. 加强机关、企事业单位内部安全防控网建设

第一，严格落实单位主要负责人治安保卫责任制，完善巡逻检查、守卫防护、要害保卫、治安隐患和问题排查处理等各项治安保卫制度。第二，加强单位内部

技防设施建设，普及视频监控系统应用，实行重要部位、易发案部位全覆盖。加强供水、供电、供气、供热、供油、交通、信息通信网络等关系国计民生基础设施的安全防范工作，全面完善和落实各项安全保卫措施，确保安全稳定。

5. 加强信息网络防控网建设

因应网络时代的发展现状及互联网技术的不断进步和快速发展，建设法律规范、行政监管、行业自律、技术保障、公众监督、社会教育相结合的信息网络管理体系。第一，加强网络安全保护，落实相关主体的法律责任。第二，落实手机和网络用户实名制。第三，健全信息安全等级保护制度，加强公民个人信息安全保护。第四，深入开展专项整治行动，坚决整治利用互联网和手机媒体传播暴力色情等违法信息及低俗信息。

（二）提高科技水平

1. 加强信息资源互通共享和深度应用

第一，构建平安建设信息化综合平台。按照科技引领、信息支撑的思路，加快构建纵向贯通、横向集成、共享共用、安全可靠的平安建设信息化综合平台。第二，信息共享。在确保信息安全、保护公民合法权益前提下，提高系统互联、信息互通和资源共享程度。第三，强化信息资源深度整合应用，充分运用现代信息技术，增强主动预防和打击犯罪的能力。将社会治安防控信息化纳入智慧城市建设总体规划，充分运用新一代互联网、物联网、大数据、云计算和智能传感、遥感、卫星定位、地理信息系统等技术，创新社会治安防控手段，提升公共安全管理数字化、网络化、智能化水平，打造一批有机融合的示范工程。第四，建立健全相关的信息安全保障体系，实现对基础设施、信息和应用等资源的立体化、自动化安全监测，对终端用户和应用系统的全方位、智能化安全防护。

2. 加快公共安全视频监控系统建设

第一，提高视频监控系统覆盖密度和建设质量。高起点规划、有重点有步骤地推进公共安全视频监控建设、联网和应用工作，提高公共区域视频监控系统覆盖密度和建设质量。第二，加大城乡接合部、农村地区公共区域视频监控系统建设力度，逐步实现城乡视频监控一体化。完善技术标准，强化系统联网，分级有效整合各类视频图像资源，逐步拓宽应用领域。第三，加强企事业单位安防技术系统建设，实施“技防入户”工程和物联网安防小区试点，推进技防新装备向农村地区延伸。

（三）完善运行机制

为充分发挥社会治安防控体系在社会治安防控及国家治理中的作用，社会治安防控体系建设需要完善以下工作机制和运行机制。

1. 分析研判机制

第一，政法综治机构要加强组织协调，会同政法机关和其他有关部门开展对社会治安形势的整体研判、动态监测，并提出督办建议。第二，公安机关要坚持情报主导警务的理念，建立健全社会治安情报信息分析研判机制，定期对社会治安形势进行分析研判。加强对社会舆情、治安动态和热点、敏感问题的分析预测，加强对社会治安重点领域的研判分析，及时发现苗头性、倾向性问题，提升有效应对能力。第三，建立健全治安形势播报预警机制，增强群众自我防范意识。

2. 实战指挥机制

公安机关要按照人员权威、信息权威、职责权威的要求，加强实战型指挥中心建设，集 110 接处警、社会治安突发事件应急指挥处置、紧急警务活动统筹协调等功能于一体，及时有效地调整用警方向和强度。推行扁平化勤务指挥模式，减少指挥层级，畅通指挥关系，紧急状态下实行“点对点”指挥，确保就近调度、快速反应、及时妥善处置。

3. 部门联动机制

建立完善社会治安形势分析研判联席会议制度、社会治安重点地区排查整治工作协调会议和月报制度等，进一步整合各部门资源力量，强化工作联动，增强打击违法犯罪、加强社会治安防控工作合力。第一，对群众反映强烈的黑拐抢、黄赌毒以及电信诈骗、非法获取公民个人信息、非法传销、非法集资、危害食品药品安全、环境污染、涉邪教活动等突出治安问题，要加强部门执法合作，开展专项打击整治，形成整体合力。对打防管控工作中发现的薄弱环节和突出问题，政法综治机构要牵头组织、督促有关部门及时整改，堵塞防范漏洞。第二，针对可能发生的突发案（事）件，制订完善应急预案和行动方案，明确各有关部门、单位的职责任务和措施要求，定期开展应急处突实战演练，确保一旦发生社会治安突发案（事）件能够快速有效处置。创新报警服务运行模式，提高紧急警情快速处置能力，提高非紧急求助社会联动服务效率。

4. 区域协作机制

按照常态、共享、联动、共赢原则，积极搭建治安防控跨区域协作平台，共同应对跨区域治安突出问题，在预警预防、维稳处突、矛盾化解、打击犯罪等方面互援互助、协调联动，以区域平安保全国平安。总结推广区域警务协作机制建设经验，推动建立多地区多部门共同参与的治安防控区域协作机制，增强防控整体实效。

（四）法治作为推进力

在治安防控体系建设上，要运用法治思维和法治方式推进社会治安防控体系建设。具体路径是：

1. 运用法律手段解决突出问题

第一，要树立法治观念，依法开展工作。充分发挥法治的引导、规范、保障、惩戒作用，做到依法化解社会矛盾、依法预防打击犯罪、依法规范社会秩序、依法维护社会稳定。第二，根据需要推动相关法律法规的“立改废”。紧紧围绕加强社会治安防控体系建设的总体需要，推动相关法律法规的立、改、废、释和相关政策的制定完善工作。各地要以重大问题为导向，针对社会治安治理领域的重点难点问题，适时出台相关地方性法规、地方政府规章，促进从法治层面予以解决。第三，预防侵权案件发生。完善维护公民、法人等合法权益的途径，从源头上预防侵权案件发生。第四，依法着力解决好人民群众反映强烈的突出问题。坚持依法行政，加强食品药品、安全生产、环境保护、文化市场和网络安全等重点领域的基层执法，强化行政执法与刑事司法的衔接。第五，深化司法体制改革，加快建设公正、高效、权威的社会主义司法制度，提高办案质量。贯彻宽严相济的刑事政策，在依法严厉打击极少数严重刑事犯罪分子的同时，最大限度地减少社会对抗，努力化消极因素为积极因素。第六，加强和改进法治宣传教育工作，着力增强法治宣传教育的针对性和实效性，推动全社会树立法治意识，增强全民法治观念，促进全民尊法、守法，引导干部群众把法律作为指导和规范自身行为的基本准则，在全社会形成办事依法、遇事找法、解决问题用法、化解矛盾靠法的良好法治环境。

2. 加强基础性制度建设

第一，建立国家人口信息及统一社会信用代码制度。建立以公民身份号码为唯一代码、统一共享的国家人口基础信息库，建立健全相关方面的实名登记制度。建立公民统一社会信用代码制度、法人和其他组织统一社会信用代码制度，加强社会信用管理，促进信息共享，强化对守信者的鼓励和对失信者的惩戒，探索建立公民所有信息的一卡通制度。第二，落实重大决策社会稳定风险评估制度。切实做到应评尽评，着力完善决策前风险评估、实施中风险管控和实施后效果评价、反馈纠偏、决策过错责任追究等可操作性程序规范。第三，落实矛盾纠纷排查调处工作相关制度。建立会议纪要月报制度，完善人民调解、行政调解、司法调解联动工作体系，建立调处化解矛盾纠纷综合机制，着力防止因决策不当、矛盾纠纷排查化解不及时等引发重大群体性事件。第四，发挥软法作用。推进体现社会主义核心价值观要求的行业规范、社会组织章程、村规民约、社区公约建设，充分发挥社会规范在调整成员关系、约束成员行为、保障成员利益等方面的作用，通过自律、他律、互律使公民、法人和其他组织的行为符合社会共同行为准则。

3. 严格落实综治领导责任制

把社会治安防控体系建设纳入综治工作（平安建设）考核评价指标体系，将考核评价结果作为对领导班子和领导干部考核评价的重要内容。坚持采用评估、督导、考核、激励、惩诫等措施，形成正确的激励导向，推进社会治安防控体系建设工作落到实处。对社会治安问题突出的地区和单位通过定期通报、约谈、挂牌督办等方式，引导其分析发生重特大案（事）件的主要原因，找准症结，研究提出解决问题的措施，限期进行整改。对因重视不够、社会治安防范措施不落实而导致违法犯罪现象严重、治安秩序严重混乱或者发生重特大案（事）件的地区，依法实行一票否决权制，并追究有关领导干部的责任。

（五）社会治安防控体系的工作格局

组织机构及广大人民群众的参与是社会治安防控体系建设及有效运行的重要保证。《关于加强社会治安防控体系建设的意见》中，就社会治安体系建设的工作格局提出了如下要求。

1. 党委和政府对社会治安防控体系建设的领导，是治安防控体系建设的政治保证

各级党委和政府要进一步提高对社会治安防控体系建设重要性的认识，列入重要议事日程，认真研究解决警力配置、经费投入、警察等职业保障、基础设施和技防设施建设、考核奖惩等重要问题。要把社会治安防控体系建

设列入国民经济和社会发展总体规划，重点做好基础设施、技防设备、装备建设的立项规划，做到与城乡规划、旧城改造、社区建设、基层综合服务管理平台建设等工作统筹推进。加大投入力度，将社会治安防控体系建设经费列入年度财政预算，从人力、物力、财力上保证社会治安防控体系建设顺利实施。各地党政主要负责同志是平安建设的第一责任人，也是社会治安防控体系建设的第一责任人，要亲自研究部署，一级抓一级，层层抓落实，真正担负起维护一方稳定、确保一方平安的重大政治责任。要充分发挥基层党组织作用，特别是在农村和城市社区，党组织要发挥领导核心作用，切实保障推进社会治安防控体系建设的各项任务走完“最后一公里”。

2. 综治组织的组织协调作用，是治安防控体系建设的桥梁和纽带

各级综治组织要在党委和政府领导下，认真组织各有关单位参与社会治安防控工作，加强调查研究和督促检查，及时通报、分析社会治安形势，协调解决工作中遇到的突出问题，总结推广典型经验，统筹推进社会治安防控体系建设。加强各级综治组织自身建设，细化工作职责，健全组织机构，配齐配强力量。乡镇（街道）综治委主任可由乡镇（街道）党（工）委书记担任，综治办主任应由党（工）委副书记担任；村（社区）综治机构主要负责人由党组织书记担任，并明确1名负责人主管综治工作，确保这项工作有人抓、有人管。

3. 政法各机关和其他各有关部门的职能作用，是治安防控体系建设的组织力量

进一步明确各有关部门在社会治安防控体系建设中的职责任务，做到各负其责、各司其职，通力协作、齐抓共管，增强整体合力。各级政法机关要发挥好主力军作用。第一，公安机关的骨干作用。公安机关要充分发挥骨干作用，根据社会治安防控体系建设需要调整工作重点、警力部署、警务保障和勤务制度，改进工作方法，投入更多人力和精力加强基层治安基础工作，及时掌握影响社会治安的情况，依法查处危害社会治安行为。第二，检法机关的司法功能。法院、检察院要结合批捕、起诉和审判工作，善于发现社会治安防控体系建设中的漏洞，及时提出司法建议和检察建议，督促有关单位健全规章制度，完善工作机制。第三，司法行政机关的执行功能。司法行政机关要加强监狱和强制隔离戒毒场所的管理工作，做好社区矫正、刑满释放人员安置帮教、人民调解、法治宣传、法律服务、法律援助等工作。第四，其他各部门的角色功能。其他各有关部门要按照“谁主管谁负责”的原则，

结合自身职能，主动承担好预防违法犯罪、维护社会治安的责任，认真抓好本部门、本系统参与社会治安防控体系建设的任务，与部门工作同规划、同部署、同检查、同落实。

4. 社会协同作用，是社会治安防控体系建设的关键

第一，坚持党委和政府领导下的多方参与、共同治理。发挥市场、社会等多方主体在社会治安防控体系建设中的协同协作、互动互补、相辅相成作用。第二，工会、共青团、妇联等人民团体和群众组织参与社会治安防控体系建设，积极为他们发挥作用创造有利环境和条件。第三，要加大对行业协会商会类、科技类、公益慈善类、城乡社区服务类社会组织的培育扶持力度，将适合由社会组织承担的矛盾纠纷调解、特殊人群服务管理、预防青少年违法犯罪等社会治安防控体系建设任务纳入政府购买服务目录，通过竞争性选择等方式，交给相关社会组织承担，发挥好他们在社会治安防控体系建设中的重要作用。第四，规范警务辅助人员管理，明确其聘用条件和程序、职责任务、保障待遇等，发挥好协助维护社会治安的作用。规范发展保安服务市场，积极引导保安行业参与社会治安防控工作。第五，加强城乡基层群众自治组织建设，搭建群众参加社会治安防控体系建设的新平台。

5. 公众参与是治安防控体系建设的社会力量的群众基础

坚持人民主体地位，进一步拓宽群众参与社会治安防控的渠道，依法保障人民群众的知情权、参与权、建议权、监督权。继承和发扬专群结合的优良传统，充分发挥共产党员、共青团员模范带头作用，发挥民兵预备役人员等的重要作用，发展壮大平安志愿者、社区工作者、群防群治队伍等专业化、职业化、社会化力量，积极探索新形势下群防群治工作新机制、新模式，力争到2020年社区志愿者注册人数占居民人口的比例大幅增加。落实举报奖励制度，对于提供重大线索、帮助破获重大案件或者有效制止违法犯罪活动、协助抓获犯罪分子的，给予重奖。完善见义勇为人员认定机制、补偿救济机制，加强见义勇为人员权益保障工作，扩大见义勇为基金规模，加大对见义勇为人员的表彰力度，按照有关规定严格落实抚恤待遇。充分发挥传统媒体与新媒体的作用，采取群众喜闻乐见的宣传教育方式，提高群众安全防范意识，组织动员群众关心、支持和参与社会治安防控体系建设，努力提升新媒体时代社会沟通能力。

综上，《关于加强社会治安防控体系建设的意见》充分、详尽地说明了治安防控体系建设的内容、实现机制和保障机制，文件中对地方党委和政府也

提出了严格要求，力争在政治上，在人力、物力上保证治安防控体系建设并发挥积极作用。自2015年《关于加强社会治安防控体系建设的意见》下发以来，各地区努力抓落实，出成果，在治安防控体系建设上积累了丰富的实践经验。

三、社会治安防控体系建设实践中存在的问题

（一）社会治安防控网建设存在的问题

1. 重点部位防控网建设和运行尚存缺陷或隐患

主要交通枢纽或人群密集的大型公共场所的防控网存在问题和隐患。例如，在轨道交通（包括高铁站、地铁站）方面存在以下问题：一是轨道交通安检未按照法律规定落实主体责任。二是轨道交通客流高峰时段过机安检率偏低，对轨道交通安检执行“大包必查，小包抽查，逢疑必查”的标准，对照公安部、交通运输部“逢包必查、逢液必查”常态要求，还存在一定距离。三是安检员队伍不稳定，人员素质参差不齐，安检员薪资待遇偏低、劳动强度高、遭受乘客不法侵害多，导致其职业认同感较低，流失率较高。四是轨道交通安检的配套法规有待完善。虽然《中华人民共和国反恐怖主义法》已经出台，为轨道交通安检提供了法律依据，但迄今为止，全国统一的规范性操作细则尚未出台，这给一线工作人员的执法带来困扰。五是乘客公共安全意识淡薄，轨道交通安检社会认同度不高，部分乘客法治意识淡薄，无视轨道交通安检管理规定，不配合或拒绝安检、抗拒民警盘问检查的情况比较突出。轨道交通安检与民警识疑盘查、特警巡逻、警犬巡检、视频巡查等安保措施共同发挥作用，是加强轨道交通区域防控、维护公共安全的重要举措。因此，维护轨道公共安全要求继续做好轨道交通安检工作，并针对存在的问题改进现有安检模式，不断提高安检质量和安检效率，减少危害公共安全的风险。

2. 城乡社区治安防控网建设存在缺陷

区（市、县）社区（乡镇）居（村）三级综合服务管理平台建设的覆盖面还不够。而且，基层事务繁杂，经费无保障，网格化服务管理模式在经济条件较差的城乡、社区、村寨难以开展或成效不大。治安防控网建设覆盖不足出现了东西部和西部地区、发达和落后地区明显不平衡的现状。总体上看，我国东部地区经济较西部地区发达，东部地区人口居住和分布相对也较西部

地区集中，在人口相对集中的东部地区开展城乡社区治安防控网建设在人力物力上相对容易，在人口稀少相对居住分散的西部地区开展城乡社区治安防控网建设受物质条件和人力资源短缺的限制开展起来相对较难；并且，即使在西部地区也存在相对发达和欠发达，甚至落后地区的差异。目前，三级综合管理平台的建设难以延伸到西部、西南部边远农村和山区。例如，目前三级综合服务平台还很难覆盖到藏区的牧区和云贵地区的山区，这些地区有的即使能够被覆盖到，由于现实的物质条件和地理环境限制，治安防护和防控能力也受到一定限制。

3. 机关企事业内部的治安防控网存在缺陷

企事业单位内部保卫机构设置和专职保卫人员的配备率和管理效能还有待提升，部分重点单位对“技防”态度迟疑或消极，技防投入不足，也缺乏健全的管理制度。此外，单位内部的治安防范监管工作机制也存在不少有待完善和解决的问题，如存在巡逻值守率不足，人防、物防、技防量化管理机制缺乏等问题。横向比较，机关、事业单位的治安防控网建设好于企业中的治安防控网建设，国有企业的治安防控网建设好于民营企业的治安防控网建设，大中企业的治安防控网建设好于小微企业的治安防控网建设。分析原因，主要有两点：一是重视程度；二是经费保障。治安防控网建设较好的部门，一般都是领导重视，经费有保障。

4. 信息数据防控网存在缺陷

部分地方的工作人员对互联网信息技术的掌控能力不足，不利于社会治安防控体系的信息化建设。信息网络收集而得的数据有助于对具体事务的现状、发展态势作出一种前瞻性的预判，但在信息数据防控建设中，不少工作人员数据意识不强的情况，使得在贯彻“运用大数据提高维护公共安全的能力水平，提升防控信息化程度，打造社会治安防控体系升级版”的治理目标方面任重道远。信息数据防控网建设存在的问题，有技术上的原因，有相关人员掌控技术能力上的原因，但更重要的原因在于相关负责人员和政府相关部门的领导对信息数据网可能发挥的功能认识不足，导致重视程度不够。

5. 舆论宣传防控网存在缺陷

一方面，在面对网上热点问题以及突发事件和群体性事件引发的社会舆论时，地方政府缺乏及时而权威的引导与回应。另一方面，在对一些政策、新规进行宣传教育时，一些地方存在走过场、做面子工程的现象，并没有将实质性的东西宣传到位，导致社会大众尤其是基层对某些制度政策的错误理解，并由此引发严重的社会问题和治安隐患。同样是这次疫情，也让我们看到网络舆论宣传的重要。舆论宣传防护网在疫情最初阶段一度失去控制，正面和反面的舆论信息广泛存在并被不断转发、传播，普通国民因信息不对称而失去最基本的判断力和辨识力，人云亦云，推波助澜，在社会防疫工作趋于稳定之后，政府相关部门加强了网络舆论管控，及时对不实言论进行辟谣，并对相关违法人员予以法律制裁。到目前为止，可以说，经过漫长的对舆论宣传防护网的有力管控，舆论宣传防控网的建设正在得到各级政府的重视。

（二）在科技水平，主要是科技投入和科技含量上存在的问题

1. 数据亟待优化

在实际工作中，绝大部分数据平台都存在数据只进不出的问题，大量过期、失真、重复信息混杂其中，极大地浪费信息处理资源，干扰分析研判的准确性。

2. 信息传递不畅

当前，公安机关警种、部门职责虽然十分细化和明确，但由于地区间的行政区划和警种分工，公安机关内部缺乏信息交换，警种之间、部门之间的协调联动机制尚不完善，相互间信息共享程度不高，沟通、协调、联动等渠道不够顺畅。不要说地区间的合作，就本地公安机关上下级间、各警种间也缺乏高效的协调、配合。各地、各部门接报的一些重要警情难以有效汇总到指挥中心，指挥中心往往很难掌握一线警力的勤务状况，无法很好地适应紧急情况下快速反应的需要，不能高效地指挥调度。各警种分工变分家、各自为政，被动应对各种治安问题，信息共享机制没有完全建立起来，影响了整体功能的有效发挥。

3. 区域发展失衡

其实，不仅是各地区范围内，这个问题在全国范围内更为严重，如东西差距、南北差距等，就算具体到较为富裕的珠三角、长三角地区中差距也是非常巨大的，近年来公安信息化建设预算各地并不均衡，与珠三角、长三角地区一些城市相比，其他城市的投入还有一定差距，如果东西部相比，差距可能更大。

在“天眼”社会面监控覆盖工程建设时，由于各地区之间经济情况差距较大，加上监控覆盖率的指标要求，一些地区在难以承担高昂的建设费用时，建设效果就难免大打折扣，结果就是既花了钱，也没达到理想效果，若干年后被迫进行再次升级。

（三）社会治安防控运行机制存在的问题

1. 保障不力

由于经费短缺、警力不足不仅是长期困扰公安机关的“瓶颈”问题，同时也制约着社会治安防控体系的建设。社会治安基层保障建设与执法工作的现实需要还有不小差距，各种群防群治组织都不同程度地存在着机构人员减少、经费困难、工作弱化等问题。立体化社会治安防控体系基础性防控工作薄弱，对人、财、物的投入不足，警力编制与任务不相适应的矛盾仍然突出，基层人员编制普遍不足，缺口较大，人少案多的矛盾十分突出，警力摆布捉襟见肘，警员长期值班，加班加点连轴转，体力处于透支状态，群防群治队伍较弱，社区民警对社区安全防范工作也心有余而力不足。基础设施建设薄弱，物防基础设施欠缺，部分部门办公条件较差，办案经费紧张。社会治安防范工作发展不平衡，少数单位、小区防范设施不健全、不到位，缺少必要的物防、技防设施。治安防控科技化手段还不够丰富，信息化建设的力度还不够大，技防设施建设滞后，远远满足不了城市快速发展和社会治安防控建设的要求。

公安机关的警务模式不够科学，长期以来存在重打轻防思想，因此警务配置侧重于打击整治，对于预防和管控工作缺乏系统的工作规划，警力的部署缺乏科学性，派出所的勤务运作机制无法适应控制案发的需要，能真正将警力投放于案件高发时段的不多，造成“猫鼠不同步”。除值班备勤外，24小时有伸缩性的工作制度并没有真正的实施，警察们的出勤率并没有达到要求，对于经常发生违法案件的区域并没有很好地控制管理。

2. 公安机关唱“独角戏”，部门联动机制运行不畅或没有有效运转

治安防控应当是政府各个部门和社会各界的共同职责，但从目前的实际工作来看，一些社会单位、部门并没有认识到自身在治安防控体系建设中所应当承担的责任与义务，存在依赖于公安机关的思想，许多重要职能部门开展治安防控建设工作的创造性和积极性并没有被充分发挥，甚至把预防犯罪、维护社会稳定的责任全部都加在公安部门内部，觉得社会的治理管控完全就应该是公安部门负责的。

由于公共治安防控的服务特殊性，难以引入市场供给机制，但与此同时也缺乏公民志愿供给的公共服务，群众对立体化社会治安防控体系建设存在认识误区，主动参与的力度不够，深度广度不够，积极性不高。造成了公安

机关在治安防控体系建设工作中一家唱“独角戏”的局面，孤军奋战、单打独斗的局面严重影响着社会治安防控体系建设工作的全面深入开展。

政府相关部门和社会组织机构之间缺乏及时有效的协作机制和沟通渠道，无法形成党委领导、政府负责下，公安机关为主要力量、各部门积极参与的创新社会管理格局，导致公安机关在社会管理中难以发挥有效作用。公安机关的管理体制不畅，责任不清。

目前公安机关的警力资源普遍缺乏，在日益革新的社会治安格局下，派出所警力不足的问题也愈加明显。但是，公安机关在警种部门设置的时候又存在交叉重叠的部分，刑侦、治安、经侦、社区、交通等各相关公安部门各有各的职责，其在社会管理中既有相交叉的部分，还会有漏管的环节。比如，在处理一些因为交通事故而引发的纠纷、斗殴的时候，警力资源的配置就不甚合理。首先需要110指挥中心调派案发地辖区派出所巡警临场调解，涉及交通事故还需要通知各区交警支队，一般现场临近可能会有维持交通秩序的岗勤交警在场，但是他们还不能处理事故，需要交警支队通知事故民警临场处置。若案情比较严重，上升到治安或刑事案件，需由巡警将人带至派出所，交由派出所的治安民警或刑警进行处理后，再移交给交警处理事故。在实际工作中，难以发挥警力资源配置的最大效率。

（四）社会治安防控体系建设格局中存在的问题

社会力量参与治安防控体系建设存在不足。我国社会力量参与治安防控体系建设的总体水平还是比较低的，广度和深度都还远远不够，与我国社会治安防控体系的发展、建设良好社会治安局面的现实需求都有很大差距。

1. 参与的自觉性、普遍性不强，效果欠佳

当前，社会力量参与治安防控体系的自觉性、普遍性不强，参与的深度与广度也有限，效果更是欠佳。真正有意识主动参与社会治安防控体系的行为较少。通过调查发现，很大一部分社会成员的参与意识较为薄弱。大部分人只意识到自身是社会治安防控体系保护的对象，却还没意识到自己本身也是社会治安防控体系中不可或缺的一部分，缺乏应有的公民责任感。再加上社会公众个体的力量有限，也就决定了公众参与社会治安防控体系多是属于公众个人的自发行为，对社会治安政策制定及贯彻实施的影响力较弱。更加剧了社会力量参与治安防控体系建设的效果不彰。

2. 制度保障缺乏

健全的制度，是社会力量有序参与社会治安防控体系的重要保障。但现实是：一方面，我国目前没有专项的法律对社会力量参与社会治安进行规范和保障，很多都是以政治参与的形式散见于《宪法》及《中华人民共和国城市居民委员会组织法》（以下简称《城市居民委员会组织法》）等法律条文中，没有或者缺少具体制度去落实这些法律规定。致使许多社会力量参与都是以非制度化的形式出现的。另一方面，即使有一些社会力量参与的相关规章制度，但由于重视程度不够，或者体制因素，因此，无论在贯彻执行的力度上，还是在贯彻执行的程序上都远远不够，“上有政策，下有对策”的情况屡有发生。社会力量参与社会治安防控体系也就缺乏重要的、基础的制度保障。

3. 引导沟通渠道不畅

社会力量参与社会治安的效果取决于公安机关的组织和引导。当前，由于缺乏有效的引导机制，导致公众不会、不敢参与社会治安防控，因为公安机关没有组织民众学习必要的与违法犯罪分子做斗争的技巧和方法，保护自身不受伤害都不能，何来为社会治安防控出力。

另外，有效的沟通是社会力量有效参与的又一前提。从实践来看，目前我国的警民沟通渠道并不畅通，存在的问题不少，在一定程度上阻碍着社会力量参与到社会治安防控体系的建设中来。例如，警民沟通渠道匮乏、单一，缺乏长效互动机制，沟通地位不平等情况长期存在。其根源仍然是官僚主义思想在作祟，人为地导致沟通结构障碍，让社会公众产生抵触和不合作心理。

4. 组织化程度偏低

我们通常把社会组织看作社会的“第三方力量”，因为“第三方力量”可以成为连接社会力量参与国家和社会事务管理与决策的桥梁和纽带。据相关数据显示，当前我国的各类社会组织、非政府团体数量已经非常庞大，这就为公众通过社会组织参与社会治理、表达自身意愿提供了良好的平台和载体。但在社会实践中，这些社会组织的桥梁和纽带作用并没有实现，其自身的功能也没有得到有效发挥，更没有在公众和政府之间形成良性互动。究其原因，首先是我国这类“第三方力量”在资金、人员、技术等方面过于依赖政府，缺少自主独立性，力量较为单薄。其次，随着政府治理理念的变革，我国政府“大政府、小社会”的管理理念逐步向“小政府、大社会”转变，需要第三方非政府组织发育充分。但目前第三方非政府组织的发育不完善、不健全，而且发展较为缓慢，已难以应对逐渐增多的社会公共事务，更不能起到影响、约束和牵制政府决策的作用。

四、解决社会治安防控体系建设实践中存在问题的对策

（一）以点带面，点面结合

1. 加强重点部位的防控网建设，并保证其运行良好

重点部位防控的第一步是要做好重点部位的摸排，重点部位的防护主要是针对人、财、物集中的部位，尤其是与公共安全相关的部位，即关涉不特定或多数人的生命、健康和重大公私财产安全的部位。确定了重点防护部位以后，专门的治安防控部门要与重点部位的部门建立联防联动机制，保证信息联通和畅通。重点需要防范的部位主要包括：机场、车站、码头、学校、幼儿园、商场、酒店、影剧院等人员集中和人员流动大的部位；加油（气）站、危险品生产企业和储存运输企业，这些部位是直接关涉公共安全的危险源；金融机构、珠宝首饰生产加工企业等财物集中的部位。针对以上重点部位，或加强针对人身安全保护的安全检查，或加强针对可能危及公共安全的危险源的保护和防护，或加强对集中的、大量的财物的保护，基本的防护原则就是夯实堡垒（重点部位），以重点部位防护为扭结，编制防护网络，实现点面结合。针对前述的如在轨道交通（包括高铁站、地铁站）方面存在的问题，一是要按照法律规定落实主体责任。二是提高客流高峰时段的过机安检率，认真落实公安部、交通运输部“逢包必查、逢液必查”的常态要求。三是加强培训，提高安检员人员素质，稳步提高安检员薪资待遇、降低劳动强度，提高其职业认同感。

2. 将治安防控网建设拓展至广大城乡地区

城乡地区幅员辽阔，人员稀疏，且老人、妇女、孩子占比较大。针对由于基层事务繁杂，经费无保障，网格化服务管理模式在经济条件较差的城乡、社区、村寨难以开展或成效不大的当下情况，在广大城乡地区主要是扩大区（市、县）、社区（乡镇）、居（村）三级综合服务管理平台建设的覆盖面。城乡地区治安防控网建设做到外松内紧，看似没有，实属无形，实现所谓“法网恢恢，疏而不漏”。

（二）布好两张网，用好两张网

1. 布好信息数据防控网

大数据和5G时代的到来，不仅仅带来了网络技术的发展，更带来国家对社会治理和社会管控的挑战与机遇。针对在信息数据防控建设中，不少工作人员数据意识不强的情况，要进行分层次、分阶段培训和引导，旨在促使相关工作人员认识大数据，使之懂得“运用大数据提高维护公共安全的能力水平，提升防控信息化程度，打造社会治安防控体系升级版”。

2. 布好舆论宣传防控网

在面对网上热点问题以及突发事件和群体性事件引发的社会舆论时，地方政府和相关职能部门要及时而权威地引导与回应。同时，在对一些政策、新规进行宣传教育时，如果能够利用好舆论宣传网，不走过场、不做面子工程，并将实质性的东西宣传到位，用好舆论宣传防控网，必然使社会治安得到良好控制。在网络舆情控制上做好两件事：一是及时对网络负面舆情和虚假信息进行及时识别，阻断“传播链”，并及时辟谣；二是对利用网络散布虚假信息、违法信息，制造社会恐慌和破坏社会治安秩序的行为及时惩处，并将处理结果予以网上通报。网络是工具和媒介，网络本身没有价值，其价值在于网络的开发和利用者的选择。

（三）增加科技投入，加强科技管理

针对在科技水平，主要是科技投入和科技含量上存在的问题，即主要反映在数据亟待优化、信息传递不畅、区域发展失衡等方面。一方面要增加科技投入，以解决东西部、南北部因经济发展不均衡导致的科技投入水平不均衡问题，中央和地方财政均要加大投入力度。对于国家级的需要全国覆盖的网络系统，中央财政应当负责解决经费；对于发展和建立的地方网络信息系统，可以探索采用BOT模式，利用民间资本投入建设。数据老化待更新问题、信息传递不畅问题等，更多表现为管理问题，而不是投入问题，需要明确部门和岗位责任，优化管理机制。

（四）向机制要效益，建立科学运行机制

经费短缺、警力不足是长期困扰公安机关的“瓶颈”问题，同时也制约着社会治安防控体系的建设，囿于社会经济发展和财政现状，不可能短时间

内解决“保障不力”的现实问题。在这样的背景下，只能向机制要效益，实行科学管理、科学运行，使机制效能最大化。

1. 警务模式更加科学化

警力部署模式科学化，进一步下沉警力，推动一警多能、一职多能培训，实现现有警力最大化；警务运行模式由长期以来存在的重打轻防转向预防和管控；派出所的勤务运作机制适应控制案发的需要，将警力投放于案件高发时段、高发地段。除值班备勤外，实现24小时有伸缩性的工作制度，实行弹性工作制。

2. 推动部门联动机制高效运行

传统意义上的治安防控部门联动依赖于部门之间的人员沟通、会议沟通，在现代网络技术发达、大数据应用广泛的社会背景下，部门联动的实现，更多应当依赖技术手段，通过政府的公共网络平台、数据共享平台，达致部门联动的实现。通过网络平台建设，使一些社会单位、部门深入治安防控体系建设中，并承担相应的责任与义务，改变过去只依赖于公安机关的思想。

3. 通过案件信息发布推动公民参与治安防控体系建设

公共治安防控网的建设除了需要部门联动，同时需要群众对立体化社会治安防控体系建设的积极参与，不能否认的是，公民参与治安防控体系建设受利益驱动或避害驱使。因此，各部门尤其是公安机关要通过案件信息发布推动公民参与治安防控体系建设。

（五）完善社会治安防控体系建设格局

面对我国社会力量参与治安防控体系建设的总体水平还是比较低、广度和深度都还远远不够的局面，在治安防控体系建设格局方面应当完善：

1. 提高社会参与的自觉性、普遍性

社会力量参与治安防控体系的自觉性、普遍性不强，参与的深度与广度也有限，效果更是欠佳，根本原因在于社会参与主体对社会治安防控体系建设的认识不足，参与主体对治安防控体系建设与其利害关系认识不足。公民既是社会治安防控体系保护的对象，同时也是社会治安防控体系中不可或缺的一部分，二者一体两面。公安机关要用好警情网、舆情网，通过宣传将社会公众个体的力量联合为社会力量，参与治安防控体系建设。

2. 加强社会力量参与社会治安防控体系制度化建设

推动出台专项的法律制度，对社会力量参与社会治安进行规范和保障。

对已有的一些社会力量参与的相关规章制度，加大贯彻执行力度。

3. 强化公安机关的组织和引导

公安机关要组织民众学习必要的与违法犯罪分子做斗争的技巧和方法，一方面保护自身不受伤害，另一方面积极鼓励见义勇为行为。加强警民互动，警民互通，推动公民参与社会治理，完善治安防控体系建设中格局不完善的局面。

第七章　加强社会心理服务体系建设

一、新时代加强社会心理服务体系建设的重大意义

（一）社会心理服务体系的意涵

1. 社会心理和社会心态

正确认识和了解社会心理服务体系建设的内容和意义，必须先搞清楚社会心理和社会心态的科学内涵，这是我们把握社会心理服务的前提和基础。心理是人的大脑对客观现实的主观反应，这种反应既包括自然事物，也包括社会事务。社会心理是人们对社会事务、社会生活和社会现象的直觉反应，它是社会意识形态的重要组成部分，是社会上层建筑中观念层次的内容。社会心理从主体上看，包括个体社会心理和集体社会心理。“社会心理以个体的心理现象为基础和出发点，力求解决个体自身的精神困扰；但人类始终处于社会的大环境中，受各种社会因素合力的影响，因此，群体社会心理现象，尤其是社会心态的形成和发展机制尤为重要。”〔1〕

社会心态是社会成员在一定社会发展时期表现出的普遍、一致的心理特点和行为模式，是社会成员对现实社会状况及其生活状态的心理感受和情绪反映，是一段时间内弥散在整个社会和社会群体中的宏观社会心境状态，是整个社会的情绪基调、社会共识和社会价值的总和。社会心态有积极的和消极的之分，良性的和负面的之别。实践证明，积极的、良性的社会心态必定是理性的、平和的、健康的，有助于社会治理，促进社会和谐，推动经济社会发展；而消极的、负面的社会心态肯定是浮躁的、偏执的，甚至是“病态”的，是社会不安定的重要因素。因此，社会心态是透视和观察社会的“放大镜”，是社会治理和社会经济发展水平的“晴雨表”。

---

〔1〕 蒋利雪、李敏：《关于新时代社会心理服务体系建设问题的思考》，载《湖北经济学院学报（人文社会科学版）》2019 年第 4 期。

2. 社会心理服务体系的含义

“社会心理服务体系，是指依托于心理学的和医学的理论和方法，综合采用心理疏导、心理干预等手段，预防和减少心理问题、平和社会心态、引导价值导向、构筑社会心理防线的一整套组织结构和制度安排。”[1] 据此可见，社会心理服务体系旨在预防和减少心理问题、平和社会心态、引导价值导向、构筑社会心理防线，其目的是提升整个社会的幸福感，保障社会稳定和谐；社会心理服务体系是依托于心理学及医学的理论和方法，综合适用心理咨询、心理危机干预、心理疾病治疗、心理疏导以及社会心理宣传教育等手段；社会心理服务体系的形态是一整套的组织结构和制度安排。

在很长的一段时间内，人们把社会心理服务体系等同于心理健康服务体系。党的十九大报告第八部分“提高保障和改善民生水平，加强和创新社会治理”，其中第六个标题是“打造共建共治共享的社会治理格局”，在这个标题下讲到要“加强社会心理服务体系建设，培育自尊自信、理性平和、积极向上的社会心态”，而不是在第五个标题“实施健康中国战略”下，可见，社会心理服务体系建设主要是指客观的社会心态，是属于社会治理体系的范畴，这也是新时代随着社会主要矛盾的变化，加强和创新社会治理的必然要求。我们所说的社会心理服务体系实则包括两个方面：一是心理健康服务，它是面向个体的，以解决个体的心理疾患，促进心理健康，它应该是由政府、社会组织、社区、企事业单位等提供各种方式的服务；二是社会心理，即社会心态，社会心态的服务工作应该是面向社会特定群体的，强调宏观的社会心理问题，它所解决的是培育大众的积极向上的社会心态，如何调节大众的情绪，排除对社会心态产生不良影响。从党的十九大报告关于社会治理的精神来看，这是新时代社会服务体系建设的主要目标。

（二）我国城市社会心理服务体系发展的现状及存在的问题

1. 改革开放以来我国社会心理服务体系建设的发展

改革开放以来，党和国家逐渐开始重视社会心理服务工作，在党的全国代表大会和中央全会上多次提到社会心理健康和培育良好的社会心态的问题。2006 年，党的十六届六中全会通过的《中共中央关于构建社会主义和谐社会若干重大问题的决定》就提出，国家要关注人们的心理和谐，注重人文关怀

---

[1] 魏礼群主编：《中国社会治理通论》，北京师范大学出版社 2019 年版，第 227—228 页。

和心理疏导，推动心理健康教育和保健工作，培育健康良好的社会心态。2007年，党的十七大报告，在“文化建设”部分提出：“加强和改进思想政治工作，注重人文关怀和心理疏导，用正确方式处理人际关系。”2012年，党的十八大报告基本上延续了这一提法，明确提出：“加强和改进思想政治工作，注重人文关怀和心理疏导，培育自尊自信、理性平和、积极向上的社会心态。”2013年，党的十八届三中全会通过了《中共中央关于全面深化改革若干重大问题的决定》，强调创新社会治理体制，突出道德约束和心理干预的作用。2015年，党的十八届五中全会正式提出了“社会心理服务体系”，强调“健全社会心理服务体系和疏导机制、危机干预机制”，以防范极端事件发生，维护公共安全，营造并引导积极健康的社会心态。2016年8月，习近平总书记在全国卫生与健康大会上的讲话强调：“要加大心理健康问题基础性研究，做好心理健康知识和心理疾病科普工作，规范发展心理治疗、心理咨询等心理健康服务。”2017年，党的十九大报告在“提高保障和改善民生水平，加强和创新社会治理”部分更加明确地提出：“加强社会心理服务体系建设，培育自尊自信、理性平和、积极向上的社会心态。”为新时期社会心理服务体系建设指明了方向。2019年10月，党的十九届四中全会通过《决定》，在第九部分“坚持和完善共建共治共享的社会治理制度，保持社会稳定，维护国家安全”中，再次强调要“健全社会心理服务体系和危机干预机制”。

国家在2001年《中华人民共和国国民经济和社会发展第十个五年计划纲要》中开始提出心理健康问题，在“加强思想道德建设，形成共同理想和精神支柱”部分提出：“加强青少年的思想政治、道德品质、心理健康和法制教育，努力建立适应社会主义市场经济发展的思想道德体系。”2006年《中华人民共和国国民经济和社会发展第十一个五年规划纲要》中提出：“加强心理健康教育和保健，重视精神卫生及疾病预防。”2011年《中华人民共和国国民经济和社会发展第十二个五年规划纲要》首次提出社会心态的管理目标：“弘扬科学精神，加强人文关怀，注重心理疏导，培育奋发进取、理性平和、开放包容的社会心态。”2012年党的十八大以后，随着党中央对社会心理服务体系的高度重视和不断强调，2016年《中华人民共和国国民经济和社会发展第十三个五年规划纲要》多处提到社会心理服务问题，在“推进教育现代化”部分提出，要“全面加强体育卫生、心理健康、艺术审美教育”。在“推进健康中国建设”中要求“加强国民营养计划和心理健康服务”。在“保障妇女未成年人和残疾人基本权益”部分提出，要“加强未成年人心理健康引导”，特别是在“完善社会治理体系”部分，明确地提出了“健全社会心理服务体系，加强对特殊人群的心理疏导和矫治”。

国家政策方面，出台了一系列关于心理健康和社会心理服务的法律法规和政策文件。为发展精神卫生事业，规范精神卫生服务，维护精神障碍患者的合法权益，2012 年 10 月，第十一届全国人大常委会第二十九次会议通过了《中华人民共和国精神卫生法》（以下简称《精神卫生法》）。2015 年，为贯彻好《精神卫生法》，加强精神障碍的预防、治疗和康复工作，推动精神卫生事业全面发展，国务院发布《全国精神卫生工作规划（2015—2020 年）》。2016 年 10 月，中共中央、国务院又印发了《“健康中国 2030”规划纲要》，提出“加强心理健康服务体系建设和规范化管理。加大全民心理健康科普宣传力度，提升心理健康素养”的目标部署。同年 12 月，国家卫生计生委等 22 个部门联合印发《关于加强心理健康服务的指导意见》，对我国心理健康服务提出两个阶段性目标：一是到 2020 年，全民心理健康意识明显提高；二是到 2030 年，全民心理健康素养普遍提升。中央政法委、中央综治委于 2016 年还印发了《关于充分发挥综治中心作用，加强社会心理服务疏导和危机干预工作的若干意见》。2018 年 11 月，国家卫生健康委、中央政法委、中宣部等 10 部门联合发布《全国社会心理服务体系建设试点工作方案》。该方案提出：“坚持预防为主、突出重点、问题导向、注重实效的原则，强化党委政府领导和部门协作，建立健全服务网络，加强重点人群的心理健康服务，探索社会心理服务疏导和危机干预规范管理措施，为全国社会心理服务体系建设积累经验。”该方案提出的工作目标：“到 2021 年底，试点地区逐步建立健全社会心理服务体系，将心理健康服务融入社会治理体系、精神文明建设，融入平安中国、健康中国建设。”方案对基层社区、学校、机关、企事业单位、医疗机构等提出了具体试点目标，从建立健全社会心理服务网络和加强心理服务人才队伍建设两个方面提出了具体措施。

回顾改革开放以来，特别是党的十八大以来，我国社会心理服务体系建设的进步。一是党和国家的高度重视，出台一系列关于社会心理服务建设的法律法规和政策文件，为我国社会心理服务体系建设确立了指导思想和基本原则，以及实施方案和具体措施，不断进行顶层设计和指导，持续推动着社会心理服务工作的开展，为提升全民心理素养，促进良好社会心态的形成发挥了至关重要的作用。二是我国社会心理服务体系的建设搭建了基本框架。在心理健康服务和社会心态培育两个方面都形成了初具规模的体制机制。“各地区各部门结合实际，从健全心理健康服务体系、搭建心理关爱服务平台、拓展心理健康服务领域、建立专业化心理健康服务队伍方面进行了积极探索，取得了一定成效。”〔1〕 三是人民群众，特别是城市居民对社会心理服务的认知度提高了、服务需求观念增强了，相当多的群体开始重视自我的心理健康状况，特别是不同年龄阶段的青少年学生的心理健康教育和服务得到了加强，整个社会对心理疾病的关注度有了较大提高，对精神障碍患者的态度和监护有了很大改变。四是专业的社会心理服务机构和队伍都有不同程度的加强。中央政法委和中央综治委于2016年启动建设12个“社会心理服务体系建设工作联系点”，对社会心理服务体系建设工作进行了有益的探索。〔2〕 五是近年来随着社会治理工作的加强和创新，治理重心向基层下移，社区实行网络化管理，及时监视和预防危机，注重将社会纠纷和矛盾化解在基层，引导人们的社会心态向理性平和、积极向上的方向发展。

2. 城市社会心理服务体系建设存在的问题

虽然我国的社会心理服务体系建设取得了一定的成效，但由于我国社会处于转型时期，转型期既是发展的重要战略机遇，又是社会矛盾凸显期。这个时期的社会矛盾呈现出复杂性和多样性的特点，加之我国的社会心理服务体系建设基础比较薄弱，仍然存在着不少问题。特别是城乡社会心理服务体系建设存在很大差别，仅就城市社会心理服务体系建设而言：

一是社会公众对社会心理服务的认知度仍显不足，对心理服务体系的重要性认识有待提高。正如本章前文所说，相当一部分人认为社会心理服务就是心理健康服务，而忽略了社会心理的社会性，即社会心态的问题；还有的疑似心理疾病患者，缺乏对心理疾病的自知，或讳疾忌医，不敢去看心理医生，害怕社会贴标签；多数组织提供社会心理服务比较被动。

二是社会心理服务体系的体制机制尚不完善。政策法规仍然滞后，如对社会心理服务没有统一标准，服务体系监督体制不健全，对社会心理服务的

〔1〕 全国干部培训教材编审指导委员会组织编写：《改善民生和创新社会治理》，人民出版社、党建读物出版社2019年版，第190页。

〔2〕 如试点地区之一，江西省赣州市把加强社会心理服务疏导和危机干预作为创新社会治理、化解社会矛盾、防控社会风险、深化平安建设的重点，启动“心防工程”，对矛盾突出、生活失意、心态失衡、行为失常及性格偏执人员开展心理服务疏导和危机干预，构建人防、物防、技防、心防“四位一体”治安防控网，取得了良好的社会效果——因严重心理问题引发的各类案（事）件逐年下降。（陈雪峰：《社会心理服务体系建设的研究与实践》，载《中国科学院院刊》2018年第3期。

评估和考核机制都没有真正运转起来，服务和管理水平落后于社会心理服务的建设需求，城乡社会心理服务资源差距较大。

三是社会心理服务专业人才队伍短缺，心理服务人员的专业水平距离专业化还有一定差距，而且从业人员水平参差不齐，真正有能力独立从事心理服务工作的专业人员不多，缺少具有心理学教育背景或经过心理学知识培训的具有心理学科学理论基础的人才。我国的社会心理服务专业人才远远不能满足社会需求，目前我国每100万人口中可以提供心理健康服务的专业人员为24人，美国是每100万人有大约1000名专业人员提供心理健康服务。[1]

四是不良的社会心态仍然存在。主要表现在社会不公平引起的心理失衡，加深了群体阶层之间的隔阂；社会信任出现严重滑坡，减弱了社会的凝聚力和向心力；社会的变革、利益的调整、观念的多元化使社会上出现了普遍的急功近利、心浮气躁的社会心态，是诱发和激化社会矛盾的“催化剂”；在相当多的阶层和群体上弥散着社会焦虑情绪，对人心安定影响极大。

（三）加强社会心理服务体系建设的重要性和必要性

1. 社会心理服务体系建设是打造“共建共治共享的社会治理格局”、推进市域社会治理现代化的重要基础

社会心理服务体系是社会治理体系的组成部分，也是国家治理体系和治理能力现代化的重要内容。从宏观层面上看，社会心理服务体系也是推进国家治理体系和治理能力现代化的关键举措。党的十九大报告提出“加强社会心理服务体系建设”的部署，是放在第八部分“提高保障和改善民生水平，加强和创新社会治理”的“（六）打造共建共治共享的社会治理格局”中进行阐述的。党的十九届四中全会通过的《决定》中“健全社会心理服务体系和危机干预机制”也是在第九部分“坚持和完善共建共治共享的社会治理制度，保持社会稳定、维护国家安全”提出的。

社会治理与社会心理状态有着直接的关系，良好的社会心态是社会和谐稳定发展的前提和基础。一个社会的社会心理状态是这个社会一定时期社会矛盾的集中反映，打造“共建共治共享”的社会治理格局需要社会共识，而社会共识的形成离不开社会心理服务，这是由社会治理的本质和发展趋势所决定的。社会心理服务可以综合运用心理疏导、心理干预等科学手段，运用

---

〔1〕 魏礼群主编：《中国社会治理通论》，北京师范大学出版社2019年版，第223页。

思想工作的方法，引领社会价值取向，有效疏解负面情绪，化解社会矛盾，防控社会风险，规范社会行为，构筑社会心理防线，维护社会稳定，打造“共建共治共享”的社会治理格局。

2. 社会心理服务体系建设是新时代化解社会主要矛盾、满足人民对美好生活需求的必然要求

党的十九大报告指出：“中国特色社会主义进入新时代，我国社会主要矛盾已经转化为人民日益增长的美好生活需求和不平衡不充分的发展之间的矛盾。”经过改革开放40余年的发展，我国社会生产力水平明显提高，人民生活显著改善，对美好生活的向往更加强烈，“美好生活需要”不仅包括物质文化需要，还包括在民主、法治、公平、正义、安全、环境等方面的要求日益增长，也包括社会心理的需求。影响人们对这些美好生活需求的主要因素是发展得不平衡不充分，发展得不平衡主要是指各区域、各领域、各方面发展失衡，发展得不充分是指在一些地区、领域和方面存在发展不足的问题。在发展不充分不平衡的地区、领域和方面就会存在负面的社会情绪和社会心态以及其他的心理问题，从而影响社会和谐。正如国家卫计委、中宣部、中央综治委等22个部门联合发布的《关于加强心理健康服务的指导意见》（国卫疾控发〔2016〕77号）中所指出的：“当前，我国正处于经济社会快速转型期，人们的生活节奏明显加快，竞争压力不断加剧，个体心理行为问题及其引发的社会问题日益凸显，引起社会各界广泛关注。一方面，心理行为异常和常见精神障碍人数逐年增多，个人极端情绪引发的恶性案（事）件时有发生，成为影响社会稳定和公共安全的危险因素。另一方面，心理健康服务体系不健全，政策法规不完善，社会心理疏导工作机制尚未建立，服务和管理能力严重滞后。现有的心理健康服务状况远远不能满足人民群众的需求及经济建设的需要。加强心理健康服务、健全社会心理服务体系迫在眉睫。”

3. 社会心理服务体系建设是践行“以人民为中心”的重大民生工程

以人民为中心是新时代我们党最核心的执政理念，坚持以人民为中心就是要践行全心全意为人民服务的根本宗旨，把人民对美好生活的向往作为奋斗目标，把人民放在心中至高无上的地位，实现好、维护好、发展好最广大人民根本利益，使发展成果更多更公平惠及全体人民。要实现这样的目标，就是要切实保障和改善民生，正如党的十九大报告所指出的：“要抓住人民最关心最直接最现实的利益问题，既尽力而为，又量力而行，一件事情接着一件事情办，一年接着一年干。坚持人人尽责、人人享有，坚守底线、突出重

点、完善制度、引导预期、完善公共服务体系，保障群众基本生活，不断满足人民日益增长的美好生活需要，不断促进社会公平正义，形成有效的社会治理、良好的社会秩序，使人民获得感、幸福感、安全感更加充实、更有保障、更可持续。”教育、就业、收入分配、社会保障、医疗卫生、生态环境等，这些关涉人民群众基本利益的项目，都会直接影响到人民群众的心理状态，极容易产生不良的社会心理问题。运用多样化的社会心理服务方式，深入了解和分析社会生活中的各种现象，帮助人们正确认识各种各样的社会问题，改善公众心理健康水平，形成良好社会心态，这是推进健康中国、平安中国建设的一项源头性、基础性工程，也是一项重大的民生工程。

二、加强心理健康服务、提高全民心理健康水平

心理健康是人在成长和发展过程中，认知合理、情绪稳定、行为适当、人际和谐、适应变化的一种完好状态。心理健康是健康的重要组成部分，关系广大群众的幸福安康，是影响经济社会发展的重大公共卫生问题和社会问题。心理健康服务是运用心理学及医学的理论和方法，预防和减少各类心理行为问题，促进心理健康、提高生活质量，其主要方式有心理健康宣传教育、心理咨询、心理疾病防治、心理危机干预等。它是社会心理服务体系的一个重要方面，也是属于社会治理的范畴。

中国科学院心理研究所发布的《中国国民心理健康发展报告（2017—2018）》指出，我国正处于经济社会快速转型期，人们的生活节奏明显加快，心理健康问题日益凸显，已成为影响经济社会发展的公共卫生问题和社会问题。报告显示，令人羡慕的银行业，超过半数的职工心理状况不佳，抑郁倾向阳性检出率达 21.5%，其中有超过一成的职工存在重度抑郁倾向，有 54.9% 的职工存在焦虑情绪，有 61.2% 的职工报告压力感较大或很大，30.6% 的职工在工作中表现出很高程度的倦怠。2021 年版《中国国民心理健康发展报告（2019—2020）》则显示我国不同地区的抑郁高风险检出率分别为：东部地区 13.4%、西部地区 20.1%、东北地区 12.4%、中部地区 20.6%。“近年来，我国心理行为异常和常见精神障碍人数逐年增多，个人极端情绪引发恶性案（事）件时有发生，成为影响社会稳定和公共安全的危险因素。同时，也应该看到，我国各地区各部门结合各自实际情况，从健全心理健康服务体系，搭建心理关爱服务平台，拓展心理健康服务领域，开展心

理疏导和危机干预，建立专业化心理健康服务队伍等方面进行了积极探索，取得了一定成效。这为我们在新时代进一步做好心理健康服务，健全心理服务体系工作奠定了基础。但与新时代推进社会治理现代化的目标要求还有很大差距，我们的心理健康服务体系还不够健全，政策法规尚不完善，心理疏导机制还没有建立，服务和管理能力严重滞后，现有的心理健康服务状况远远不能满足人民群众的需求及经济建设的需要。加强心理健康服务，健全社会心理服务体系迫在眉睫。”2016 年，国家卫计委等 22 个部门联合发布《关于加强心理健康服务的指导意见》，这是我国心理健康服务体系建设的“设计图”和“路线图”。

（一）大力发展各类心理健康服务

1. 全面开展心理健康促进与教育

社会民众缺乏对心理健康服务的认识，因此提高全民心理健康素质素养，必须进行心理健康知识的宣传教育，开展源头治理。要建立和完善心理健康服务宣传体系和教育机制，开展心理健康和心理疾病的科普工作，要结合“世界精神卫生日”[1] 及心理健康相关主题等，广泛开展心理健康科普活动。充分利用各种传播形式和积极创新宣传方式，宣传心理健康知识，提高全民心理素养，培育良好社会心态。倡导“每个人是自己的心理健康第一责任人”的理念，引导民众营造积极心态、预防不良心态，学会自我调适情绪困扰与心理压力，积极自助。

2. 积极推动心理咨询和心理治疗服务

心理咨询是心理健康服务的重要内容，心理咨询师是心理健康服务的重要专业力量。通过心理咨询和心理治疗专业人员的引导和支持作用，给予那些有心理障碍和心理疾病的人以帮助，改变他们在心理方面的消极状态，促使其以积极向上的态度去重建生活信心。依托村（社区）综治中心等场所，普遍设立心理咨询室或社会工作室，其建成率应达 80% 以上。高等院校要普遍设立心理健康教育与咨询中心（室），中小学要设立心理辅导室。100% 的

---

〔1〕“世界精神卫生日”是由世界精神病学协会（World Psychiatric Association，WPA）在 1992 年发起的，时间是每年的 10 月 10 日。世界各国每年都为“世界精神卫生日”准备丰富和周密的活动。1996 年，我国国家卫生部印发《关于开展 1996 年“世界精神卫生日”宣传教育活动的通知》（卫医康发〔1996〕第 79 号），要求全国各地开展形式多样的“世界精神卫生日”宣传活动，2001 年是世界卫生组织（WHO）的精神卫生年。

精神专科医院要设立心理门诊，40%二级以上综合医院开设心理门诊。培育发展一批社会心理服务专业机构，利用各种资源建立24小时公益心理援助平台，组建心理危机干预队伍。[1]

3. 重视心理危机干预和心理援助工作

心理疏导与危机干预是为了预防和消除人的各种不良心理行为，促进个体心理健康而采用的心理服务方式方法。这对于缓解人们的心理压力、疏导人的不良情绪、增进人的心理健康具有重要作用。要建立和完善心理健康教育、心理热线服务、心理评估测量、心理咨询、心理治疗、精神科治疗等衔接递进、密切合作的心理危机干预和心理援助模式；将此纳入各类突发事件应急预案和技术方案；加强心理危机干预的援助队伍的专业化、系统化建设；在突发事件善后和恢复重建过程中，加强对高危人群持续开展心理援助服务。要将心理危机干预和心理援助工作纳入当地经济和社会发展规划，作为健康细胞工程（健康社区、健康学校、健康企业、健康家庭）和基层平安建设的重要内容。

（二）加强城市重点人群心理健康服务

1. 普遍开展职业人群心理健康服务

针对职业人群工作压力大、职业倦怠比例高的现状，各机关、企事业和其他用人单位要把心理健康教育融入员工思想政治工作中，制定实施员工心理援助计划，为员工提供心理健康宣传、心理评估、教育培训、咨询辅导等服务。传授情绪管理、压力管理等自我心理调适方法和抑郁、焦虑等常见心理行为的调试方法，为员工主动寻求心理健康服务创造条件。试点地区要求建立健全员工心理服务网络，为员工提供心理服务。

2. 全面加强儿童青少年心理健康教育

未成年人心理发育并未成熟，加强儿童青少年心理健康教育至关重要。2020年《中国国民心理健康发展报告》显示青少年心理抑郁检出率为24.6%，其中，轻度抑郁的检出率为17.2%，重度抑郁为7.4%。各级各类学校在日常教育教学活动中，要融入适合学生特点的心理健康教育内容。要建立以专职心理健康教育教师为核心，以班主任和兼职教师为骨干，全体教职工共同参与的心理健康教育工作机制。学前教育机构和特殊教育机构应根据

---

〔1〕 以上指标为《全国社会心理服务体系建设试点工作方案》规定。

儿童心理发展需要和学生身心特点，开展心理健康教育，中小学要培养学生积极乐观、健康向上的心理品质，促进学生身心可持续发展。高等院校要开设心理健康教育课程，开展心理健康教育活动，重视提升大学生的心理调适能力，保持良好的适应能力，重视自杀预防，开展心理危机干预。共青团等组织要与学校、家庭、社会协同，开展“培育积极的心理品质，培养良好的行为习惯”的心理健康促进活动。尤其要关心留守儿童、流动儿童的心理健康，为遭受学生欺凌和校园暴力、家庭暴力、性侵犯等儿童、青少年提供及时的心理创伤干预。要逐步完善教育系统心理服务网络，高等院校要完善心理健康与咨询中心（室）建设，按照师生比 1：4000 配备心理专业教师，中小学设立心理辅导室，配备（专）兼职心理健康教育教师。

3. 关注老年人、妇女、儿童和残疾人心理健康

各级政府及有关部门尤其是老龄办、妇联、残联和基层组织要重点关注空巢、丧偶、失能、失智、留守老年人、妇女、儿童、残疾人和计划生育特殊家庭，充分利用老年协会、妇女之家、残疾人康复中心以及其他有资质的社会组织，为他们提供心理辅导、情绪疏解、悲伤抚慰、家庭关系调适等心理健康服务。加强对孕产期、更年期等特定时期妇女的心理关怀，对遭受性侵犯、家庭暴力等妇女及时提供心理援助。要发挥残疾人社区康复协调员、助残社会组织作用，依托城乡社区综合服务设施，广泛宣传心理健康知识，为残疾儿童家长、残疾人及其亲友提供心理疏导、康复经验交流等服务。通过开展“志愿助残阳光行动”“邻里守望”等群众性助残活动，为残疾人提供心理帮助。护理院、养老机构、残疾人福利机构、康复机构要积极引入专业力量开展心理健康服务。

4. 重视特殊人群心理健康服务

心理健康服务视域内的特殊人群是指流浪乞讨人员、公安监所被监管人员、服刑人员、社区矫正人员、刑满释放人员、强制隔离戒毒人员、社区戒毒和社区康复人员、参加戒毒药物维持治疗人员、自愿戒毒人员、易肇事肇祸严重精神障碍患者等人群。我国这一特殊人群的特点是数量庞大，相当一部分人融入社会困难，常遭受排斥和歧视，是不良心理问题易发人群。如处置不当，给其本人、家庭和社会都会带来严重影响和极大危害。因此，要健全政府、社会、家庭“三位一体”的帮扶体系，加强人文关怀和心理疏导，消除对特殊人群的歧视和排斥，帮助他们融入社会，提高他们承受挫折、适应环境的能力，预防和减少极端案（事）件的发生。

5. 加强严重精神障碍患者服务

截至2021年底，我国登记在册的重性精神障碍患者有660万，这是不容忽视的社会问题。各级综治、公安、民政、司法行政、卫生健康、残联等单位应联合建立精神卫生综合管理小组，多渠道开展患者日常发现、登记、随访、危险性评估、服药指导、心理支持和疏导等服务。动员社区组织、患者家属参与居家患者管理服务。做好基本医疗保险、城乡居民大病保险、医疗救助、疾病应急救助等制度衔接，逐步提高患者医疗保障水平，减轻贫困患者医疗费用负担。要认真贯彻民政部等4部门《关于加快精神障碍社区康复服务发展的意见》，建立健全精神障碍患者社区康复服务体系，大力推广“社会化、综合性、开放式”的精神障碍康复模式，做好医疗康复和社区康复的有效衔接。

（三）建立健全心理健康服务体系

1. 建立健全各部门各行业心理健康服务网络

一是鼓励党政机关和企事业单位普遍设立心理健康辅导室，培养心理健康服务骨干队伍，配备（专）兼职心理健康辅导人员。二是教育系统要进一步完善学生心理健康服务体系，提高心理健康教育与咨询服务的专业化水平。三是公安、司法行政等部门要根据行业特点，普遍设立心理服务机构，配备专业人员，成立危机干预专家组，对系统内人员和工作对象开展心理健康教育、心理健康评估和心理训练等服务。

2. 搭建基层心理健康服务平台

将心理健康服务作为城乡社区服务的重要内容，依托社区综合服务设施或基层综治中心，建立社区心理咨询（辅导）室或社会工作室，发挥社会组织和社会工作者在婚姻家庭、邻里关系、矫治帮扶、心理疏导等服务方面的优势，进一步完善社区、社会组织、社会工作者三社联动机制。可以通过政府购买服务的方式，为群众搭建便捷、有效的服务平台，引导社会组织、社会工作者和志愿者积极参与心理健康服务，为贫困弱势群体和重大生活变故群体提供心理健康服务，支持社会心理服务机构参与社会心理服务。确保社区心理健康服务工作有场地、有设施、有保障。

3. 鼓励培育社会化的心理健康服务机构

要积极推进社会化心理健康服务机构发展壮大，鼓励专业心理人员创办心理健康服务机构，政府有关部门要积极支持培育专业化、规范化的心理咨询、辅导机构，通过购买服务等形式，向各类机关、企事业单位和其他用人单位、基层组织及社区群众提供心理咨询服务，逐步扩大服务覆盖面，为弱势群体提供公益性服务，社会心理服务机构要加大服务技能和伦理道德培训，提升对心理行为问题的服务能力。

4. 加强医疗机构心理健康服务能力

卫生健康部门要整合现有资源，进一步加强心理健康服务体系建设，支持省、市、县三级精神卫生专业机构提升心理健康服务能力。鼓励和引导综合医院开设精神（心理）科，基层医疗卫生机构普遍配备专职或兼职精神卫生防治人员，精神卫生医疗机构要开设心理门诊，妇幼保健机构要将心理健康服务融入孕产妇和儿童保健工作。要发挥中医医疗机构和中医药在心理健康服务中的作用。基层医疗卫生机构要加强与精神卫生医疗机构的合作，结合家庭医生签约服务，对辖区居民进行心理健康科普宣传、心理健康评估，推广老年痴呆适宜防治技术。通过互联网技术提高服务质量，强化医疗服务中的人文关怀。

（四）加强心理服务人才队伍建设

1. 加强心理健康专业人才培养

心理健康专业人才是指心理咨询师、心理治疗师、康复师、精神科医护人员、社会工作者等，他们是开展心理健康服务的基本保障，在心理健康服务中具有不可替代的作用。我国心理健康服务专业人才数量不足，基础薄弱，远远不能满足社会需求。要从培养专业人才的教育抓起，逐步形成学历教育、毕业后教育、继续教育相结合的心理健康专业人才培养制度。有条件的高校要开设临床与咨询心理学等相关专业，重视理论教学与实践技能的培养，建立教学实践基地和实践督导体系，探索符合中国特色的人才培养模式和教学方法。

2. 促进心理健康服务人才有序发展

一是要加强心理咨询师资格鉴定和规范管理，完善全国统一的心理咨询师国家职业标准，从培训、考核、核发职业资格证书及信息登记上网各环节，加强监督管理。二是要加强对心理健康专业人员的培养和使用的制度建设，医疗机构要重视心理健康专业人才培养，加强专业人才综合服务团队建设，积极培育医务社会工作者队伍，充分发挥他们在心理健康服务方面的专业优势。三是各部门、各行业对所属心理健康服务机构和人员要加强培训、继续教育和规范管理。

3. 完善心理健康服务人才激励机制

有关部门要积极设立心理健康服务岗位，将心理健康服务专业人才纳入专业技术岗位设置与管理体系，根据行业特点分类制定人才激励和保障政策，加强政策扶持，在医疗价格改革中，要注重体现心理服务技术劳动价值，增加岗位吸引力、调动心理健康服务工作人员的积极性。

4. 发挥心理健康服务行业组织作用

心理健康服务行业组织，诸如心理相关学会、协会等，其规范和引导在心理健康服务管理中具有重要作用。要在国家卫生健康部门的指导下，建立跨行业、跨部门的国家心理健康服务专家组，对开展心理健康服务提供技术支持和指导。依托专家组和行业组织，建立国家和区域心理健康服务机构和人员信息管理体系。对各类心理健康服务机构服务情况适时向社会公布，逐步形成优胜劣汰的良性运行机制，要建设一批心理健康服务示范单位。心理健康服务行业组织要协助政府建立行业技术标准和规范管理制度，发挥桥梁和纽带作用。发挥行业组织作用，加强开展心理健康学术交流、培训、科学研究等，促进心理健康服务水平的提高和规范发展。

（五）加强对心理健康服务的组织领导和工作保障

1. 加强组织领导

一是各级党委、政府要将加强心理健康服务、健全社会心理服务体系建设纳入当地经济和社会发展规划；二是要建立健全党政领导的、相关部门负责和配合的心理健康服务体系建设工作机构和目标责任制；三是要把心理健康教育作为领导干部培训考核的重要内容。

2. 明确部门职责

各部门、各行业要做好本部门、本行业人员的心理健康教育和心理疏导等工作，各相关部门要根据《关于加强心理健康服务的指导意见》制定实施方案。

3. 完善法规政策

加快心理健康服务法制化建设，不断完善心理健康服务的规范管理，研究相关法律问题，认真贯彻执行《精神卫生法》。各地可结合本地实际情况，对心理健康服务进行改革创新，将好经验、好方法通过地方性法规、规章制度、政策等形式固化下来。

4. 强化基础保障

一是政策保障，要积极落实基层组织开展心理健康服务和健全社会心理服务的相关政策，加大政府购买社会工作服务力度，完善其成本核算制度与标准规范。二是资金保障，要建立多元化资金筹措机制，积极开拓心理健康服务公益性事业融资渠道，鼓励社会资本投入心理健康服务领域。

5. 加强行业监督

完善心理健康服务监督机制，创新监督方式，推行属地化管理，规范心理健康服务机构从业行为，强化服务质量监督和日常监管。开展对心理健康服务机构的定期评估。加强对心理健康数据安全的保护意识，建立健全心理健康数据保护机制。

6. 加强心理健康相关科学研究

大力开展与心理健康相关的基础和应用研究，开展本土化心理健康基础理论的研究和成果转化及应用。针对重点人群的心理行为问题和重点心理疾病，开展多学科综合研究，鼓励以中医药为基础的心理健康相关理论和技术的实证研究，逐步形成有中国文化特色的心理学理论和临床服务规范。加强心理健康服务相关法律与政策等软科学研究，鼓励基于互联网技术的心理健康服务相关设备和产品研发，加强国际交流与合作，吸收借鉴国际先进科学技术及成功经验。

三、加强对良好社会心态的培育

习近平总书记指出，要“加强社会心理服务体系建设，培育自尊自信、理性平和、积极向上的社会心态”。社会心态是宏观层面的具有普遍性、群众性特征的社会心理状态，它是指在一定范围内的多数人或占一定比例的社会成员所表现出相近的心理特点和行为模式。[1] 培育良好的社会心态是社会心理服务体系建设的基本目标和着眼点。社会心态与社会治理有着直接的关系，良好的社会心态有助于打造“共建共治共享”的社会治理格局，有效的社会治理也有助于培育良好的社会心态。人是社会的主体，社会和谐文明的程度取决于社会成员的心态，特别是公民的思想道德素质，因此，培育公民自尊自信、理性平和、积极向上的社会心态，必须抓好公民的思想道德建设这一

〔1〕 魏礼群主编：《中国社会治理通论》，北京师范大学出版社2019年版，第228页。

社会治理的基本性工程。

（一）加快建立健全社会心理服务体系，加强和改进思想政治工作，注重人文关怀和心理疏导，着力推进公民道德素质的提升

党的十八大报告就明确强调："加强和改进思想政治工作，注重人文关怀和心理疏导，培育自尊自信、理性平和、积极向上的社会心态。"这指出了思想政治工作是提升公民道德素质、培育良好社会心态的重要措施和基本途径。中央政法委在《全国市域社会治理现代化试点工作评价指标体系》中明确要发挥德治教化作用，并制定了具体的要求，要"大力弘扬社会主义核心价值观，加强思想教育、道德教化"。具体措施是："坚持以社会主义核心价值观为统领，挖掘中华优秀传统文化、弘扬优良革命传统，用社会主义先进文化陶冶道德情操。深入实施公民道德建设工程，全面建设社会、学校、家庭'三位一体'的德育网络，充分发挥新媒体作用，讲好'平安故事'，增强平安建设的亲和力、公信力。"良好的社会心态与公民的道德素质具有直接的关系，道德素质良好的公民，一定有自尊自信、理性平和、积极向上的社会心态。可以说，公民的道德素质是形成良好社会心态的重要基础。新时代提升公民的道德素质必须加强和改进思想政治工作，思想政治工作是我们党的优良传统和政治优势，随着改革开放和经济建设的发展，社会情况发生了复杂而又深刻的变化，人们更加注重现实、讲究实惠，拜金主义、享乐主义、极端个人主义在一部分人头脑中滋生，而集体主义、无私奉献和艰苦朴素的作风被淡化；一些社会成员道德观念模糊甚至缺失，是非、善恶、美丑不分，见利忘义、唯利是图、损人利己、损公肥私、造假欺诈、不讲信用的现象久治不绝，突破公序良俗底线，妨害人民幸福生活，伤害国家尊严和民族感情的事件时有发生，必须采取有力措施切实加以解决。新时代的思想政治工作既重要又艰巨。加强思想政治工作的目的，就是要提升公民的道德素质。"思想道德素质是人们的思想观念、政治立场、价值取向、道德情操和行为习惯等方面素养和能力的综合体现，反映着一个人的思想境界和道德风貌。"〔1〕

要深入扎实进行思想政治教育。首先要加强政治理论学习，通过学习习近平新时代中国特色社会主义思想，坚定理想信念，提升精神境界。思想政治工作要注重人文关怀，人文关怀就是对人的生存状况的关注，对人的尊

---

〔1〕本书编写组：《思想道德修养与法律基础（2015年修订版）》，高等教育出版社2015年版，第8页。

严与符合人性的生活条件的肯定和对人类的解放与自由的追求，等等。思想政治工作就是做人的工作，当然要以人民为中心，关心人、爱护人、尊重人。

思想政治工作在新时代也要创新工作方式方法，注重针对性、实效性、导向性。要与解决群众实际问题结合起来，而不能是空洞的说教。正如中共中央、国务院《新时代公民道德建设实施纲要》所提出的，倡导共产主义道德，以为人民服务为核心，以集体主义为原则，重点抓好党员干部、青少年、社会公众人物三个群体的教育引导，推动道德实践养成。加大网上对突出问题的整治力度，加强网上热点课题和突发事件引导，组织开展道德领域突出问题专项治理，不断净化社会文化环境。全面开展“最美人物”“道德模范”“身边好人”等系列选树活动，加大宣传力度，弘扬正气新风，在基层推进道德评议会等评议机制，设立红黑榜、义举榜等平台，开展“星级文明户”“文明家庭”等评选，形成良好的道德约束激励机制。

（二）培育和践行社会主义核心价值观

价值观是个人对客观事物及对自己行为结果的意义的基本认知和评价，是个性心理结构的核心要素之一。价值观既是社会心态的反映，也是形成社会心态的意识形态基础，具有重要的引领作用。党的十九大报告提出要“培育和践行社会主义核心价值观”。社会主义核心价值观是当代中国精神的集中体现，凝结着全体人民共同的价值追求。习近平总书记指出，人类社会发展的历史表明，对一个民族、一个国家来说，最持久、最深层的力量是全社会共同认可的核心价值观。核心价值观承载着一个民族、一个国家的精神追求，体现着一个社会评判是非曲直的标准。[1] 社会主义核心价值观是良好的社会心态的精神支柱，对于培育自尊自信、理性平和、积极向上的社会心态具有基础性、决定性作用，同时也是振奋民族精神、增加民族自信、凝聚社会共识、激励人民奋斗的重要精神力量。

党的十八大提出：“倡导富强、民主、文明、和谐，倡导自由、平等、公正、法治，倡导爱国、敬业、诚信、友善，积极培育和践行社会主义核心价值观。”明确了社会主义核心价值观的基本内容。这与中国特色社会主义发展要求相契合，与中华优秀传统文化和人类文明优秀成果相承接，是为我们凝

〔1〕 习近平：《在文艺工作座谈会上的讲话》，载中共中央文献研究室编：《十八大以来重要文献选编（中）》，中央文献出版社2016年版，第133页。

聚全党全社会价值共识作出的重要论断，具有强大的感召力、凝聚力和吸引力，为我们培育和践行社会主义核心价值观提供了基本遵循。

"富强、民主、文明、和谐"是国家层面的价值目标，在社会主义核心价值观中居于最高层次。富强即国富民强，这是国家繁荣昌盛、人民幸福安康的物质基础；民主的实质和核心是人民当家作主，这是创造人民美好生活的政治保障；文明是社会进步的重要标志，是社会主义文化的高度概括，是实现中华民族伟大复兴的重要支撑；和谐是中国传统文化的基本理念，是社会主义现代化国家在社会建设领域的价值诉求，是经济社会和谐稳定、持续健康发展的重要保证。"自由、平等、公正、法治"是社会层面的价值取向，反映了中国特色社会主义的根本属性，是我们党矢志不渝、长期实践的核心价值理念。自由是指人的意志自由、存在和发展的自由，是马克思主义追求的社会价值目标；平等指的是公民在法律面前一律平等，它要求尊重和保障人权，人人依法享有平等参与、平等发展的权利；公正即社会公平与正义；法治是治国理政的基本方式，是实现自由平等公正的制度保障。"爱国、敬业、诚信、友善"是公民个人层面的价值准则，是公民基本道德规范。爱国是调节个人与祖国关系的行为准则，要求人们热爱祖国、维护祖国统一，自觉报效祖国；敬业是对公民职业行为准则的价值评价，要求公民忠于职守；诚信即诚实守信，是中华传统道德的传承，强调人们要诚实劳动、信守承诺；友善是强调公民之间互相尊重、互相关心、和睦友好、善良待人。

培育和践行社会主义核心价值观，要注意宣传教育、示范引领、实践养成相统一，注重政策保障、制度规范、法律约束相衔接，使社会主义核心价值观融入人们生产生活和精神世界，引导全体人民自觉践行。在社会治理中要把培育和践行社会主义核心价值观作为凝魂聚气、强基固本的基础工程。中共中央办公厅印发的《关于培育和践行社会主义核心价值观的意见》中也明确提出，"把培育和践行社会主义核心价值观落实到经济发展实践和社会治理中"，具体要求是："要把践行社会主义核心价值观作为社会治理的重要内容，融入制度建设和治理工作中，形成科学有效的诉求表达机制、利益协调机制、矛盾调处机制、权益保障机制，最大限度增进社会和谐。创新社会治理，完善激励机制、褒奖善行义举、实现治理效能与道德提升相互促进，形成好人好报、恩将德报的正向效应。完善市民公约、村规民约、学生守则、行业规范，强化规章制度实施力度，在日常治理中鲜明彰显社会主流价值，使正确行为得到鼓励、错误行为受到谴责。"

培育和践行社会主义核心价值观要从小抓起、从学校抓起，把社会主义核心价值观纳入国民教育总体规划，覆盖到所有学校和受教育者。推动社会主义核心价值观进教材、进课堂、进学生头脑。拓展青少年培育和践行社会主义核心价值观的有效途径，注重发挥校园文化的熏陶作用。建设师德高尚、业务精湛的高素质教师队伍。要加强社会主义核心价值观宣传教育，把社会主义核心价值观学习教育纳入各级党委（党组）中心组学习计划，纳入各级党委讲师团经常性宣讲内容。新闻媒体要发挥传播社会主流价值的主渠道作用。要适应互联网快速发展形势，把社会主义核心价值观体现到网络宣传、网络文化、网络服务中。发挥精神文化产品育人化人的重要功能，一切文化产品、文化服务和文化活动都要弘扬社会主义核心价值观、传递积极人生追求、高尚思想境界和健康生活情趣。让不同类型的文化产品都成为弘扬社会主流价值的生动载体。广泛开展道德实践活动，深化学雷锋服务活动，深化群众性精神文明创建活动，以及发挥优秀传统文化、重要节庆日传播社会主流价值的独特优势，运用公益广告传播社会主流价值、引领文明风尚等涵养社会主义核心价值观的实践活动，促进全社会形成自尊自信、理性平和、积极向上的社会心态。

（三）弘扬中华优秀传统文化

中华优秀传统文化积淀着中华民族最深沉的精神追求，包含着中华民族最根本的精神基因，代表着中华民族独特的精神标识，是中华民族生生不息、发展壮大的丰厚滋养。正如习近平总书记所指出的："中华优秀传统文化是我们最深厚的文化软实力，也是中国特色社会主义根植的文化沃土。"中华优秀传统文化源远流长，博大精深，中华民族形成和发展过程中产生的各种思想文化，记载了中华民族在长期奋斗中开展的精神活动、进行的理性思维、创造的文化成果，反映了中华民族的精神追求，其中最核心的内容已经成为中华民族最基本的文化基因。中华优秀传统文化作为中华民族的精神命脉，是涵养自尊自信、理性平和、积极向上的社会心态的重要源泉。如果割裂传统文化这一精神命脉，社会新态势必会出现各种各样的"病态"，诸如盲目追求西方文化、流行低俗文化、歪风邪气大行其道、正气得不到伸张等。中华传统文化中蕴含着的独特的人文精神和价值观念，是从根本上医治各种社会病态的良药。习近平总书记深刻指出："中国优秀传统文化的丰富哲学思想、人文精神、教化思想、道德观念等，可以为人们认识和改造世界提供有益启迪，可以为治国理政提供有益启示，也可以为道德建设提供有益启发。”习近平总书记还指出：“中华民族在长期实践中培育和形成了独特的思想理念和道德规范，有崇仁爱、重民本、守诚信、讲辩证、尚和合、求大同等思想，有自强不息、敬业乐群、扶正扬善、扶危济困、见义勇为、孝老爱亲等传统美德。中华优秀传统文化中很多思想观念和道德规范，不论过去还是现在，都有其不褪色的价值。”这些传统文化的精华深入人心，几千年来，涵养着我们的民族传统美德和社会正气。

要把弘扬中华优秀传统文化作为社会治理的重要软实力，不断深入开展完善中华优秀传统文化教育。增加国民教育中优秀传统文化课程内容，根据青少年教育的不同阶段，有序推进学校优秀传统文化教育。“青少年如果不能从课堂上接受正面力量的潜移默化，负面信息就会乘虚而入，影响青少年的思想健康。”重视民族传统节日的思想熏陶和文化教育功能，丰富民族传统节日的文化内涵，开展优秀传统文化普及活动，培育特色鲜明、气氛浓郁的节日文化。广播电视、报纸期刊、互联网和手机媒体要持续加大中华优秀传统文化的宣传力度。例如，中央电视台举办的《中国诗词大会》，在社会公众特别是青少年中掀起了学习中国古代诗词的热潮，起到了积极的促进作用，值得提倡和推广。要建设中华优秀传统文化传承体系，加强对优秀传统文化思想价值的挖掘，梳理和萃取中华文化中的思想精华，作出通俗易懂的当代表达，赋予其新的时代内涵，使之与中国特色的社会主义相适应，让优秀传统文化不断发扬光大。弘扬中华优秀传统文化，必须坚持与社会实践相结合，优秀传统文化本身就是先人从社会实践中总结概括的思想精华，离开社会实践而去宣传优秀传统文化，不能做到生动鲜活、缺乏生命力，也不可能在人们心中激起对中华优秀传统文化的礼敬和自豪。因此，要坚持实践标准，与时俱进，把握时代脉搏，紧跟时代步伐。弘扬中华优秀传统文化要坚持以马克思主义中国化的最新理论成果——习近平新时代中国特色社会主义思想为指导，要在继承的基础上创新，正确处理好与吸收外来文化的关系。

（四）完善惩恶扬善机制，营造风清气正的社会氛围

良好社会心态的形成与社会风气有密切的关系，一个社会是非善恶不分，歪风邪气恣意横行，美德善举得不到张扬，社会风气败坏，必然不会形成风清气正的社会氛围，对人民群众的社会心态影响极大。社会治理一定要完善惩恶扬善的机制。“勿以善小而不为，勿以恶小而为之”是我们民族传承至今

的做人信条。司法机关要严厉打击黑恶势力的违法犯罪活动，清除危害社会的“毒瘤”，增强人民群众的安全感，维护社会正义；要严厉整治毒化社会、危害青少年的网络淫秽色情的低俗信息，还网络以健康干净的环境；要加大对诋毁英烈行为的打击力度，维护我们民族英魂；要加大对失信失德失范行为的曝光力度，让诚实守信成为人们的行为准则。

乐善好施、扶危济困是中华民族的传统美德，要大力宣传美德义举善行，完善激励机制，褒奖善行义举，实现治理效能与道德提升相互促进，形成好人好报、恩将德报的正向效应，完善市民公约、社区民约、学生守则、行业规范，强化规章制度实施力度，在日常治理中鲜明彰显社会主流价值，使正确行为受到鼓励，错误行为受到谴责。

大力发展慈善事业，是推动社会治理创新，促进国家治理体系和治理能力现代化的现实需要。要贯彻实施好《中华人民共和国慈善法》（以下简称《慈善法》），鼓励、支持和引导慈善组织及其他社会力量，帮助困难群众解决最直接、最现实、最紧迫的民生问题。目前，“个别慈善组织内部治理不健全，行业自律机制不完备，社会慈善氛围不浓厚，严重影响了慈善的公信力和认可度”[1]。大力发展慈善事业，必须加强对慈善组织的规范管理。我国已将每年 9 月 5 日设立为“中华慈善日”，在全社会传播现代慈善理念，鼓励善行义举。

鼓励和组织各类形式的志愿服务，弘扬奉献、友爱、互助、进步的志愿精神。无论是党政机关、企事业单位、社会组织或是公民个人，都可以通过志愿服务的形式提供社会服务，参与社会建设，实现“人人参与、人人尽力、人人享有”的社会治理格局。我国志愿服务活动取得长足进步，截至 2018 年底，全国志愿服务信息系统中的注册志愿者已超 1 亿人，习近平总书记高度肯定了志愿服务，并指出今后志愿服务要进一步制度化，主要是推进志愿服务的法治化、规范化、组织化、信息化、社会化、常态化。

鼓励和支持见义勇为行为，奖励和保护见义勇为人员，弘扬社会正气。奖励和保护见义勇为人员，全国大部分地方都制定了相关的地方性法规，使见义勇为行为得到了法律保障。奖励和保护见义勇为人员，是全社会的责任，也是政府的责任，因此要坚持政府主导与社会参与相结合，社会管理综合治

---

〔1〕 全国干部培训教材编审指导委员会组织编写：《改善民生和创新社会治理》，人民出版社、党建读物出版社 2019 年版，第 178 页。

理工作机构负责奖励和保护见义勇为人员的日常工作。各种新闻媒体应当大力宣传见义勇为人员的先进事迹，要将精神鼓励、物质鼓励与权益保护结合起来。（有条件的市、县可以成立见义勇为基金或协会）各级政府应根据见义勇为人员的表现和贡献，给予表彰奖励。例如，《辽宁省奖励和保护见义勇为人员条例》规定：（1）县级人民政府授予见义勇为先进个人称号、颁发荣誉证书并给予不低于5万元的奖金。其中死亡或者完全丧失劳动能力的，增发不低于15万元奖金；（2）市人民政府授予见义勇为模范称号，颁发荣誉证书并在县级人民政府的奖励基础上再给予不低于10万元的奖金，其中死亡或者完全丧失劳动能力的，再增发不低于30万元奖金；（3）省级人民政府授予见义勇为英雄称号，颁发荣誉证书并在市级人民政府奖励的基础上再给予不低于20万元的奖金。其中死亡或者完全丧失劳动能力的，再增发不低于40万元奖金。

第八章　加强社区治理体系建设

一、社区治理是城市社会治理的基础和重心

（一）社区和社区治理

1. 社区的界定

社区是19世纪后期资本主义社会发生转折时，由德国社会学家斐迪南·滕尼斯首次提出的概念。意指“基于亲密关系、共同生活、情感习俗而形成的人类群体，包括血缘社区、地缘社区和精神社区三类”[1]。但人们对社区概念的理解一直众说纷纭。概括起来，主要有三种比较有代表性的说法。第一是指强调价值取向，作为“共同体”的社区；第二是指强调地域要素，作为社会整合的社区；第三是强调社会治理，作为基层社会治理单位的社区。社区的基本要素，即人群、地域和人与人之间的“共同体”。《北京市社区管理办法（试行）》对社区的定义为：“社区是指聚居在一定地域范围内的人们所组成的社会生活共同体。”该定义言简意赅，既确切表达了社区的基本含义，又通俗易懂，便于人们掌握。我国改革开放后，1986年，民政部首次把“社区”概念引入中国城市管理。

关于社区的分类，依照不同的标准可作出不同的划分。从我国社会的实际情况看，以社区形成的渊源为标准，可以分为：一是由政府依据地域界分，结合行政规划的社区，主要是城市居委会辖区；二是以农村自然村落为基础的自然社区。也有的学者将我国的社区分为广义的、狭义的社区，广义上的社区包括城市社区和农村社区，狭义的社区主要是指城市社区。社区具有多种功能，首先是社会化功能，作为社会化的重要场域，为社区成员提供了所需要的互动场所、人际关系、社会知识和价值观；其次，社区具有社会服务

---

〔1〕 李友梅等：《城市社会治理》，社会科学文献出版社2014年版，第262页。

与社会治理功能，“共同体”意义的社区，最突出的是居民在相同价值的标准下，共享共治；再次，社区具有社会参与和社会组织功能，社区居民以社区为单位参与国家和社会生活的方方面面；最后，社区还具有社会控制与社会支持功能，社区作为最基层的社会单位，主要通过社区矫正实现社会控制，同时为居民建构社会支持网络。[1]

2. 社区治理

社区治理是社会治理的重要组成部分，它是指在社区范围内，由政府、社会组织、社区居民等多元主体，依据法律法规政策及社区公约、规定等，通过协商谈判、协调互动、协同行动等对涉及社区共同利益的公共事务进行管理的过程。从1949年中华人民共和国成立到改革开放前，我国社会管理实行的是单位制，在城市，人们由单位进行管理，个人只有进入单位里，才能获得生存和发展所需要的社会资源，这个“单位”在城市里是企事业，在农村则是合作社、人民公社等集体经济组织和“政社合一”的基层政权。改革开放以后，我国社会逐渐发生了结构性变化，打破了“单位制”，开始以地域为基础来对社会进行组织，于是出现了“社区建设”“社区管理”“社区治理”的概念。新时代中国特色社会主义的社区治理是指在社区范围内，由基层党组织、政府、社区组织、居民及辖区单位，为维护社区公共利益和社区居民的共同利益，以及社区正常秩序，形成党领导下的政府治理和社会调节，居民自治良性互动的过程和机制。

我国社区治理的特点：一是社区治理主体的多元性，这是社区治理与传统的社会管理最重要的区别。管理或管控，主体是政府，而治理则是由社区范围内的基层党组织、政府、社会组织、居民、驻区单位，包括营利性和非营利性组织。二是社区治理机制的互动性，即在社区基层党组织的领导下，政府治理和社会调节、居民自治良性互动的治理格局。“互动”即不再是由政府自上而下的单一管理，而是政府、社会组织、居民三者之间通过商谈协作，共同管理社区事务。三是社区治理目标的公共性，社区治理的内容涉及社区居民生活的多个方面，诸如社区服务、社区安全、社区公共卫生和环境、社区福利、物业管理等，但治理目标非常明确，就是事关社区居民切身利益的公共事务。

---

[1] 魏礼群主编：《中国社会治理通论》，北京师范大学出版社2019年版，第259—260页。

（二）社区治理在城市社会治理中的重要地位

1. 城市社区是城市社会治理的基本单位

社区是社会的细胞，城市社区是城市居民生活的基本单元，也是居民退休生活的最基本场所，社区虽小，却连着千家万户，是我国基层社会的重要组成部分。从我国社会架构来看，城市社区是城市居民委员会辖区，按照我国《宪法》和《城市居民委员会组织法》的规定，居民委员会是依照有关法律，以城镇居民一定的居住地为纽带和范围设立，并由居民选举产生的成员组成，实行自我管理、自我教育、自我服务的社会组织，属于基层群众性自治组织。而在居民委员会，这一基层群众性自治组织辖区内的社区则更是体现了基层性的特点。从社会治理的角度看，社区治理是社会治理的基础层级，只有将基础打牢了，整个城市社会治理才能良性发展。同时，我们也应该认识到社区治理也是巩固执政党基础的重要基石。正如习近平总书记所说的，"基础不牢，地动山摇"。

2. 城市社区承载着社会治理的重要任务

社区既是社会成员获取基本公共服务的重要场所，也是政府行使社会治理职能和组织提供社会服务的基础平台。社会治理的许多工作都需要通过社区来完成，如社会矛盾化解，基层是第一线，"枫桥经验"最重要的一点就是将矛盾化解在基层。社会治安防控体系的建设同样需要社区组织和社区居民发挥群防群治的作用，社会维稳大量的、细致的工作是由基层社区来承担的。当然更重要的是，社区是人民安居乐业的场所，如何为社区居民提供公共服务也是社会治理的重要工作，让人民群众有更多的获得感、安全感和幸福感，社区治理至关重要。同时，社区也是公民行使民主权利的重要场域，社区具有组织和保障公民依法行使选举权和被选举权，以及沟通政府和公民之间上情下达、下情上达的重要功能。

3. 城市社区治理是适应新时代社会主要矛盾变化、践行以人民为中心的必然要求

党的十九大宣告中国特色社会主义进入新时代，我国社会的主要矛盾已经由落后的社会生产与人们日益增长的物质文化需求的矛盾转变为人民对美好生活的需求与发展的不平衡不充分之间的矛盾。改革开放以来，社区成为人民居住、生活的主要场所，社区居民的构成以及居民对美好生活的需求都日益多元化，人们除了物质文化的需求，更加关注精神需求，更加关注社区

生活的归属感和幸福感。习近平总书记强调，“社区是党和政府联系、服务居民群众的‘最后一公里’”。以人民为中心是共产党的宗旨，党领导各方面社会主体搞好社区治理就是要全心全意为人民服务，切实为人民排忧解难，习近平总书记强调：社区建设要与邻为善、以邻为伴，让老百姓过上好日子是我们一切工作的出发点和落脚点。把社区建设好，把幼有所育、学有所教、劳有所得、病有所医、老有所养、住有所居、弱有所扶等目标实现好。要把党的惠民政策宣传好，把社区居民和单位组织好，打造共建共治共享的社会治理格局。习近平总书记的这些重要指示，深刻体现了我们党以人民为中心的发展理念，是社区治理围绕服务居民、造福居民治理目标开展工作的指导思想和行动指南。

二、我国城市社区治理的现状和问题

（一）我国城市社区治理的发展

我国的社区治理是随着改革开放带来的社会结构变动的产物。在计划经济时期，我国社会管理实行的是“单位制”，一个企事业单位就是一个“小社会”，几乎所有问题都由单位解决，在这种体制下，人们只有“单位”概念而没有“社区”概念。在由计划经济体制向市场经济体制转型的过程中，原有的单位体制和街居体制逐渐失效或失灵，“单位人”也转向“社会人”。1991年民政部提出“社区建设”，我国各地开展了新型社区治理方式的探索；2000年，中共中央办公厅、国务院办公厅转发了《民政部关于在全国推进城市社区建设的意见》，标志着中国城市基层社会体制改革的全面启动，社区治理的模式逐步形成，社区建设不断发展。2007年10月，党的十七大明确提出，要把“城乡社区建设成为管理有序、服务完善、文明祥和的社会共同体”。

党的十八大以来，以习近平同志为核心的党中央高度重视社区治理工作，十八大报告指出：“在城乡社区治理、基层公共事务和公益事业中实行群众自我管理、自我服务、自我教育、自我监督，是人民依法直接行使民主权利的重要方式。”要健全基层党组织领导的、充满活力的基层群众自治机制，以扩大有序参与、推进信息公开、加强议事协商、强化权力监督为重点，拓宽范围和途径，丰富内容和形式，保障人民享有更多更切实的民主权利。党的十八届三中全会关于全面深化改革的决定又提出，要“促进群众在城乡社区治理、基层公共事务和公益事业中依法自我管理、自我服务、自我教育、自我监督”。2014 年 3 月，习近平总书记在全国“两会”期间参加上海代表团审议时指出：“社会治理的重心必须落到城乡社区，社区服务和管理能力强了，社会治理的基础就实了。”2016 年 12 月 30 日，习近平主持召开中央全面深化改革领导小组第三十一次会议，审议通过了《关于加强和完善城乡社区治理的意见》，会议指出：“加强和完善城乡社区治理要以基层党组织建设为关键，以居民需求为导向，健全完善城乡社区治理体系，提升城乡社区治理水平，补齐城乡社区治理短板，推动形成党领导下的政府治理和社会调节、居民自治良性互动格局，全面提升城乡社区治理法治化、科学化、精细化水平。”党的十九大对新时代社区治理也提出了明确要求，十九大报告指出：“加强社区治理体系建设，推动社会治理重心向基层下移，发挥社会组织作用，实现政府治理和社会调节、居民自治良性互动。”2019 年，党的十九届四中全会通过的《决定》将基层社会治理作为国家治理的重要组成部分，明确提出“构建基层社会治理新格局”，要“完善群众参与基层社会治理的制度化渠道。健全党组织领导的自治、法治、德治相结合的城乡基层治理体系，健全社区管理和服务机制，推行网格化管理和服务，发挥群团组织、社会组织作用，发挥行业协会商会自律功能，实现政府治理和社会调节、居民自治良性互动，夯实基层社会治理基础。加快推进市域社会治理现代化。推动社会治理和服务重心向基层下移，把更多资源下沉到基层，更好提供精准化、精细化服务”。十九届四中全会关于构建基层社会治理新格局的决定和部署是当前和今后一个时期社区治理创新的指导和行动纲领，2021 年 4 月中共中央、国务院发布了《关于加强基层治理体系和治理能力现代化建设的意见》，具体部署了包括城市社区在内的乡镇（街道）和社区治理方案和措施。力争用 5 年左右时间，建立起党组织统一领导、政府依法履责、各类组织积极协同、群众广泛参与，自治、法治、德治相结合的基层治理体系，健全常态化管理和应急管理动态衔接的基层治理机制，构建网格化管理、精细化服务、信息化支撑、开放共享的基层管理服务平台；党建引领基层治理机制全面完善，基层政权坚强有力，基层群众自治充满活力，基层公共服务精准高效，党的执政基础更加坚实，基层治理体系和治理能力现代化水平明显提高。在此基础上力争再用 10 年时间，基本实现基层治理体系和治理能力现代化，中国特色基层治理制度优势充分展现。

（二）我国城市社区治理的成效和经验

改革开放40多年来，特别是党的十八大以来，我国城市社区治理作为社会治理和社区治理的基础和重心，随着党和国家对社会治理和社区治理的高度重视和持续发力，也在不断地探索，实施了一系列改革新举措，取得了积极的成效，我国社区治理水平有了比较明显的提高，涌现了一批典型经验。

1. 加强了城市社区治理体制的建设

我国社区治理是党委领导、政府负责、社会协同、公众参与、法治保障“五位一体”的治理体制。党委领导是社区治理体制的核心，加强基层党建成为城市社区治理体系建设的主线，同时加强社区党组织对社区各类社会组织及各项工作的领导。社区党组织成为社区治理的领导力量得到前所未有的加强。发挥基层政府在社区治理中的主导作用，政府在社区治理中的主导作用主要体现在顶层设计、制度安排、法治保障等方面。政府逐步厘清与社区群众性自治组织的权责界限，加强了对城市社区治理的政策支持。统筹社会各方面的力量，发挥其在城市社区治理中的协同作用，引导驻区单位、社会组织、群团组织等充分发挥各自作用。积极动员和组织群众参与社区治理，保障人民群众在社区治理事务中依法实现自我管理、自我服务、自我教育、自我监督，确保社会治理过程人民参与、成效人民评判、成果人民共享，社区治理法治化水平有所提升。

2. 城市社区治理能力的提升

社区服务供给能力得到了加强，坚持以人为本、服务为先的理念，加快社区公共服务体系的建设，健全社区服务机构，加大了服务群众的力度，着力做好与城市社区居民利益密切相关的劳动就业、教育、医疗卫生、社会保障、社会服务、公共法律服务、调解仲裁等公共服务事项，创新公共服务供给方式。提高社区矛盾预防化解能力，充分发挥人民调解的作用。各地学习新“枫桥经验”，做到将矛盾化解在基层。增强社区信息化应用能力，充分利用大数据、人工智能发展带来的便利，推进智慧管理平台建设，提高新技术应用能力，在信息储存、网络公共服务平台建设上绩效显著。

3. 普遍推行社区治理民主化、网络化、网格化、精细化

社区治理充分发扬民主，开展社区主体间平等协商。2015年7月，中共中央办公厅、国务院办公厅印发了《关于加强城乡社区协商的意见》，要求发扬基层民主、畅通民主渠道，开展形式多样的基层协商，推进城乡社区协商

制度化、规范化和程序化。城市社区治理网络化是社会治理现代化的重要指标，许多城市在社会治理中广泛运用互联网、大数据等信息化手段，打造“智慧社区”。网格化是社区治理的新生事物，是对社区传统管理模式的一种回应，即借助于空间和地理意义上的网格划分，运用网格地图技术将某一辖区划分为若干网格单元，作为最小的管理和服务单位。遵循“横向到边”和“纵向到底”的全方位原则，将网格化嵌入社区，有利于管理和服务、维稳等。社区治理的精细化是党的十八届五中全会提出的，互联网互联互通的特征，为精细化治理带来了契机，网格化就是社区治理精细化的重要体现，标准化是社区治理和公共服务精细化的关键。

4. 社区功能初步趋于完善，不断夯实社区治理基础

经过多年的探索和实践，我国社区建设取得了长足进步，社区功能初步完善。开展社会服务是社区的重要功能，各地社区普遍重视为社区居民服务的各项工作，创新服务形式，有的建立了家政服务中心、政务服务中心，开展爱心服务。加大服务资源的投入，有的设立居民活动中心等社区公共设施，方便了社区居民生活。社区较好地发挥了社会参与和社会组织功能，组织居民参与国家政治生活（如选举）、经济生活、社会生活和社区公共事务。社区还有效地发挥了社会控制和社会支持功能。社区功能的发挥使社区环境近年来普遍有所改善。社区文化生活日益丰富，增强了社区居民的认同感和归属感，强化了社区主人翁意识。社区在调解纠纷、矛盾化解方面发挥了“微治理”的作用，同时积极参与社会治安防控网建设，保障居民安全，创造了一批“平安社区”。

（三）我国城市社区治理的典型经验

1. 新时代“枫桥经验”

浙江省诸暨市枫桥镇是中国基层社会治理的一面旗帜，早在 20 世纪 60 年代，当时的枫桥区就在社会主义教育运动中创造了“在党的领导下，发动和依靠群众，坚持矛盾不上交，就地解决，实现矛盾少、治安好”的方式。毛泽东同志十分关注枫桥区的做法，亲笔批示要各地仿效和推广。1964 年 1 月 14 日，中共中央以正式文件形式向全国转发了“枫桥经验”。改革开放以后，“枫桥经验”不断与时俱进，创新发展，在“枫桥经验”诞生 50 周年之际，习近平总书记于 2013 年 10 月 9 日特意作出批示，要求“各级党委和政府要充分认识‘枫桥经验’的重大意义，发扬优良作风，适应时代要求，创

新群众工作方法，善于运用法治思维和法治方式解决涉及群众切身利益的矛盾和问题，把‘枫桥经验’坚持好、发展好，把党的群众路线坚持好、贯彻好”。“枫桥经验”虽然产生于乡镇，但它的成功经验已经远远超出了地域结构性范畴，对全国基层治理具有重要意义。新时代“枫桥经验”的主要内容：一是坚持党建引领，这是新时代“枫桥经验”本质特征的体现，也是它的政治灵魂；二是坚持人民主体地位，这是新时代“枫桥经验”的核心价值，实现人民的利益是它的根本价值导向；三是坚持“三治融合”，即坚持自治、法治、德治融合的主要路径；四是坚持人防、物防、技防、心防“四防并举”的重要手段；五是坚持共建共治共享的工作格局。2018 年 11 月 12 日，在浙江省绍兴市中央政法委、中共浙江省委召开纪念毛泽东同志批示学习推广“枫桥经验”55 周年暨习近平总书记指示坚持发展“枫桥经验”15 周年大会，介绍了各地各部门坚持发展“枫桥经验”的做法和成效。中央政法委书记郭声琨同志出席会议并发表重要讲话，他指出，实践充分证明，“枫桥经验”是党领导人民创造的一整套行之有效的社会治理方案，是新时代政法综治战线必须坚持、发扬的“金字招牌”。会议总结各地新时代“枫桥经验”主要有六大特点：一是创建了党建引领的方式方法，探索完善政治引领、思想引领、组织引领、能力引领、机制引领等渠道，确保基层社会治理的政治方向；二是探索了群众路线的实践路径，健全依靠群众、组织群众、发动群众的体制，创新为民谋利、为民办事、为民解忧的机制；三是丰富了“三治结合”的有效形式，即自治、法治、德治融合的路径，积极探索构建“自我管理、自我服务、自我监督”的自治建设体系和“严格执法、公正司法、全民守法”的法治建设体系和“以评立德、以文举德、以规促德”的德治建设体系；四是开创了“三共一体”的治理格局，围绕实现共建共治共享，统筹政府、市场、社会力量，共同建设治理体系，共同实施治理活动，共同分享治理成果，打造人人有责、人人尽责的命运共同体；五是健全了“三不目标”的实现机制，工作基点转移到预测预警预防上来，创新完善基层矛盾纠纷源头预防、排查预警、多元化化解机制，最大限度地把问题化解在萌芽、解决在基层，努力实现“小事不出村、大事不出镇、矛盾不上交”；六是迈向了“三和相融”的新境界，把中华传统治理智慧和现代治理理念结合起来，着力预防、化解人与人、人与自然的冲突，努力促进百姓和顺、城乡和美、社会和谐。新时代“枫桥经验”的重要内容是中国特色社会主义治理体系的独特优势。我国政治、经济、社会、文化和生态的持续稳定发展，充分反映了以

“枫桥经验”为重要内容的中国特色社会主义治理体系的独特优势。新时代“枫桥经验”要继续坚持，加快推进基层社会治理现代化，不断增强人民群众获得感、幸福感和安全感。

2. 福建省厦门市“美丽厦门共同缔造”社区治理新模式[1]

2013 年 7 月，福建省厦门市在思明区和海沧区启动了以“核心在共同，基础在社区，关键在激发群众参与、凝聚群众共识、塑造群众精神，根本在让群众满意、让群众幸福”为要义的“美丽厦门共同缔造”试点行动，着力构建街（镇）机构负责、居（村）组组织负责、社会组织协同、全体居民参与基层社会治理体系。主要做法：一是创新政府管理。厦门市改变政府“包打天下”的思维定式，将基层政府的注意力集中到提供优质公共服务和引导群众参与上来。二是激活基层组织。通过减负增效释放压力，明确基层群众性自治组织的角色定位，减轻它们的负担。三是发动群众参与，以分类决策为基础，组织群众参与，以“以奖代补”项目和丰富多彩的活动为载体吸引群众参与，以培训提高为手段引导群众参与，以规划、协调、服务为纽带带动群众参与，以民主议事制度为依据规范群众参与，以培育公共精神为根本提升群众参与，畅通了群众参与的渠道。四是培育社会组织，推进社会组织管理体制改革，通过实行直接登记、简化备案程序、放宽登记限制、建设社会组织孵化器等举措，迅速培育了一批社区服务类、公益慈善类、群众生活类、枢纽（联合）型社会组织。这些组织在扩大社会参与、协调利益关系、化解邻里矛盾、提升居民素质等方面发挥了重要作用。

3. 北京市基本形成现代社会社区复合治理结构、不断完善社区治理体系[2]

社区各治理主体之间在社区治理中形成各种合作互补关系，就是复合治理。北京市社区治理初步形成了“三位一体”的治理机制，即“以社区党组织为领导核心，以社区居民委员会为主体、社区服务站为平台、社区社会组织为补充，驻社区单位密切配合、社区居民户广泛参与，通过区域化党建、多元性自治、开放式服务，实现社区党建、社区自治、社区服务三者有机统一、共建共享的社区治理机制”。随着商品房小区小型社区的不断发展，北京市社区治理中，社区党组织、社区居民委员会、街道办事处、社区服务站、

---

〔1〕 全国干部培训教材编审指导委员会组织编写：《改善民生和创新社会治理》，人民出版社、党建读物出版社 2019 年版，第 157—159 页。

〔2〕 万鹏飞等：《2019 首都发展报告：社会治理研究》，科学出版社 2019 年版，第 155—157 页。

业主委员会、物业管理公司、社区自治居民等主体及其关系构成了首都社区治理体系的关键。

社区党组织是社区各类组织和各项工作的领导核心。社区居委会是社区居民的自治组织，依托社区服务站办理本社区居民的公共事务和公益事业，指导和监督业主大会、业主委员会和物业管理公司的工作，并参与对本市各级政府和街道办事处相关工作的监督评议。社区居委会可下设若干居民小组，居民小组可根据社区实际，采取楼委会、院委会、楼门自治小组等不同组织形式。根据《北京市社区管理办法（试行）》，业主委员会是物业管理区域内代表全体业主，“按照民主自治、自律、公益”的原则，对物业实施管理的组织，是业主大会的执行机构。业主委员会按市场规律聘请物业管理公司进行物业管理。业主大会、业主委员会作出的决定，应当告知相关的社区居委会和社区服务站，并接受社区居委会的指导与监督，听取社区服务站的意见和建议，社区服务站是政府在社区层面设立的公共服务平台，代理、代办政府在社区的公共服务，实现政府职能重心下移。社区服务站在街道办事处的领导和政府职能部门的业务指导下开展工作，同时接受社区党组织的领导和社区居委会的监督。为解决社区居委会行政化倾向，北京市还出台了相关政策，进一步理顺和规范了政府部门与社区的关系，减轻了社区居民委员会的工作负担。

北京市以精准对接群众需求为落脚点，打通基层社会治理和民生保障各环节。一是构建线上线下协同的社区服务体系，围绕群众生活中的焦点、难点、痛点问题，以三级社区服务为中心，以社区服务站、96156 热线和社区服务信息网为依托，及时搜集传送与社区居民生活密切相关信息，做到自动感知、及时提供服务，实现对社区居民“吃、住、行、游、购、娱、健”生活七大要素的数字化、智能化、互动化和协同化。二是探索建立小区智能安防体系。推广安装“智能门禁”、车辆道闸、消防感知等智能化技防设备，与“雪亮工程”建设有机融合，充分运用大数据分析预警实现管控、精准防控。三是打造智慧便民利民服务系统。着眼于“让数据多跑路、让群众少跑腿”，市公安局上线运行“网上北京市公安局”，法院系统推广智能咨询、语言识别、机器人应用和无障碍浏览为一体的“12348 北京法网”，检察系统建设检务公开与服务平台，司法行政系统建立法律援助、公证鉴定等多平台公共法律服务体系，为群众提供优质便捷的司法服务。

4. 上海市加强街道改革，做实最基础、最关键的治理单元

上海市认真落实习近平总书记对上海提出的“走出一条符合特大城市特点和规律的社会治理新路”的要求，重视基层治理，认为街道是基层社会治理最基础最关键的单元，直接影响社区治理的开展和成效。早在2014年就出台了《关于进一步创新社会治理加强基层建设的意见》，对基层社会治理规划了明确目标，即“经过3—5年努力，进一步完善基层社区治理体系，进一步提高基层社会治理能力，使基层社会在深刻变革中既充满活力又和谐有序，为城市治理体系和治理能力现代化奠定坚实基础，为上海顺利实现‘四个中心’和社会主义现代化国际大都市建设目标提供坚实保障”。《关于进一步创新社会治理加强基层建设的意见》对街镇基层政权赋权增能，使服务群众有了“升级版”平台，推进了街道职能转变。2017年，上海市制定《上海市社会治理“十三五”规划》，将完善社区共治自治机制，夯实基层治理基础，作为规划中十个主要任务之首。上海市加强街道改革，一是加强街道工作的党建引领。深入探索区域化党建，通过“组团式”服务、“社区党建联建”等活动，使党的领导成为街道社会治理的核心引领。二是推进街道职能转变。全市所有街道取消招商引资职能及考核奖励，主要力量投入社会治理和民生服务。深入推进执法体制改革，推动城管执法、房管、绿化、市容等力量下沉到街镇，赋予街镇对这些队伍的管理权、指挥权、考核权。三是改革街道机构。全市所有街道统一设置工作机构，由原来向上对口转变为更加注重“向下对应”，进一步做强社区事务受理服务中心、党建服务中心、综治服务中心等建设，实现公共服务窗口化、平台化，有效提升了服务群众的能力。四是切实推动资源和力量向社区倾斜，增强基层服务管理能力，划拨从市级机关“瘦身”精简的1317名行政编制，充实加强地域面积广、人口规模大、管理任务重的街镇工作力量，市级财政大幅度增加社区管理一般性转移支付，重点保障社区管理、城市维护、教育等领域。同时，全额保障街道财力，统筹加强对街镇、居村等基层组织和社区公共服务的财力保障。建立健全权责下放、资源下沉等配套保障机制和综合管理、指挥调度等下沉力量运行机制，实现重心下移、资源下沉、权力下放、权责统一。

5. 江苏省南通市创新网格化管理促进社区治理精细化

网格化管理是近年来各地加强和创新社会治理的重要方式，也是“推动源头治理创新”“打造共建共治共享的社会治理格局”的重要途径，其主要是依托现代信息网格技术，借助电子地图、卫星定位、远程监控、人脸识别等

现代信息网格技术手段的应用，将管辖地域范围内的人、地、事、物、组织等要素统一纳入单元网格实施系统化管理，以此推动政府行政力量下沉，提升基层社会矛盾与社会问题的排查与处置效率。网格化管理的重心在基层，以社区级网格为建设着力点，向上拓展至街道（乡镇）、县（市、区）、市（地）等层级，形成职能整合、上下联动的网格式治理格局。[1]

江苏省南通市在创新网格管理的实践中进行积极探索，取得了很好的效果。一是创建“三所共建”基层治理模式。南通市港闸区建立了由党委领导、综治牵头、“司法所、派出所、律师事务所”共同参与的“三所共建”调处模式，同时，还配套实施“定期研判预警、重大事务会商会办、社会稳定风险评估、涉法涉诉联合介入、合法权益保障联动”等五大工作机制。二是打造基层网格“微治理”平台，推动网格运行实体化。为落实源头治理理念，把网格化建设作为基层社会治理的第一道屏障，南通启东市根据地区实际搭建了“网格民情驿站”，将其作为基层网格“微治理”的平台载体，推动网格实体化运行。成立“网格民情工作室”；在全市 2263 个网格均建立起了“平安法治加油站”；成立由网格长牵头，网格员、老党员、老干部、老教师、老人大代表、老政协委员组成的“网格邻里议事会”；以“网格民情工作室”为平台，以网格志愿者为主力，成立多种形式的“互动性网格社团”。三是构建“一宗多专”社会矛盾化解机制，提高基层网格专业化水平。南通市在做大做强基层综合矛盾调处平台的同时，不断拓展医患、环保、教育、劳动人事、交通事故、沿海沿江水域纠纷等专业性领域社会矛盾调处机制，已建成 19 大类、共计 170 余家专业性社会矛盾调处中心，把相应领域社会矛盾化解在基层萌芽状态。四是实施“三措并举”，培育新型社会组织，增强网格服务供给能力。南通市积极引导公益性社会组织参与到基层网格化公共服务供给中，“关爱帮扶小组”“法律援助工作站”“居民互助服务站”等组织相继成立，至 2016 年底，南通市登记注册社会组织超过 2 万个，平均每万人拥有社会组织达 10 个以上，位居全国先进水平。在此基础上，南通市积极实施“三措并举”“培育新型综合性、专业化社会组织”：一是由行业协会、商会和学术类组织构建综合社会服务平台，搭建各级网格间政社互动的桥梁；二是将平台化服务延伸至乡村社区，重点建设基层公益类社会组织，为基层网格提

---

[1] 国务院发展研究中心公共管理与人力资源研究所“我国社会治理创新发展研究”课题组：《我国社会治理的制度与实践》，中国发展出版社 2018 年版，第 193 页。

供优质的公益类社会服务；三是建立社会从业者职业资格认证制度。

6. 辽宁省大连市创新构建网格化服务管理体系，开展“平安网格”创建活动

大连市着力加强基层社会治理，夯实社会治理的基础，持续推进社会治理重心下移、力量下沉、资源下倾，构建起“全要素网格”服务管理体系，实现大事全网联动，小事一格解决。

一是畅通民意诉求渠道，让社区居民的民情民意顺畅上达。大连市通过建立大连民意网，以平均每年解决几万个问题的速度服务着大连的千家万户，并培育推广大连市西岗区“365工作体系”，沙河口区“帮万家”等一批服务群众的品牌项目。其中，西岗区“365工作体系”的宗旨是：365天，24小时，全天候、全方位、全覆盖地为社区和群众服务，该体系自2012年创建以来，产生了广泛的社会影响，取得了良好的社会效果，入选“2014年度中国社区治理十大创新成果”，由民政部向全国推广，其管理案例也被选入全国社会治理范例30佳。“365工作体系”以365市民大楼为区级中枢，在下辖街道全部建立365市民中心，45个社区全部建立365工作站，同时将全区划分为120个一级网格，每个网格配备一名专职网格员，充分发挥全科网格的作用，对群众诉求一网受理，一口通办，一口回复，全程服务。通过搭建网格民意直通和民情互联网，最大限度掌握社区社情民意，真正做到了“做群众需要的事，让群众满意”。

二是深化平安网格联创活动。大连市紧紧围绕解决影响人民群众安全感、满意度和社会稳定的突出问题，全面构建起党委领导、政府主导、政法协调、各部门齐抓共管、社会力量积极参与的基层系列平安创建活动新格局。坚持把网格作为社区治理的最基本单元，将各类服务管理资源进一步向网格、家庭延伸，开展“平安建设网格联创”活动，依托全市1.6万个网格3.4万名专家专兼职网格员，及时反映和协调人民群众的利益诉求，在网格内实现资源共享、齐抓共管、联动共治，打造了邻里守望、居民自治、互助共享的幸福小区平安社区。

大连市做实“网格”这一最基础的平安创建单元，实现基层系列平安创建横向到边、纵向到底、全城覆盖，打造市、区市县、街（镇）、社区（村）、居民小区网格，具有大连特色的基层系列平安创建“六级联创”新模式，推进基层系列平安创建系统化、精细化、规范化，努力做到社情民意在网格中掌握、矛盾纠纷在网格中化解、平安隐患在网格中排除、治安防控在

网格中加强、平安创建在网格中深化，实现基层系列平安创建质量和效能新提升，使全市基层系列平安创建工作持续位居领先行列。

在推进“平安网格”创建活动中，首先要充分发挥基层党组织的领导核心和战斗堡垒作用，牢固树立以人民为中心的发展思想，紧紧围绕提高预测预警预防能力这一关键指标，坚持共建共治共享的基本要求。以网格为基本单元推进治安防控体系建设精准布局，推进人防、物防、技防建设，充分发挥社区警务在平安网格创建中的主力军作用，加大“雪亮工程”建设力度；以网格为基本单元，落实公共安全隐患排查整治责任，推进各类安全风险精准防控，加强居民小区等安全隐患排查，加强重点部位、场所的安全保卫措施等，以网格为基本单元加强社区内重点人员和出租屋服务管理，依托网格化，通过入户走访和科技信息化手段，对社区内重点人员和出租屋情况做到底数清、情况明。加强对社区内易肇事肇祸精神障碍患者、社区服刑人员、刑满释放人员、吸毒人员、涉邪教人员、易感染艾滋病病毒危险行为人群等特殊人群的服务管理，完善社区矫正工作机制，落实相关保障措施，提高社区矫正效能；以网格为基本单元，开展社区社会矛盾纠纷排查化解，加大社区内婚姻家庭、房地产、金融、劳资关系、社会保障、城市管理等领域矛盾纠纷排查力度，建立征地拆迁、劳资就业、交通事故等专业调解组织，依托医疗纠纷调解中心、物业管理纠纷调解中心的作用，处理好网格单元内的相关纠纷。广泛开展基层“品牌调解室”“金牌调解员”创建活动，认真做好信访案件化解工作，强化对非访人员的教育疏导，最大限度地减少社会对抗，努力把重点人员稳控在当地，把不安定因素化解在网格。

（四）城市社区治理存在的问题及需补齐的短板

1. 社区居委会行政化过强、自治性不足

根据我国《宪法》和《城市居民委员会组织法》的规定，我国居民委员会是基层群众性自治组织。所谓自治组织即以城市居民一定的居住地为纽带和范围设立，并由居民选举产生的成员组成的，实行自我管理、自我教育、自我服务的社会组织，它不同于国家政权组织和其他政治、经济组织，自治是它最重要的性质。现实情况是随着社会转型，政府的社会职能大量下沉，各种事务纷纷涌向社区，居委会承接了大量政府交办的任务和行政性事务，社区居民委员会作为居民自治组织，本来应该是居民的“头”，但现实中，居委会在很大程度上成为街道办事处的“腿”，街道办事处以“二传手”的角色，将相关工作任务直接转交给其“指导”的社区去办理，据调查，居委会服务内容包括民政、卫健医保、维护稳定、纠纷调解、普法、双拥、低保救助、社区文体、社区教育、残疾人管理、司法援助、社区矫正、社会治安等多达百余项，真可谓“上头千条线，下头一根针”，社区居委会不堪重负，无心无力开展居民自治活动，使得社区居民的很多需求得不到及时充分的满足。这些年，在社区减负增效的改革下，一些地方的社区甚至出现行政负担越减越重的“减负怪圈”；也有一些地方推动社区居委会具有公务员身份或事业编制待遇，使得社区居委会组织结构日益科层化，其日常运作表现出强烈的行政化色彩；在社区规范化建设的背景下，各种标准化、精细化的考核，也使得社区产生了更强的行政依赖性。[1]

2. 社区居民和其他主体对社区治理参与不足

社区自治的基础是社区居民广泛参与社区事务，但相当多的居民参与社区各类活动的积极性普遍不高。参与社区治理活动的群体大多是退休的老年人，青壮年则参与较少，老年人参与社区治理活动从福利角度考虑得较多，青年居民对社区活动缺乏兴趣。居民参与社区自治的意愿不强的主要原因在于居委会的日常工作忙于处理行政事务，行政化倾向明显，使得居民认为居委会也是一级政府，对其缺乏认同感，共同体意识难以形成。另外，很多居民认为社区活动与自己的利益关联度不大，社区治理无法调动公民参与的积极性，尚未形成多元主体参与的真正互动局面。社区一般都是动员退休老人参与社区治理，并不具有广泛的代表性，多数是一种政治动员性质的参与。社区其他社会组织是重要的社区治理参与载体，但数量少、功能结构单一、政策扶持不够，使得其发育不良，社会参与不足。有的地方一些驻区单位未能发挥参与社区治理的积极性和重要作用，甚至与社区产生一些矛盾，影响社区治理工作。

3. 社区缺乏公共服务和管理资源

不少社区在基层社会治理体制和资源配置上存在“头重脚轻”的现象，大量的人力资源、财政资源、物质资源都掌握在社区的上层，社区承担了街道和居委会的大量工作，但却不给社区提供相应的资源，各种资源均由上层行政部门控制，社区非但没有权利支配资源，往往还要承担义务和相应责任，责权利严重脱节。

---

〔1〕 魏礼群主编：《中国社会治理通论》，北京师范大学出版社 2019 年版，第 270—271 页。

不少社区仍然面临着办公用房紧张、社区公共服务用房和配套设施无着落、办公条件严重不足的问题。社区用房和公共服务资源一般都比较老旧，缺少稳定的资金进行维修和更新，目前大多数社区居委会资金来源仅能依靠当地政府下拨办公经费、各种活动创建经费、评比资金等免强维持，社区自身缺乏经营社区、提供公共服务的能力。还有的地方不少区直部门以改革工作进社区为名，将职能延伸到社区，让其承担大量额外的行政工作，却没有相应的工作经费保障，上级职能部门的执法性工作也下派到社区，而社区并没有这样的执法权力、设备和人员，还有不容忽视的问题是社区工作人员工资收入低，相比其他工作不具竞争力和吸引力，多数社区居委会很难建立稳定性较高、素质较高的队伍，当然会影响社区治理的水平。

4. 社区治理结构没有理顺

社区治理结构的核心是党的领导，社区党组织的建设极为关键。但由于认识不足，一些地方的社区党建浮在水面上，难以深入社区群众生活，一些地方的社区党建仍停留在口号层面，既缺乏组织载体，又缺乏场地经费支持，一些地方的社区党组织职能缺乏清晰的边界，对于如何发挥领导而非“替代”作用缺乏认识和相关规定，党组织参与的具体事务多、面面俱到，使其不堪重负；新建的商品房小区内的党建工作难以开展，小区“隐性党员”“口袋党员”多，老旧小区老年党员偏多，组织活动缺乏吸引力，也难以发挥组织功能。[1] 社区党组织的组织力有待提升，社区领导班子的整体素质有待提高，个别领导创新意识较差，基层党建、组织生活形式单一、软弱涣散，党组织服务意识差、服务能力弱，社区党组织可调配资源有限。

社区治理主体多元，但职责不清，社区工作站、社区公共服务站、小区物业公司、业主委员会都是近些年出现的新事物，人们对这些社区治理主体的认识和适应还缺少实践磨合和成熟模式，它们之间的权责关系并没有有效理顺，导致基层社区治理结构呈现碎片化现象，社会利益冲突多发频发。[2]

三、加强和完善城市社区治理的政策建议

中共中央、国务院于2017年5月发布《关于加强和完善城乡社区治理的

---

〔1〕 吴晓林：《以社区党建引领社区治理》，载光明网2019年6月27日，http://guancha.gmw.cn/2019-06/27/content_32951995.htm。

〔2〕 魏礼群主编：《中国社会治理通论》，北京师范大学出版社2019年版，第271页。

意见》。2019 年 10 月 31 日，中共十九届四中全会通过《决定》提出“构建基层社会治理新格局”，“完善群众参与基层社会治理的制度化渠道。健全党组织领导的自治、法治、德治相结合的城乡基层治理体系，健全社区管理和服务机制，推行网格化管理和服务，发挥群团组织、社会组织作用，发挥行业协会商会自律功能，实现政府治理和社会调节、居民自治良性互动，夯实基层社会治理基础。加快推进市域社会治理现代化，推动社会治理和服务重心向基层下移，把更多资源下沉到基层，更好提供精准化、精细化服务。注重发挥家庭家教家风在基层社会治理中的重要作用。加强边疆治理，推进兴边富民”。为我们加强和完善城市社区社会治理，促进社区治理体系和治理能力现代化指明了方向，作出了明确要求。根据党和国家的一系列部署，结合我国城市社区社会治理的实践，加强和完善城市社区社会治理，应该着重做好以下几个方面的工作。

（一）健全和完善城市社区社会治理体系

1. *充分发挥社区基层党组织领导核心作用*

坚持党的领导、强本固基，是社区治理的首要原则。社会治理体系是由众多子系统构成的复杂系统，核心是党的领导。要把基层党的建设、巩固党的执政基础作为贯穿社区社会治理的基层建设的主线。“推动基层党建与基层治理深度融合，积极探索基层党组织政治引领、组织引领、机制引领的途径和载体，紧紧围绕基层党组织构建公共服务圈、群众自治圈、社会共治圈。”〔1〕

创新基层党组织设置方式、推进“基层党建 +”工作模式，构建区域统筹、条块协同、共建共享的基层党建工作格局，以党建覆盖推动社区治理落地。推进党组织建在网格上，确保每个网格有一名党员作为网格员或网格辅助力量参与社区治理。新形势下基层党组织建设要搞好区域化党建，即街道、社区和驻区单位要共建互补。还要重视城市新兴领域的党建工作全覆盖，即城市商务楼宇、各类园区、商圈市场、网络媒体等的党建，社区党建党组织要处理好与居民委员会的关系，既要坚持和加强对居委会的领导，又要保障居委会作为基层群众性自治组织的自治性，依法组织居民开展自治。社区党

---

〔1〕 郭声琨：《坚持和完善共建共治共享的社会治理制度》，载本书编写组编著：《党的十九届四中全会〈决定〉学习辅导百问》，学习出版社、党建读物出版社 2019 年版，第 127 页。

组织要推进党员联系群众、挂牌亮身份、志愿服务等工作，创新党员参与社会治理、服务广大群众的工作载体，发挥带头示范作用。基层党组织要针对工作重心做好“三个转移”：转移到基层党组织建设上来；转移到做好公共服务、公共管理、公共安全工作上来；转移到为经济社会发展提供良好公共环境上来。加强社区服务型党组织建设，着力提升服务能力和水平，更好地服务改革、服务发展、服务民生、服务群众、服务党员。

2. 有效发挥基层政府主导作用

基层政府在社区治理中的作用发挥如何，直接关系到社区治理效能。在城市社区治理中政府发挥主导作用：一是省（自治区、直辖市）要按照条块结合、以块为主原则，制定区县职能部门、街道办事处在社会治理方面的权责清单。完善政府，特别是基层政府的社区治理负责体制，政府履行好社区治理的基本职能，从人力物力财力上保障社区治理和平安建设工作的顺利开展。二是依法厘清街道办事处和居民委员会的权责边界，明确居委会作为群众性自治组织承担的社区工作事项清单以及协助政府的社区工作事项清单，不能任意增加居民委员会的社区工作事项，影响居民居委会的自治性。三是街道办事处对于居民委员会承担社区工作清单和协助政府的社区工作清单以外的事项，可以通过向居民委员会购买服务等方式提供，即加强政府购买社会服务的力度，完善政府购买制度。四是街道办事处，包括派出它的上级政府应该确实履行社区治理主导责任职责，包括加强对社区治理的政策扶持、财力物力保障和能力建设指导，加强对居民委员会建设的指导规范。

3. 注重发挥基层群众性自治组织基础作用

社区居民委员会是社区自治的主体，基本功能是促进居民自治。其一，加强居民委员会规范化建设，合理确定其管辖范围和规范规模。促进居民自治和网格化管理有效衔接，加快工矿企业所在地、国有农（林）场、城市新建住宅区、流动人口聚居地的社区居民委员会组建工作。其二，要完善城市社区民主选举制度，进一步规范民主选举程序，通过依法选举稳步提高城市社区居民委员会中本社区居民的比例，切实保障农民工成为城市社区中常住居民的选举权利。其三，进一步增强基层群众性自治组织开展社区协商、服务社区居民的能力。建立健全居务监督委员会，推进居务公开和民主管理。其四，要充分发挥自治章程、居民公约在城市社区治理中的积极作用，弘扬公序良俗，促进法治、德治、自治有机融合。

4. 统筹发挥社会力量协调作用

社区社会组织在社区纠纷调解、健康养老、教育培训、公益慈善、防灾减灾、文体娱乐、邻里互助、居民融入等社区治理活动中具有重要的协调作用，应该大力发展在社区开展这些活动的社会组织。政府应该制定完善孵化培育、人才引进、资金扶持等扶持政策，落实税费优惠政策等。同时，要推进“三社（社区、社会组织、社会工作）联动”。具体要求，如完善社会组织发现居民需求，统筹设计服务项目，支持社会组织承接引导专业社会工作团队参与的工作体系。针对社区退休人员多的特点，鼓励和支持建立社区老年协会，搭建老年人参与社区治理的平台。还要积极引导驻区机关企业事业单位、其他社会力量和市场主体共同参与社区治理。

（二）不断提升城市社区治理水平

1. 增强社区居民参与能力

社区居民的参与是影响社区治理成效的重要因素。社区居民的参与能力主要是议事协商能力，要推动形成既有民主又有集中，既尊重多数人意愿又保护少数人合法权益的城市社区协商机制，凡涉及社区公共利益的重大决策事项，关乎居民群众切身利益的实际困难问题和矛盾纠纷，原则上都由社区党组织、社区居民委员会牵头，组织居民群众协商解决，支持和帮助居民群众养成协商意识，掌握协商方法，提高协商能力，探索将居民群众参与社区治理、维护公共利益情况纳入社会信用体系，推动学校参与社区治理，促进流动人口逐步纳入社区治理。

2. 提高社区服务供给能力

为社区居民提供切实充足的公共服务是社区治理工作的重要方面，也是社区居民对社区治理的认同和积极参与的关键。城市社区公共服务与居民切身利益密切相关的事项，诸如劳动就业、社会保障、卫生健康、教育事业、社会服务、住房保障、文化体育、公共安全、公共法律服务、调解仲裁等。一是要加快城市社区公共服务体系建设，我国许多地区在城市社区公共服务建设方面有许多好的经验，健全社区服务机构，要将社区服务纳入政府购买服务指导性目录，完善政府购买服务政策措施，按照有关规定选择承接主体。二是要创新城市和社区公共服务供给方式，推行首问负责、一窗多理、全程代办、服务承诺等制度。三是要提升社区医疗卫生服务能力和水平，更好地满足居民群众基本医疗卫生服务需求，探索建立社区公共空间综合利用机制，合理规划建设文化、体育、商业、物流等自助服务设施。四是鼓励和引导各类市场主体参与社区服务业。

3. 强化社区文化引领能力

社区文化是社区治理的软实力。一是要抓根本，即培育和践行社会主义核心价值观，大力弘扬中华优秀传统文化，培育心口相传的社区精神，增强居民群众对社区的认同感、归属感、责任感和荣誉感，将社会主义核心价值观融入居民公约，内化为居民群众的道德情感，外化为服务社会的自觉行动。二是重视发挥道德教化作用，建立健全社区道德评议机制，发现和宣传社区道德模范、好人好事，大力褒奖善行义举，用身边事教育身边人，引导社区居民崇德向善。三是组织居民群众开展文明家庭创建活动，发展社区志愿服务，倡导移风易俗，形成与邻为善、以邻为伴、守望相助的良好社区氛围。四是积极发展社区教育，建立健全社区教育网络，推进学习型社区建设。

4. 增强社区依法办事能力

一是完善社区相关立法，要进一步完善《城市居民委员会组织法》，研究制定社区治理相关行政法规，有立法权的地方要结合当地实际，出台城乡社区社会治理地方性法规和地方政府规章。二是推进法治社区建设，发挥警官、法官、检察官、律师、公证员、基层法律服务工作者的作用，深入开展法治宣传教育和法律进社区活动，不断增强社区居民的法治意识和法治观念，建立健全社区依法治理的良好氛围和优良风尚，推进覆盖社区居民的公共法律服务体系建设。社区治理法治化体系的建设，有助于化解社会矛盾纠纷，实现定分止争。

5. 提升社区矛盾预防化解能力

一是要完善利益表达机制，建立党代会代表、人大代表、政协委员联系社区制度，完善党员干部直接联系群众制度，引导群众理性合法表达利益诉求。二是要完善心理疏导机制，依托社区心理服务机构等专业社会组织，加强对城乡社区社会救助对象建档立卡，提升对贫困人口、困境儿童、精神障碍患者、社区服刑人员、刑满释放人员和留守儿童、妇女、老人等群体的人文关怀、心理慰藉等心理健康服务水平。三是完善矛盾调处机制，健全社区人民调解组织网络，引导人民调解员、基层法律服务工作者、社会工作者、心理咨询师等专业队伍，在物业纠纷、家事纠纷、邻里纠纷和信访化解等领域发挥积极作用。四是要推进平安社区建设。依托社区综治中心，拓展网格化服务管理，加强城乡社区治安防控网建设，深化城乡社区警务战略，全面提高社区治安综合治理水平，防范打击黑恶势力扰乱基层治理。

6. 增强社区信息化应用能力

一是要提高城市社区信息基础设施和技术装备水平，加强一体化社区信息服务站、社区信息亭、社区信息服务自助终端等公益性信息服务设施建设。二是应依托“互联网 + 政务服务”相关重点工程，加快城市社区公共服务综合信息平台建设，实现一号申请、一窗受理、一网通办，强化“一门式”服务模式的社区应用。三是实施“互联网 + 社区”行动计划，加快互联网与社区治理和服务体系的深度融合，运用社区论坛、微博、微信、移动客户端等新媒体，引导社区居民密切日常交往，参与公共事务，开展协商活动，组织邻里互助，探索网络化社区治理和服务新模式。发展社区电子商务。四是按照分级分类推进新型智慧城市建设的要求，务实推进智慧社区信息系统建设，积极开发智慧社区移动客户端，实现服务项目、资源和信息的多平台交互和多终端同步。

（三）着力补齐城市社区治理短板

1. 改善社区人居环境

社区人居环境是居民最为关注的问题，与居民的切身利益、生活质量息息相关。城市社区治理一定要高度重视改善社区人居环境。一是要完善城市社区基础设施，加快城市棚户区、城中村和危房改造。二是加强城市社区环境综合治理，做好城市社区绿化美化净化、垃圾分类处理、噪声污染治理、水资源再生利用等工作。广泛发动居民群众和驻区机关企事业单位参与环保活动，建设资源节约型、环境友好型社区。三是推进健康城市社区和平安社区建设。强化社区风险防范预案管理，加强社区应急避难场所建设，开展社区防灾减灾科普宣传教育，有序组织开展社区应对突发事件的预防和处置能力。加强消防宣传和消防治理，提高火灾事故防范和处置能力。推进消防安全社区建设。

2. 加快社区综合服务设施建设

一是将城市社区综合服务设施建设纳入当地国民经济和社会发展规划、城市规划等。按照每百户居民拥有综合服务设施面积不低于 30 平方米的场地标准，以新建、改造、购买项目配套和整合共享等形式，逐步实现城市社区综合服务设施全覆盖。二是要落实不动产统一登记制度，做好政府投资建设的城市社区综合服务设施不动产登记服务工作。三是所有以社区居民为对象的公共服务、志愿服务、专业社会工作服务，除国家另有规定外，原则上均应在城市社区综合服务设施中提供。要创新社区综合服务设施运营机制，通过居民群众协商管理、委托社会组织运营等方式，提高社区综合服务设施利用率。落实城市社区综合服务设施供暖、水电、燃气价格优惠政策。

3. 优化社区资源配置

一是要开展城市社区规划编制试点，落实城市总体规划要求，加强控制性详细规划，发挥社区规划专业人才作用，广泛吸纳居民群众参与，科学确定社区发展项目、建设任务和资源需求。二是要积极探索建立基层政府向城乡社区的治理资源统筹机制，推动人财物和责权利对称下沉到社区，增强社区统筹使用人财物等资源的自主权。三是要积极探索基层政府组织社区居民在社区资源配置、公共政策决策和执行过程中，有序参与听证、开展民主评议的机制。建立机关企事业单位履行社区治理责任评价体系，推动机关企事业单位积极参与社区服务、环境治理、社区治安综合治理等活动，面向社区开放文化、教育、体育等活动设施。注重运用市场机制优化社区资源配置。

4. 推进社区减负增效

一是要依据社区工作事项清单建立社区工作事项准入制度，应当由基层政府履行的法定职责，不得要求基层群众性自治组织承担，不得将居委会作为行政执法、拆迁拆违、环境整治、城市管理、招商引资等事项的责任主体；依法需要基层居委会协助的工作事项，应当为其提供经费和必要的工作条件。二是要进一步清理规范基层政府各职能部门在社区设立的工作机构和加挂的各种牌子，精简社区会议和工作台账，全面清理基层政府各职能部门要求居委会出具的各类证明。实行基层政府统一对社区工作进行综合考核评比，各职能部门不再单独组织考核评比活动，取消对社区工作的“一票否决”事项。

5. 改进社区物业服务管理

一是要加强社区党组织、社区居委会对业主委员会和物业服务企业的指导和监督，建立健全社区党组织、社区居民委员会、业主委员会和物业服务企业议事协调机制。二是要积极探索在社区居委会下设环境和物业管理委员会，督促业主委员会和物业服务企业履行职责；探索完善业主委员会的职能，依法保护业主的合法权益；探索符合条件的社区居民委员会成员通过法定程序兼任业主委员会成员；探索在无物业管理的老旧小区依托社区居民委员会实行自治管理。

（四）强化城市社区治理的组织保障

1. 完善领导体制和工作机制

一是各级党委和政府要把城市社区治理工作纳入重要议事日程，完善党委和政府统一领导、有关部门和群团组织密切配合、社会力量广泛参与的城市社区治理工作格局。二是完善中央层面城市社区治理工作协调机制，地方各级党委和政府要建立健全相应工作机制，抓好统筹指导、组织协调、资源整合和督促检查。各省（自治区、直辖市）党委和政府要建立研究决定城乡社区治理工作重大事项制度，定期研究城乡社区治理工作。三是市区党委书记要认真履行第一责任人职责，街道党工委书记要履行好直接责任人制度。要把城市社区治理工作纳入地方党政领导班子和领导干部政绩考核指标体系，纳入市区党委书记抓基层党建工作述职评议考核。逐步建立以社区居民满意度为主要衡量标准的社区治理评价体系和评价结果公开机制。

2. 加大资金投入力度

一是加大财政保障力度，统筹使用各级各部门投入社区的符合条件的相关资金，提高资金使用效率，重点支持做好社区治理各项工作。二是老少边穷地区应根据当地发展水平，统筹中央财政一般性转移支付等现有资金渠道，支持做好城乡社区建设工作。三是要不断拓宽城乡社区治理资金筹集渠道，鼓励通过慈善捐赠设立社区基金会等方式，引导社会资金投向社区治理领域。四是要创新城乡社区治理资金使用机制，有序引导居民群众参与确定资金使用方向和服务项目，全过程监督服务项目实施和资金使用。

3. 加强社区工作者队伍建设

一是将社区工作者队伍建设纳入国家和地方人才发展规划，地方要结合实际制定社区工作者队伍发展专项规划和社区工作者管理办法，把城乡社区党组织、基层群众性自治组织成员以及其他社区专职工作人员纳入社区工作者队伍统筹管理，建设一支素质优良的专业化社区工作者队伍。二是要加强社区党组织带头人队伍建设，优选配强社区党组织书记，加大从社区党组织书记中招录公务员和事业编制人员力度，注重把优秀社区党组织书记选拔到街道领导岗位，推动符合条件的社区党组织书记或班子成员通过依法选举担任居委会负责人或成员。三是社区专职工作人员由基层政府职能部门根据工作需要设岗招聘，街道办事处统一管理，社区组织统筹使用。四是要加强对社区工作者的教育培训。加强社区工作者作风建设。

4. 完善政策标准体系和激励宣传机制

一是加强社区治理工作理论政策研究，做好城乡社区发展规划编制工作，制定“三社联动”机制建设、政府购买社区服务等相关配套政策。加快建立社区治理标准体系，研究制定社区组织、社区服务、社区信息化建设等方面的基础通用标准、管理服务标准和设施配套配置标准。二是要及时总结推广社区治理先进经验，积极开展城市和谐社区建设示范创建活动，大力表彰先进社区组织和优秀社区工作者。充分发挥新闻媒体和网络新媒体作用，广泛宣传社区治理创新做法和突出成效，营造全社会关心、支持、参与城市社区治理的良好氛围。

第九章　加强和完善社会组织建设

一、社会组织概述

（一）社会组织的概念界定

一般认为，社会组织是由一定数量的社会成员按照一定的规范，并围绕一定的目标聚合而成的社会群体。我们现在在社会治理体系中所说的社会组织，是指“在政府和企业之外，向社会某个领域提供社会服务，同时具有组织性、非政府性、非营利性、公益性、自治性、志愿性等特点的组织”[1]。这里所说的社会组织，是党在2006年十六届六中全会中提出的新概念，这次会议通过了《中共中央关于构建社会主义和谐社会若干重大问题的决定》，在该决定“完善社会管理，保持社会安定有序”这一部分中提到“健全社会组织，增强服务社会功能，坚持培育发展和管理监督并重，完善培育扶持和依法管理社会组织的政策，发挥各类社会组织提供服务、反映诉求、规范行为的作用。发展和规范律师、公证、会计、资产评估等机构，鼓励社会力量在教育、科技、文化、卫生、体育、社会福利等领域兴办民办非企业单位。发挥行业协会、学会、商会等社会团体的社会功能，为经济社会发展服务。发展和规范各类基金会，促进公益事业发展。引导各类社会组织加强自身建设，提高自律性和诚信度。”这也是我们党正式提出“社会组织”的概念，在此之前我国较普遍使用的是“民间组织”的概念。2016年，我国民间组织管理局也更名为国家社会组织管理局。

党的十八大以来，以习近平同志为核心的党中央高度重视社会组织在社会治理中的重要作用，党的十八大报告提出：“加快形成政社分开、权责明确、依法自治的现代社会组织体制。”党的十八届三中全会通过《中共中央关

---

〔1〕 魏礼群主编：《中国社会治理通论》，北京师范大学出版社2019年版，第185—186页。

于全面深化改革若干重大问题的决定》指出，要充分激发社会组织活力，实现政府治理与社会自我调节、居民自治良性互动。

党的十九届四中全会通过《中共中央关于坚持和完善中国特色社会主义制度、推进国家治理体系和治理能力现代化若干重大问题的决定》，该决定在“坚持和完善共建共治共享的社会治理制度，保持社会稳定、维护国家安全”这部分中指出，要“发挥群团组织、社会组织作用，发挥行业协会商会自律功能，实现政府治理和社会调节、居民自治良性互动”。

（二）社会组织的分类

由于对社会组织分类的标准不同，产生了各种分类方式。依据我国现行法律法规，社会组织应分为社会团体、基金会、民办非企业单位（社会服务机构）三大类，这是从社会组织的性质和目的角度出发所作的划分。

2015 年，中共中央办公厅颁发的《关于加强社会组织党的建设工作的意见（试行）》中指出：“社会组织主要包括社会团体、民办非企业单位、基金会、社会中介组织以及城乡社区社会组织等。”

2016 年，中共中央办公厅、国务院办公厅印发《关于改革社会组织管理制度促进社会组织健康有序发展的意见》，其中提到“以社会团体、基金会和社会服务机构为主体组成的社会组织，是我国社会主义现代化建设的重要力量”。

这两份中央文件，都提到社会团体和基金会，而民办非企业单位和社会服务机构是同一类，民办非企业单位是从组织性质而言的，而社会服务机构则是从组织功能而言的，至于社会中介组织和城乡社会组织，也大多属于社会服务机构一类。

社会团体是由公民或企事业单位自愿组成，按章程开展活动的社会组织，包括行业性社团、学术性社团、专业性社团和联合性社团。

基金会是利用捐赠财产从事公益事业的社会组织，包括公募基金会和非公募基金会。

民办非企业单位（社会服务机构）是由企事业单位、社会团体和其他社会力量以及公民个人利用非国有资产举办的从事社会服务活动的社会组织。2017 年以后，我们开始使用“社会服务机构”替代“民办非企业单位”。主要是由于中共中央办公厅、国务院办公厅印发的《关于改革社会组织管理制度促进社会组织健康有序发展的意见》中是以“社会团体、基金会和社会服务机构”作为社会组织的主要力量，同时，随着《慈善法》和《中华人民共和国境外非政府组织境内活动管理法》（以下简称《境外非政府组织境内活动管理法》）的颁行，同时出现了慈善组织、境外非政府组织的概念。慈善组织是指依法成立，以面向社会开展慈善活动为宗旨的非营利性组织。慈善组织可以采取基金会、社会团体、社会服务机构等组织形式。境外非政府组织是指境外合法成立的基金会、社会团体、智库机构等非营利、非政府的社会组织。

（三）我国社会组织的发展和现状

1. 党和国家关于社会组织建设的指导思想和顶层设计

新中国成立后，在当时的政治、经济和社会背景下，我国建立了高度集中统一的社会管理体制，这个体制的主要特点是国家通过“单位”对生产资料和大部分生活资料的控制，使单位不仅成为社会生产的共同体，而且也是社会生活的共同体。在城市主要有大小不等、性质不同的企业单位、事业单位和街道居民委员会。是单位把社会的人们整合在各个单位共同体中，进而实现了对社会居民的“掌控”。通过单位，人们被组织化了，所以那时的人们都可以称之为“单位人”。这样单位化的组织形式在计划经济时代体现了集中力量办大事的优势，但也显现出被组织化的人们缺乏创造性和能动性的弱点，社会显得活力不足。

改革开放以后，随着经济体制改革的发展，特别是社会主义市场经济体制的确立，出现了社会的自由流动空间和自由流动资源，并日渐丰富。以城市社会来说，个体和私营经济的大量出现，使得“单位”的概念已变得不那么重要，国有企业的改革、事业单位福利政策的变化，使人们对单位的依赖逐渐减弱，各类社会组织逐渐涌现。20 世纪八九十年代，国际上也是社会组织的蓬勃发展时期。在国内外大环境影响下，我国的社会组织无论在数量、形式、活动和影响方面都进入了一个快速发展时期。

改革开放初期是以知识分子为主要力量推动社会组织发展，主要表现在社会领域出现了大量学术性团体。同时随着科技和经济的发展，行业组织纷纷出现。后来随着我国行政管理体制改革的展开，社会民主化气氛日益浓厚，人们的参与意识明显高涨，出现了一些具有明显政治参与倾向的社会团体，而向社会公共领域和社会服务领域发展也成为社会组织的重要发展方向。

1989 年，国家颁布了《社会团体登记管理条例》，1998 年又进行了较大修改，同时还颁布了《民办非企业单位登记管理暂行条例》。这些法规使得社会组织的发展得到了进一步的保障和规范。自21世纪开始，社会组织的发展逐步被纳入国家战略部署，党的十六届四中全会提出："发挥社团、行业组织和社会中介组织提供服务、反映诉求、规范行为的作用，形成社会管理和社会服务的合力。"党的十六届六中全会在通过的《中共中央关于构建社会主义和谐社会若干重大问题的决定》中，首次提出"社会组织"的概念，对健全社会组织，增强社会服务功能进行了系统阐述。党的十七大提出"社会建设"的基本思想，对社会组织的发展给予了重点关注。

特别是党的十八大以来，以习近平同志为核心的党中央高度重视，通过激发社会组织活力来提升社会治理水平。党的十八大提出"要围绕构建中国特色社会主义社会管理体系"，"加快形成政社分开、权责明确、依法自治的现代社会组织体制"。党的十八届三中全会强调"要激发社会组织活力"；正确处理政府和社会关系，加快实施政社分开，推进社会组织明确权责、依法自治、发挥作用。进一步推动社会组织发展，必须坚持党的领导与社会组织依法自治相统一，充分激发社会组织活力，实现政府治理与社会自治良性互动。党的十八届四中全会进一步强调社会组织的法治建设，要求"加强社会组织立法"，积极发挥社会组织在立法协商、普法和守法、推进法治社会建设等方面的作用。2016年，中共中央办公厅、国务院办公厅出台《关于改革社会组织管理制度促进社会组织健康有序发展的意见》，其提出我国社会组织发展要一手抓积极引导发展，一手抓严格依法管理，充分发挥社会组织服务国家、服务社会、服务群众、服务行业的作用，努力走出一条具有中国特色社会组织发展之路。总体目标是到2020年，统一登记、各司其职、协调配合、分级负责、依法监督的中国特色社会组织管理体制建立健全，社会组织法规政策更加完善，综合监管更加有效，党组织作用发挥更加明显，发展环境更加优化；政社分开、权责明确、依法自治的社会组织制度基本建立，结构合理、功能完善、竞争有序、诚信自律、充满活力的社会组织发展格局基本形成。

2017年召开的党的十九大指出，要发挥社会组织在推进社会主义协商民主，推动社会治理重心向基层下移，参与环境治理、加强基层党组织建设中的作用，并强调要注重从社会组织中发展党员，寄托了党中央对社会组织在新时代、新征程中再立新功的殷切希望。我国社会组织改革发展由此开启壮丽新篇章。党的十九届三中全会提出，深化群团组织改革，推进社会组织改革，激发群团组织和社会组织活力。党的十九届四中全会通过的《决定》中指出，要“发挥群团组织、社会组织作用，发挥行业协会商会自律功能，实现政府治理和社会调节、居民自治良性互动，夯实基层社会治理基础”。

党和国家对于社会组织建设和发展的方针政策是社会组织工作的指导和顶层设计，自党的十六届六中全会明确提出“社会组织”的概念以来，特别是党的十八大以来，社会组织的建设取得了较大发展，也产生了良好的社会治理效益。

2. 我国社会组织建设取得较大进展

根据民政部于2019年8月15日发布的《2018年民政事业发展统计公报》，截至2018年底，全国共有社会组织81.7万个，比上年增长7.3%，吸纳社会各类人员就业980.4万人，比上年增长13.4%。

2018年社会组织按主要活动领域分类

指标	社会团体	基金会	民办非企业单位
合计	366234	7034	444092
科学研究	14838	504	14665
教育	10102	1511	240012
卫生	8707	177	32882
社会服务	49409	2341	73024
文化	41835	295	26614
体育	33722	42	19986
工商业服务	42510	224	5437
农村及农村发展	64745	88	3060
其他	100366	1854	30412

通过以上数据可以看出，我国社会组织呈现比较稳定的发展态势，从数据上看，2018年比上年增长7.3%，达到81.7万个。但需要指出的是2018年社会组织的增速（8.4%）相比略有下滑，根据《中国社会组织报告》执行主编、中国社会科学院大学（研究生院）社会组织与公共治理中心主任蔡礼强教授分析说：“2018年社会组织增速略微下滑主要有三方面的原因：一是我国社会组织开始从高速增长阶段迈入高质量发展阶段，从重视数量扩张到更重视质量提升，注重社会组织的规范性、活跃度以及作用发挥等‘质’的提升；二是我国社会组织开始步入严登记、严监管时代，对社会组织的审核把关更加严格；三是打击整治合法社会组织违法违规活动的力度进一步加大，

长期以来，不开展活动、不进行年检、不正常换届的大量僵尸型、休眠型社会组织受到撤销登记的行政处罚，大量社会组织受到撤销登记处罚，导致数量减少。”[1]

3. 社会组织法制建设受到重视和加强

党的十八大以来，国务院出台一系列行政法规，加快社会组织法治建设的步伐。2013 年 9 月，国务院办公厅印发《关于政府向社会力量购买服务的指导意见》，建立健全政府向社会力量购买服务机制。2014 年 11 月，国务院出台《关于促进慈善事业健康发展的指导意见》，进一步完善对慈善组织的管理监督，激发慈善组织活力，促进其有序发展。为加强社会组织综合监管体系的完善，2015 年 5 月，民政部出台《关于探索建立社会组织第三方评估机制的指导意见》，明确了第三方评估的总体思路、基本原则、政策措施和组织领导。2015 年 7 月，中共中央办公厅、国务院办公厅印发《行业协会商会与行政机关脱钩总体方案》，提出在机构、人事、职能、财务、党建和外事五个方面实现社会组织与政府“脱钩”，真正实现政社分开。2016 年 4 月，十二届全国人大常委会第二十次会议通过《境外非政府组织境内活动管理法》，这是我国第一部针对境外非政府组织的立法，为境外非政府组织在我国境内开展活动提出行为规范，填补了法律空白。2016 年 7 月，中宣部、民政部等八部门联合印发《关于支持和发展志愿服务组织的意见》，在引导和鼓励志愿服务组织依法登记、组织内部治理、经费管理等方面作出规定，为志愿服务组织的发展奠定政策基础。2016 年 8 月，中共中央办公厅、国务院办公厅联合印发《关于改革社会组织管理制度促进社会组织健康有序发展的意见》，就进一步完善明确社会组织发展政策，加强社会组织管理和监督，完善社会组织登记审查，加强社会组织自身建设等方面提出了具体要求。

2016 年 9 月 1 日，十二届全国人大四次会议于 3 月 16 日通过的《慈善法》开始实施。这是社会领域的一部重要法律，对与慈善发展紧密相联的社会组织的现行管理体制具有很大的保障、规范和促进作用。这部法律对慈善组织募捐信息公开等内容进行了规范，使慈善组织范围涵盖目前三大类社会组织，其中有关慈善组织的直接登记、税收优惠、公募资格的动态调整，将民办非企业单位更名为社会服务机构等多项规定，为社会组织突破双重管理

〔1〕蔡礼强在 2019 年 7 月 12 日，由中国社会科学院大学（研究生院）和社会科学文献出版社在北京共同举办的《中国社会组织报告（2019）》蓝皮书发布会暨研讨会上的发言。

体制、享受慈善税收优惠提供法律依据，为促进社会组织发挥公益慈善功能提供新的动力。

2017年颁布的《中华人民共和国民法总则》[1] 将法人分为营利法人、非营利法人、特别法人，增设基金会、社会服务机构两大非营利法人，与社会团体事业单位并列，保障了基金会、民办非企业单位的法律地位。

4. 党建工作不断加强，引领社会组织正确发展

党的建设有了总方针，2015年，中共中央办公厅印发《关于加强社会组织党的建设工作的意见（试行）》，明确了社会组织、党组织的功能定位，社会组织党建工作的管理机制和工作机制，为新形势下加强社会组织党建工作指明了前进方向，提供了基本遵循。中央组织部把社会组织党的组织和党的工作有效履行作为重点任务，开展专项行动，推动各省（自治区、直辖市）、中央和国家机关集中推进社会组织、党组织建设工作，建立和改善了中央和地方社会组织党建工作管理体制。全国性社会组织基本实现两个“全覆盖”，地方社会组织党组织覆盖率也有较大提升。民政部下发文件要求新成立的社会组织同步建立党组织，并在年检和抽查中同步检查党建工作，推动社会组织将党的建设纳入章程。各地社会组织党建工作如火如荼地开展，创新之举层出不穷。上海、浙江明确要求在乡镇（街道）设立社会组织综合党委；辽宁在乡镇（街道）设立基层党建工作指导，指导区域内社会组织党建工作；陕西省委将社会组织党建工作纳入基层党建工作总体布局，在全省深入开展了社会组织集中组建活动。

5. 社会组织体制建设和管理制度日趋完善

我国社会组织进入严监管时代。前几年，一些机构和个人打着“一带一路”“军民融合”等旗号招摇撞骗，非法开展活动，在骗取公民钱财的同时也透支了社会信用。针对此类现象，民政部曝光13批1287家“离岸社团”“山寨社团”，净化了社会组织生态环境。2019年8月，在京发布的《中国社会组织报告（2019）》（即中国社会组织蓝皮书）指出，“打击整治非法社会组织力度为近二十年所未有”，“清理规范注册社会组织力度为近二十年所未有”，“社会组织年检、年报审核与处罚之严为近二十年所未有”，“社会组织监管力度之大为近二十年所未有”，“社会组织注册登记审核把关之严格为近

---

〔1〕 此法现已废止，相关规定参见《民法典》。

二十年所未有”。连续五个“近二十年所未有”[1] 可以看出，我国对社会组织采取更加严格的监管态度和更加严格的管理。2018 年针对非法社会组织的打击整治具有时间长、覆盖范围广、整治重点突出、效果显著等方面的特点。如清理规范注册社会组织，大量社会组织受到撤销登记处罚。2018 年全年共有 1724 个社会组织被列入中国社会组织公共服务平台的严重违法失信名单，受到撤销登记处罚而被列入中国社会组织公共服务平台严重违法失信名单的社会组织就有 1600 多个。当前我国社会组织监管体系包含从注册登记到撤销登记的全流程、全生命周期监管，包括登记管理机关、业务主管单位、行业管理部门和相关职能部门在内的全方位协同监管，包括年检年报、等级评估、专项检查、信用信息在内的全要素多措施监管。蓝皮书分析，当前和今后社会组织主管部门的立法和政策主基调是从严管理。

我国社会组织结构框架基本形成。经过几十年的努力，我国社会组织快速健康发展，组织数量和质量稳步提高，在城市社会治理的重要作用日益凸显。总体上，政社分开、权责明确、依法自治的社会组织体制框架基本形成。根据民政部于 2022 年 8 月 26 日发布的《2021 年民政事业发展统计公报》，截至 2021 年底，全国共有社会组织 90.2 万个，全国基层群众性自治组织 60.6 万个。社会组织通过承接教育转移职能，提供公共服务，开展行业自律推动“三社联动”等方式广泛参与社会治理，已成为我国社会主义现代化建设的一支重要力量，对打造共建共治共享的社会治理格局发挥着越来越重要的作用。例如，浙江省在社会治理方面，着力发挥社会组织的优势，使其积极参与原先由政府一手包揽的社会治理方面的工作，承接并承担从政府那里合理转移的相关社会治理职能，从而有效改善了社会治理格局。通过构建政策通道，保障社会组织积极承接政府购买的服务。浙江省政府先后制定《关于政府向社会力量购买服务的实施意见》和《关于推进政府职能向社会组织转移的意见》，将政府部门不宜行使、适合市场和社会提供的事务性管理工作及公共服务，通过竞争性方式交由社会组织承担，并逐步扩大政府向社会组织购买服务的范围和规模，对民生保障、社会治理、行业管理等公共服务项目同等条件下优先向社会组织购买。同时，政府相关部门对社会组织转移职能目录以及承接政府转移职能的社会组织推荐目录实行动态管理、定期调整。[2]

---

〔1〕 张维：《我国社会组织迈入高质量发展阶段》，载《法制日报》2019 年 8 月 17 日。

〔2〕 车俊主编：《透过浙江看中国的社会治理》，外文出版社 2018 年版。

二、社会组织在城市治理中的作用

（一）社会组织在社会治理体制中的性质和地位

党的十九届四中全会提出，我国社会治理的基本框架是：党委领导、政府负责、民主协商、社会协同、公众参与、法治保障、科技支撑。社会组织以其社会性、民间性、非营利性、志愿性、公益性、独立性等特征，成为社会治理单元和重要主体，特别是城市社会治理的重要参与者和实践者。社会组织参与社会治理是实现社会协同、打造共建共治共享的社会治理格局的重要形式。社会组织量大面广，分布在各个领域，联系着千家万户，服务着众多群众，是党和政府联系服务群众的桥梁和纽带；一批社会组织会集了大量专家学者，是党和政府的“智囊团”；一些社会组织可以有效地化解社会矛盾纠纷，成为促进社会和谐的“黏合剂”。[1]

社会组织作为我国社会主义建设和改革的有生力量，是发挥人民群众主人翁精神，实现公众理性有序、高效参与社会治理的重要载体。这个载体，可以畅通人民群众参与社会治理的渠道。形式多样化、活动内容丰富的社会组织可以满足人民群众日益增长的组织化意识、组建和参加社会组织的需求以及人民群众参与社会治理的要求。社会组织的组建需要登记审批，社会组织的活动要遵守法律和管理规则，这同时也是对社会组织成员参与社会治理活动的规范。组织化和法治化的社会组织，会提升社会组织成员参与社会治理的使命感和责任感，有助于锻炼和促进人民群众更好地实现自我管理、自我服务、自我发展。

社会组织也是党的工作、群众工作的重要阵地，是党的基层组织建设的重要领域。党把社会组织及其从业人员紧密团结在党的周围，发挥社会组织的独特优势，通过他们做好新兴社会阶层的工作，不断扩大党组织的影响力，可以有效增强党的阶级基础、扩大党的群众基础、夯实党的执政基础。

社会组织不仅是社会治理的主体，同时也是社会治理的客体，即对社会组织的治理也是社会治理工作的重要内容。中共中央办公厅、国务院办公厅印发的《关于改革社会组织管理制度促进社会组织健康有序发展的意见》，就

---

〔1〕 刘忠祥：《充分发挥社会组织在社会治理中的积极作用》，载《社会治理》2018 年第 7 期。

是对社会组织管理制度进行改革的重要意见，其关于社会组织管理制度改革的指导思想中，明确提出对社会组织“一手抓积极引导发展，一手抓严格依法管理”。社会组织本身成为社会治理的对象，这是因为，一方面，社会组织在社会治理中担负着极其重要的角色；另一方面，社会组织自身建设不足，社会组织管理体制不健全。我国在社会转型时期，各类社会组织大量涌现，吸纳了众多社会成员参与其中，进行着各种组织活动，的确发挥了积极作用，但是也确有一些社会组织不够规范，违法违规现象时有发生。根据民政部《2018 年民政事业发展统计公报》统计数据显示，全年共查处社会组织违法违规案件 9295 起，行政处罚 8665 起。[1] 公益腐败现象不断发生，影响了社会组织的公信力，因此要深化社会组织管理体制度改革，在社会组织参与社会治理的同时，对社会组织本身也要进行治理。政府要将社会组织纳入社会治理的正常轨道，进行正确而有效的监督管理，使其健康有序发展，在社会治理中发挥积极作用。

（二）提供公共服务

公共服务是指由政府、公共组织或其他社会力量履行法定职责，根据公民、法人或者其他组织的要求，提供具有共同消费性质的物品和服务，以帮助和满足公民生活、生存与发展的直接需要的行为。公共服务具有公共物品同样的特性：一是非排他性。对于已存在的公共服务，人人可以享用，如所有乘客都可以从公共交通中享受到便利的服务。二是非竞争性。即不存在消费或收益的竞争，消费者对公共服务的消费，相互之间不受影响。公共服务是 21 世纪公共行政和政府改革的核心理念，是保障公民权利，增强公民福祉，满足人民群众日益增长的美好生活需求的重要方面。当前公共服务的重点就是政府向社会力量购买服务。政府向社会力量购买服务，就是通过发挥市场机制作用，把政府直接向公众提供的公共服务等事项，按照一定的方式和程序，交由具备条件的社会力量承担，并由政府根据服务数量和质量向其支付费用。

政府向社会组织购买公共服务具有重要意义：第一，是健全完善公共服务体系的重要途径，改革开放以来，我国公共服务体系和制度建设不断推进，公共服务提供主体和提供方式逐步多样化，逐步形成了政府主导、社会参与

---

〔1〕 民政部：《2018 年民政事业发展统计公报》。

公办民办并举的公共服务供给模式，但同时也应该看到，与人民群众日益增长的公共服务需求相比，不少领域的公共服务存在质量不高、规模不足和发展不平衡等突出问题。从专业和效率的角度看，政府不能提供全部的公共服务，迫切需要政府创新公共服务供给模式，整合利用社会资源，构建多层次、多方式的公共服务供给体系。

第二，是转变政府职能的迫切需要。世纪之交，许多国家发起的新公共管理运动，就是鉴于20世纪以来，福利国家的社会管理模式的失灵，认为仅仅依靠政府提供公共服务，无法满足民众增长的多样化和个性化的需求。政府必须转变职能，可以外包公共服务授权给社会组织，并在服务提供者中培养竞争机制，以提高服务质量。我国的行政体制改革转变政府职能，可以将部分公共服务从直接承办、直接提供转为购买服务、监督质量，这样有利于充分发挥财政资金使用效益，切实降低行政成本，减轻国家负担，进一步提高公共服务水平和效率，对深化社会领域改革，推动政府职能转变，加快建设高效透明的服务型政府具有重要意义。

第三，是促进社会组织发展的重要举措。社会组织承接政府转移的相关职能，社会组织通过购买公共服务也解决了自身的部分经费，从而有效地改善了自身的生存条件。社会组织参与社会治理，积极承接政府购买的服务既实现了自身的存在价值，也促进了自身的组织建设，使社会组织能够积极发挥对于国家经济社会建设的促进作用，社会组织也得到健康发展。为了促进政府向社会力量购买服务，2013年国务院办公厅印发《关于政府向社会力量购买服务的指导意见》（国办发〔2013〕96号），强调要充分认识政府向社会力量购买服务的重要性，指出："实践证明，推行政府向社会力量购买服务是创新公共服务提供方式、加快服务业发展、引导有效需求的重要途径，对于深化社会领域改革，推动政府职能转变，整合利用社会资源，增强公众参与意识，激发经济社会活力，增加公共服务供给，提高公共服务水平和效率，都具有重要意义。"政府向社会力量购买服务的内容是那些适合采取市场化方式提供、社会力量能够承担的公共服务，突出公共性和公益性。教育、就业、社保、医疗卫生、住房保障、文化体育及残疾人服务等基础公共服务领域以及适合社会力量承担的，通过委托、承包、采购等方式由社会组织承担的非基本公共服务领域。

浙江省在发挥社会组织的积极作用，承接政府转移的相关职能，政府向社会力量购买服务方面采取了积极有效的做法，取得宝贵的经验。浙江省着力发挥社会组织的优势，使其积极参与原先由政府一手包揽的社会治理方面的工作，承接并承担从政府那里合理转移的相关社会治理职责，全面有效改善社会治理格局，构建政策渠道，保障社会组织积极承接政府购买的服务。一些原本由政府亲力亲为的事务与职责，在市场化大环境下，完全可以通过政府向市场购买服务的方式得以实施履行。一方面可以实现政府机构瘦身，另一方面可以提升相关工作的专业性与效率。而社会组织积极承接政府购买的服务，既实现自身的存在价值，也促进了自身的发展。浙江省政府分别制定出台了《关于政府向社会力量购买服务的实施意见》和《关于推进政府职能向社会组织转移的意见》，将政府部门不易行使、适合市场和社会提供的事务性管理工作及公共服务，通过竞争性方式交由社会组织承担，并逐步扩大政府向社会组织购买服务的范围和规模，对民生保障、社会治理、行业管理等公共服务项目同等条件下优先向社会组织购买。同时，政府相关部门对社会组织转移职能目录以及承接政府转移职能的社会组织推荐目录实行动态管理、定期调整。截至2017年底，全省列入该目录的社会组织6709家，并且政府通过简放政权，引导社会组织做好行业自律，促进行业社会组织健康发展，并通过社会组织承接政府购买服务和行业自律，营造良好氛围，激发社会组织积极从事公益服务，从而极大改善了基层社会治理状况。[1]

（三）推动经济发展

中共中央办公厅、国务院办公厅印发《关于改革社会组织管理制度促进社会组织健康有序发展的意见》，其在“发挥社会组织积极作用”部分指出：“支持社会组织尤其是行业协会商会在服务企业发展、规范市场秩序、开展行业自律、制定团体标准、维护会员权益、调解贸易纠纷等方面发挥作用，使之成为推动经济发展的重要力量。”

行业协会、商会是连接市场与政府的重要中介，也是我国社会组织中发展最充分的，在诉求表达、沟通协调、行业自律等方面作用显著。全国依法登记的行业协会、商会数量庞大，包括我国世界五百强和全国五百强企业在内的绝大部分规模以上企业，基本是行业协会、商会的会员。这些行业协会、商会在服务企业发展方面发挥了重要作用。社会组织是经济社会发展的又一增长点，主要体现在三个方面：一是促进经济增长。据不完全统计，2016年，

---

〔1〕 车俊主编：《透过浙江看中国的社会治理》，外文出版社2018年版，第65—67页。

全国社会组织增加值总量约2789亿元，占当年GDP的0.37%，占当年第三产业增长值的0.73%。二是带动投资刺激消费。社会组织拥有广泛的服务支出活动，能够带动其他经济主体的投资和消费，产生支出的乘数效应。三是促进就业。社会组织的活动范围广泛，以服务行业为主，需要大量的劳动力，是吸纳劳动力就业的重要领域。从吸纳就业来看，我国社会组织职工人数占总就业人数比重不断增长，2016年为0.98%（736.7万人）。[1]

社会组织在维护会员权益方面也可发挥自身的独特作用。随着经济的快速发展，多元化利益的冲突日益增多，劳资矛盾进入多发期。劳资纠纷数量增多，社会组织在劳工权益维护中的作用主要体现在代表劳工利益，通过组织化、制度化的渠道与企业沟通联系，采取司法诉讼、求助媒体、民间调解等多元化方式，预防和化解了大量劳资纠纷，将矛盾消融在基层有助于和谐劳资关系的建立，改善了劳动关系，促进了生产和经营活动的发展。例如，"小小鸟"打工互助热线是一家专门为外来进城务工人员维护合法权益、提供法律服务的公益机构，服务范围覆盖北京、深圳、沈阳、上海、重庆等地，拥有27名专兼职工作人员，585名律师志愿者和5092名普通志愿者。在为工人提供法律咨询服务的同时，"小小鸟"打工互助服务热线，通过调解和非诉讼的形式解决劳资纠纷，最大限度地减少企业与工人之间的矛盾，促进劳资关系的和谐。

社会组织开展行业自律，对于维护市场秩序、促进行业公平有序竞争发挥了重要作用。社会组织是社会成员自我管理、自我服务的社会自治组织，通过共同参与社会事务，可以激发主体意识，增强社会责任，提高治理能力，让社会成员参与到开放多元的市场竞争中。

（四）创新社会治理化解社会矛盾

社会组织在创新社会治理、化解社会矛盾、维护社会秩序、促进社会和谐方面发挥作用，是社会建设的重要主体。

我国目前正处于社会转型时期，社会结构紧张，不同群体利益诉求分化严重，社会矛盾不断增多并日益复杂化。按照传统的纠纷解决方式，由政府一家来解决社会矛盾的做法已经不能满足社会的需求。社会治理的重要任务

---

〔1〕 王伟进、王雄军：《我国社会组织参与社会治理的进展与问题》，载《国家治理》2018年第35期。

之一就是创新有效预防和化解社会矛盾纠纷机制。社会组织的特性，使其成为化解社会矛盾的“黏合剂”。社会组织可以容纳和调和多元化的社会诉求和价值追求，避免个体利益表达的无力、无序等弊端，能够缓和不同群体的矛盾冲突。一些社会组织能够广泛收集民情民意，可以成为群众利益表达的制度性平台，如社区组织因地缘组合到一起，以本社区群众为主体，以本社区为主要活动领域，作为根植于民间的第三方力量，触及社会底层，既理解群众的情绪，又了解群众的需求。这使社区社会组织能够在第一时间发现社会矛盾，以其高度的权威性做到早觉察、早预警、早处置，就可以及时采取措施，将社会矛盾控制或消弭在萌芽状态，从而避免局部矛盾，酿成全局性冲突。

在因社会利益冲突发生社会矛盾后，社会组织因其所具有的中立性，可以置身于利益冲突之外，作为第三方力量，利用其具有的调解与疏导功能，促进协商对话，缓和利益受损者的情绪，从而充当社会“安全阀”的角色[1]，代言公众诉求。社会组织调解社会矛盾以其社会性贴近群众，方便灵活，更容易被矛盾双方所接受，真正使矛盾纠纷化解在基层，促进社会和谐。

（五）发展公益事业满足民众需求

社会组织在发展公益慈善事业、繁荣科学文化、扩大就业渠道等方面发挥作用，满足人民群众多元化需求。我国社会组织因其自身特点，在参加公益慈善事业方面有巨大优势。近几年，社会组织平均每年募集500多亿元公益资金，凝聚上千万志愿者，在减贫济困、救灾防灾、助学助医、环境保护等方面发挥了重要作用。[2] 汶川地震后的第二天，上海的“携手同行”“俊杰车友会”等网络社会组织，显现出很强的社会动员能力，筹备了灾区最需要的食品、药品、衣物、帐篷等物资，并连夜送往灾区。这表明一些社会组织可以上网动员下网活动，其社会动员机制已经超越了传统想象。

社会组织在脱贫攻坚中发挥了重要作用，习近平总书记多次强调，要“动员全社会力量广泛参与扶贫事业，鼓励支持各类企业、社会组织、个人参与脱贫攻坚”。近年来，党中央、国务院连续出台一系列重要文件，对社会组

---

〔1〕 童星：《中国社会治理》，中国人民大学出版社2018年版，第202页。

〔2〕 全国干部培训教材编审指导委员会组织编写：《改善民生和创新社会治理》，人民出版社、党建读物出版社2019年版，第173页。

织参与脱贫攻坚提出明确要求。民政部积极贯彻落实习近平总书记关于社会组织参与脱贫攻坚的讲话精神，广泛动员部署，积极引导社会组织参与脱贫攻坚，取得了良好成效。2017年11月，民政部报请国务院扶贫开发领导小组印发了《关于广泛引导和动员社会组织参与扶贫攻坚的通知》，强调要高度重视社会组织在打赢扶贫攻坚战中的重要作用，明确社会组织重点参与产业扶贫、教育扶贫、健康扶贫、易地扶贫搬迁、志愿扶贫等领域要求，充分发挥全国性和省级社会组织的主力军作用，确定了各相关部门和单位的职责以及扶贫政策，为进一步广泛引导社会组织参与脱贫攻坚提供了制度保障和政策指导。在中央财政支持社会组织参与社会服务项目中，对参与“三区三州”[1] 等深度贫困地区的脱贫攻坚工作的社会组织产业倾斜。据全国性社会组织自愿申报的数据，共有265个全国性社会组织在贫困地区开展了751个扶贫项目，投入扶贫资金达到95亿元。江苏省民政厅参与苏陕扶贫协作，与陕西省民政厅筛选出首批47个社会组织扶贫项目，提供技术服务和物资支持，总计超2000万元。北京、天津、河北民政部门发挥协同作用，开展京津冀社会组织脱贫攻坚系列活动，投入扶贫资金超4亿元。浙江省依法登记成立的社会组织中，有很大一部分本身就是慈善公益类社会组织，如各类慈善基金会以及基层社区各类服务型组织；此外，还有很多社会组织，尽管其性质不是慈善公益类组织，但是在从事本职工作之外，它们也在积极地提供公益服务。截至2017年底，浙江全省纳入备案管理的社区社会组织提供了大量的涉及社区服务、卫生、教育、救助、帮扶、赡老助残、维权、文体等各方面的公益服务，从而极大地改善了基层社会治理状况，促进了社会和谐。注重公益服务的保障，宁波市鄞州区建立的公益线上众筹平台——“善缘”实施621个扶贫救助项目，募集善款1000余万元，吸引发动了69万人次参与公益帮扶，既广泛汇集公益资金，同时也凝聚了广大群众的公益之心。[2] 南京市2015年度“十佳社区公益服务品牌社会组织”中，超半数是为儿童和老人提供精神关爱、物质帮扶的社会组织。

社会治理既需要人力，又需要物力，政府当然责无旁贷，其是主要的人力财力来源。但面对社会转型中纷繁复杂的问题，仅靠政府的投入是不够的，

---

〔1〕“三区”是指西藏、新疆南疆四地州（和田地区、阿克苏地区、喀什地区、克孜勒苏柯尔克孜自治州）和青海、四川、甘肃、云南四省藏区；“三州”是指甘肃的临夏州、四川的凉山州和云南的怒江州。

〔2〕车俊主编：《透过浙江看中国的社会治理》，外文出版社2018年版，第67页。

还需要社会资源的支持。社会组织拥有较强的社会资源动员能力，通过广泛的聚集资金资源、人力资源投入社会治理领域。尤其是基金会具有以捐赠为基础形成的公益财产信托性，通过公开募款、资金运作和公益支持，可以有效整合大量社会资源，并将其投入社会公益事业中。自2010年起，社会组织接收捐款的数量大幅提升，社会组织筹款数量大幅度超过政府部门，成为接受公益事业捐赠的重要主体。2010年到2015年，民政部门接受社会的捐款捐物从2010年的173.7亿元降至2015年的44.2亿元；而社会组织接受社会的捐赠款物，从2010年的417亿元增至2015年的610.3亿元。[1]

在人力资源方面，我国志愿服务制度建设取得实质性进展。截至2015年底，我国已实现31个省自治区直辖市志愿服务组织领域全覆盖，覆盖志愿者多达1亿人。以“志愿云”技术为支撑，中国志愿服务联合会推动建立了全国志愿服务信息系统，目前共有26个省区市和76个地级市（区）顺利接入系统，实名注册志愿者超过825万人。[2]

社会组织在救灾工作中能够作出迅速反应，快速动员社会资源。为救灾和灾后治理提供支持，社会组织一般会在灾害发生的第一时间积极参与救援，并倡议捐款募捐，将可筹集的善款用于灾害紧急救援、过渡安置、恢复重建等阶段。同时，灾害中的社会组织及时进行自我组织和动员，倡导成立社会组织网络平台，发挥信息共享、组织协调等功能，引导广大志愿者、各类社会组织有序参与救灾。

三、社会组织参与城市社会治理面临的问题

中共中央办公厅、国务院办公厅印发的《关于改革社会组织管理制度促进社会组织健康有序发展的意见》，在肯定了改革开放以来，我国社会组织不断发展，在促进经济增长、繁荣社会事业、创新社会治理、扩大对外交往等方面发挥了积极作用的同时，也指出了我国社会组织发展中存在的问题。主要是法规制度建设滞后、管理体制不健全、支持引导力不够、社会组织自身建设不足等问题。从总体上看，社会组织发挥作用还不够充分，一些社会组织违法违规现象时有发生。这些问题和现象的存在，妨碍了社会组织健康有序的发展，也影响了城市社会治理中社会协同机制的形成和其作用的发挥。

---

〔1〕 龚维斌等：《中国社会治理创新之路》，经济科学出版社2019年版，第147—148页。
〔2〕 龚维斌等：《中国社会治理创新之路》，经济科学出版社2019年版，第147—148页。

（一）社会组织法律法规制度建设滞后

完善的社会组织法律法规制度是社会组织持续健康发展的重要保障。目前，我国社会组织立法尚未形成一个以社会组织基本法律为主干法，以规范社会组织和保障其合法权益的行政法规、规章为配套具体规则的、协调一致的统一体系。调整和规范社会组织的只有《社会团体登记管理条例》、《基金会管理条例》和《民办非企业单位登记管理暂行条例》这几部主要的行政法规，还有一些行政部门制定的规章和地方性法规。《慈善法》也涉及社会组织的内容，其位阶高于前几部行政法规，但它毕竟不是社会组织法。国内迄今还没有一部社会组织基本法，因而缺少对于社会组织的设立、地位、职能、财产属性、相关权利义务等方面的系统规定。而且，现有的法规位阶层级不高，影响其权威性和效力。有关社会组织参与社会治理的法律法规建设相对滞后，还表现在社会组织相关法规规章之间存在矛盾冲突。例如，民办非企业单位有关条例规定不可分红，而民办教育相关法律却提出可以“合理回报”；《慈善法》规定了面向社会公众的公开募捐，但配套政策未跟上，公开募捐缺乏行动指南；《社会团体登记管理条例》《民办非企业单位登记管理暂行条例》均制定于 1998 年，前者在 2016 年进行了修订，但都存在着相关规定不够具体、不够全面的问题，在治理结构、产权、年检和财务管理、税收优惠、政策扶持、用工性质和薪酬待遇、执法查处方面缺乏统一规定，已明显落后于改革需要。由于相关条例内容陈旧，登记管理工作大量运用内部解释，行政执法根据不足或有法难依；直接登记标准至今未出台，各级政府操作口径宽严不一，备案制社会组织，特别是“小微”社会组织增长较快，监督管理未跟进。[1] 现行法规中也存在着一些偏向，如关于社会组织登记注册监督管理等方面的章程性规定多，对培育扶持、政社合作等方面的可操作性规定较少。政策法规的不完善给社会组织的发展带来一定程度的模糊性，使之参与社会治理的成效受到一定影响。例如，有关社会组织的三部行政法规，都明确规定社会组织的财产不得被侵占、私分和挪用，如果违反，责任人应当承担刑事责任，但是我国刑法中却没有与此对接的条款。造成现行法规冲突的原因主要是“法出多门”，而且都是为了应付现实需要解决的问题，预测

---

〔1〕 国务院发展研究中心公共管理与人力资源研究所“我国社会治理创新发展研究”课题组：《我国社会治理的制度与实践》，中国发展出版社 2018 年版，第 128 页。

性较差，相互之间缺少衔接。例如，《民办非企业单位登记管理暂行条例》规定了民办非企业单位有法人、合伙人、个体三种形式，但是个体、合伙的法律形式根本与非营利目的相矛盾。社会组织雇佣的非志愿者的员工性质，在多部法律中是否适用并不清晰，如《劳动合同法》是否适用社会组织中的这类人员，他们是否属于就业人员。另外，社会组织相关法律法规的执行效率不高，管理也不够完善。《中华人民共和国民办教育促进法》规定国家保障民办学校举办者、校长、教职工的合法权益，《中华人民共和国民办教育促进法实施条例》也明确规定，民办学校及其教师、职员享有与公办学校教师、职员同等的权利，但在实施中并没有完全做到。

（二）社会组织的管理体制尚不健全

1. 社会组织登记管理中存在的问题

在社会组织登记管理中，我国是以登记管理机关和业务主管单位双重负责的管理体制为主，社会组织法人资格的获得、变更和注销由登记管理机关负责，其法人资格的获得、变更和注销的前置许可由业务主管单位负责。应该肯定的是双重负责的管理制度对拟登记社会组织起到了规范和制约作用，但也存在不少问题。业务主管单位对其许可成立的社会组织自然是支持甚至是干预的，这些能得到前置许可的社会组织往往是业务主管单位或与业务主管单位关系密切的组织发起的。因此，这些社会组织与政府形成了隐形的上下级关系或附属关系，加重了其政治性色彩；而那些“草根组织”虽然群众需要，也能服务群众、贴近群众，因得不到业务主管单位的前置许可而不能登记。

2013 年国家推行社会组织登记管理制度改革，对行业协会商会类、科技类、公益慈善类、城乡社团类社会组织实行直接登记制度，但这四类社会组织范围界定得并不十分清晰，能否直接登记在很大程度上取决于当地政府和登记管理部门的态度，具有一定的不确定性。另外，目前社会组织登记的门槛还是比较高，很多拟成立的社会组织难以满足在资金、人数、场所等方面的条件而无法进入政府正式注册登记的范围。

就登记管理机关而言，一般来说，该机关都是同级职能部门（民政部、厅、局）的下级机关，而且人员编制较少，如有的副省级城市负责登记管理的工作人员只有 5 人，登记管理机关自身的力量不足以面对数量众多、性质各异的社会组织的登记和管理，登记管理机关很少有对社会组织培育的发展规划，使得登记管理工作的目标绩效随意性较大。

2. 社会组织监管中存在的问题

在对社会组织监督管理的观念上，控制管理思维占据了主导地位，具有很大的影响。政府部门没有把社会组织真正视为城市社会治理的重要力量。对社会组织，特别是体制外的社会组织缺乏信任和尊重，影响了社会组织的健康有序发展。而业务主管单位往往将社会组织视为其所属机构来管理，或对民间组织以监督指导的名义进行全面而直接的干预，甚至将其置于“二政府”的地位全面掌控，实际上是政社不分。

在管理体制上，对社会组织的监管职能分散在登记主管机关、业务主管单位和职能主管部门，缺乏跨部门监管协同机制，造成多头执法、重复执法。有利互争、无利推诿的不负责任的局面。双重管理体制应该是分别把关、共同负责，但实际上这种制度安排极易造成两个单位分散和规避责任。现在的社会组织管理制度实际上是一种“重登记、轻管理、轻执法”的状态。客观上讲，登记管理机关由于自身力量不足，既要负责对拟成立的社会组织审核，又要负责对登记后的社会组织进行监督管理，的确力不从心，很难做到监管到位。

在对社会组织的监管中，监管部门也存在着执法信息不够公开、社会参与程度欠缺、执法手段单一的问题。例如，对社会组织的活动只采取年检形式，许多社会组织突击准备即可应付，对社会组织的日常活动过程，如社会组织内部治理、业务活动、对外交往的管理监督乏力。

3. 对社会组织负责人的管理和社会组织资金的监管存在疏漏

社会组织的生存与发展，以及有效地参与城市社会治理，其负责人的素质起着关键的作用。目前，我们对社会组织负责人管理的制度并没有建立起来，如社会组织负责人任职的程序性要求不明确，任职前公示制度没有普遍实行，多数社会组织没有法定代表人述职要求，也没有离任审计制度。由于缺少对社会组织负责人不良行为和违法违规行为的日常监督和管理，所以社会组织负责人“公益腐败”行为时有发生。

社会组织资金在现阶段，大部分来自政府拨款，但资金的管理制度并没有如政府那样严格的财务会计制度，甚至有的社会组织没在税务机关进行税务登记。有的社会组织违法违规开展营利性经营活动还继续享受非营利社会组织税收优惠政策，税务机关也疏于监管。审计机关对社会组织的财务收支和资金管理使用情况的审计监督也不够严格。

（三）政府对社会组织的支持引导力度不够

1. 为社会组织提供公共服务不足

市场经济体制下，政府职能转变，发展社会组织，改变公共服务提供方式，让社会组织承接政府转移的公共服务职能是改革深入发展的必然趋势。社会组织参与公共服务较之政府具有独特的优势，但这必然以政府的有效引导激励和监督为基础。目前，我国政府购买社会组织公共服务项目的范围还不够清晰，原则上是政府部门不宜行使、适合市场和社会提供的事务性管理工作，但具体项目是否符合这一原则，还存在模糊性。各地在实践中购买的项目内容各不相同，随意性较大。近两年大部分政府能够制定购买公共服务目录，但缺少制度化的公众参与机制。政府购买服务，是社会组织承接政府原来承担而要转移的公共事务，应该“费随事转”。但现实中，有的地方政府购买公共服务的财政资金并没有纳入公共财政体制。另外，政府购买公共服务项目“池子”较小，范围有限，规模不大。没有做到民生保障、社会治理等项目优先向社会组织购买。个别地方有的项目也没有通过竞争性的方式向社会组织购买，缺乏公开性和公正性。

2. 财政税收支持政策力度不够

社会组织正常运转需要资金支持，缺乏资金支持是社会组织发展的“瓶颈”。社会组织的资金来源，自创性收入较少，社会捐赠有限，主要靠政府扶持。我国对社会组织有一些财政扶持或鼓励政策，问题在于这些政策缺乏系统性；我国对社会组织也有一些相应的税收减免政策，但也因缺乏系统性而没有形成一定的规范，加之对社会组织监管不到位，税收优惠政策却成为某些不法分子偷税漏税的渠道，这也影响了税收优惠政策的推广。现有的财税政策对社会组织的支持力度较小，获得资助或优惠等社会组织覆盖面较为有限。除了人民团体、事业单位和少数政府重点支持的社会组织外，大多数社会组织难以从正常渠道获得政府的公共资金。通过购买服务而获得政府的专项资金也是社会组织维持运转的重要资金来源。但政府提供的这部分资金规模并不大，资金来源也不固定，而且缺少相应的制度保障，项目资金扶持在透明度、规范性、适应性、可持续方面都不同程度地存在一些问题。项目支持主要基于“部门预算”，在透明性、体现社会需求方面存在天然缺陷，在购买程序、定价标准、绩效评估方面还缺乏成熟规范。在持续性方面，单个公益创投项目扶持资金太少，短期服务购买导致社会资源稳定性差。

3. 关于社会组织的人才政策不够完善

从法律政策的规定看，社会组织人才建设方面的立法滞后，社会组织从业人员保障的相关规章制度不够健全，如社会组织人员编制、职称评定、养老保险、医疗保障、税收减免、收费许可等方面，缺乏完善的、配套的政策与法规，使得许多社会组织工作人员不能安心从事社会组织工作。社会组织中的专业技术人员与在相关行业的专业技术人员相比，在职业资格注册、考核职称评定政策上的差别是客观存在的，没有能够得到相同的对待。社会环境也不利于人才向社会组织聚集，社会组织与其他组织如政治组织、经济组织相比，不属于社会主流关注对象，社会组织人才工作没有纳入国家人才工作体系。在吸引专业人才和专业技术人员参与社会组织工作方面，缺少吸引人才的政策措施。社会地位不高、待遇低使社会组织工作人员不能安心工作，使得社会组织不稳定，缺少应有的活力。

（四）社会组织自身建设不足

从社会组织自身建设来看，存在着自治性较差、内部治理结构不规范、缺乏自律等问题。从外部关系来看，一些社会组织并没有完全与政府脱钩，由于资金和人员均需要依靠政府，对政府的依赖性很大，并带有一定的行政色彩，社会组织自治是其重要特性，社会组织中的相当一部分在经济上、在服务领域内都缺乏自主性，加上自身发展水平有限，专业化程度不高，面临着人力资源、资金资源、项目资源等困境，对政府的依赖性较强，突出表现在政府购买社会服务的过程中，能承接政府转移职能的社会组织数量很少。

部分社会组织存在着内部治理结构不完善、治理不规范的问题。有些社会组织虽然在形式上注册为法人，但在现实运作中缺少与社会组织相适应的治理结构，如没有按规定设立监事会，理事会不健全，规模小的甚至没有理事会，规模大的虽然有理事会，但其成员多为发起人或出资人，没有其他社会人士参与，决策、运营缺乏监督。由于缺乏健全的组织机构、规章制度和监督制约机制，理事会监事会功能的发挥常常流于形式。

社会组织内部管理不规范、欠科学，社会组织的民主决策机制不健全，缺少组织使命感，从而使社会组织变得短视、盲目、缺乏动力。社会组织工作人员激励机制缺失，激励措施、绩效考核规定均不明确。许多社会组织财务上也缺乏规范管理，一些组织没有配齐财务人员，只有兼职财务，一些组织没有正规的财务账，一些财务人员没有专业任职资格，而且业务水平与财务管理能力差。社会组织缺乏专业人才，甚至有的组织没有专职工作人员，具有专业素质和能力的人就更少了。专业价值理念薄弱，在实际工作中，在服务评估和监督机制不完善的情况下，服务质量很难保证。

社会组织的自律机制薄弱，其本身缺少对自律的重视，一方面，社会组织内部缺乏完善的监督制度，即使有部分制度也难以严格执行推行，不能进行自我监督；另一方面，社会组织之间也没有形成相互监督的机制。由于自律性差，所以在社会组织发展过程中，“公益腐败”现象频发，有的通过媒体曝光后，产生了极为负面的影响，对社会组织的公信力也带来了恶劣影响。当前公信力的缺失在慈善类社会组织中比较突出，其合法性和公益性遭到质疑。由于一些社会组织缺乏对资金和项目的监督、评估和反馈机制，既不能确保捐资人的利益，也不能保证达到资助效益。社会组织运作不规范导致公信力缺乏，直接影响公众的参与热情，限制了社会组织活动的开展。

四、改革社会组织管理制度促进社会组织健康有序发展

我国正处于全面建成小康社会的决胜阶段，改革社会组织管理制度，促进社会组织健康有序发展，对于我国坚持和完善中国特色社会主义制度、推进国家治理体系和治理能力现代化，特别是坚持和完善共建共治共享的社会治理制度意义重大。它有利于厘清政府、市场、社会关系，完善社会主义市场经济体制；有利于改进公共服务供给方式，加强和创新社会治理；有利于激发社会活力，巩固和扩大党的执政基础，2020 年中共中央印发《法治社会建设实施纲要（2020—2025 年）》（以下简称《纲要》）提出，要发挥人民团体和社会组织在法治社会建设中的作用，人民团体要在党的作用下，教育和组织团体成员和所联系群众，依照《宪法》和法律的规定，通过各种途径和形式参与管理国家事务，管理经济文化事业，管理社会事务。促进社会组织健康有序发展，推进社会组织明确权责、依法自治、发挥作用。

（一）加强社会组织党的建设及对社会组织的政治引领和示范带动

党的十八大报告要求，加大社会组织党建工作力度。习近平总书记指出，社会组织面大量广，加强社会组织党的建设十分重要；越是情况复杂、基础薄弱的地方，越要健全党的组织，做好党的工作，确保全覆盖，固本强基。新形势下，只有扭住党建这个“牛鼻子”，社会组织才能保持正确方向，实现

持续健康发展，《纲要》提出要坚持党对社会组织的领导，加强社会组织党的建设，确保社会组织正确的社会方向。

1. 完善党对社会组织工作的领导体制

首先，各级党委应当高度重视社会组织在城市社会治理中的作用，把加强和改进社会组织工作列入重要议事日程。地方党委要完善研究决定社会组织工作重大事项制度，党委会应定期听取社会组织工作汇报。各部门党委（党组）要加强对社会组织管理工作的组织领导，落实党建工作责任制。要建立社会组织工作协调机制，统筹、规划、协调、指导社会组织工作。重视和加强社会组织党风廉政建设和反腐败工作，完善社会组织惩治和预防反腐败机制。社会组织管理工作列入地方党委和政府绩效考核和社会治安综合治理考评体系。

2. 积极推进实现党的组织和党的工作有效覆盖

社会组织党建工作基础薄弱，要结合社会组织实际，按照应建尽建的原则，创新方式方法，加大社会组织党组织组建力度，根据具体情况，分别按单位、按行业、按区域建立党组织。暂不具备组建条件的社会组织，可通过选派党建工作指导员、联络员或建立工会、共青团组织等途径开展党的工作，条件成熟时，及时建立党组织。新成立的社会组织，具备组建条件的登记和审批机关应督促推动其同步建立党组织。街道社区党组织要加强对社区社会组织的领导和指导，通过各种方式实现社会组织党的组织和党的工作有效的“双覆盖”。

3. 强化社会组织党建工作的基础保障

建立多渠道筹措、多元化投入的党建工作经费保障机制。社会组织应将党建工作经费纳入管理费用列支，可按照有关规定据实在企业所得税前扣除。社会组织党员上交的党费全额下拨，党委组织部门可用留存党费给予支持。根据实际，给予社会组织党组织书记的专职党务工作者适当工作津贴，有条件的地方可采取多种方式给予必要的经费支持。提倡企事业单位、机关和街道社区参与社会组织等组织资源共享，互鉴互促，为党组织开展活动、发挥作用创造条件，如为社会组织党组织建设或共享活动场所，在社会组织相对集中的区域统筹建设党群活动服务中心。

4. 充分发挥党组织的战斗堡垒作用和党员的先锋模范作用

社会组织党组织要紧紧围绕党章赋予党的基层组织的基本任务，紧密结合社会组织的特点开展工作，要团结凝聚群众，发挥党组织的政治引领作用，保证社会组织沿着正确的政治方向发展。党组织书记应参加管理层有关会议，对社会组织重要事项决策、重要业务活动、大额经费开支、接收大额捐赠、开展涉外活动等提出意见。推行社会组织管理层人员和党组织班子成员双向进入，交叉任职。社会组织党组织一定要选好书记，党组织书记一般从社会组织内部产生，提倡党员、社会组织负责人担任党组织书记。充实壮大社会组织党务工作者队伍，坚持专兼职结合，多渠道、多样化选用，建设一支素质优良、结构合理、数量充足的党务工作者队伍。

通过设立党员先锋岗、党员责任区、党员服务窗口等形式，积极开展党员公开承诺践诺活动，充分发挥示范带头作用。组织党员在从业活动中宣传党的路线方针政策，凝聚社会共识。党员要积极为群众排忧解难，提供群众期盼的服务。社会组织要加大发展党员工作力度，注重把符合条件的社会组织负责人和业务骨干发展为党员，注重在没有党员或只有个别党员的社会组织中发展党员。

（二）完善扶持社会组织发展的法律法规和政策措施

社会组织的发展必须要受到法律的保障和规制，也必须得到政策的扶持和引领。完善的法律制度与社会组织发展相适应的管理制度，是社会组织实现健康有序发展的重要保障。

1. 进一步完善社会组织法律规范体系

目前，关于社会组织管理的法律法规位阶较低、分散不统一，解决这个问题可以分两个阶段进行。首先，尽快修订《社会团体登记管理条例》《基金会管理条例》《民办非企业单位登记管理暂行条例》这三部主要的行政法规，合并制定《社会团体登记管理条例》；然后在合适的时机可以制定社会组织法，对社会组织的性质和地位、职权和职责、活动方式、登记程序等作出明晰具体的规定。只有统一的立法，才能解决现行法律法规之间衔接不够、存在矛盾冲突，以及执行效率不高、管理不完善的问题。通过立法统一，将党中央、国务院确立的有关社会组织的方针政策和实践中积累的成功经验制度化、法律化，制定与法规配套的政策规章，明确社会组织内外部关系，规范社会组织内部治理，实施分类管理，加大对社区社会组织的培育力度。[1] 在此基础上，进一步明确行业协会、商会、基金会等各类社会组织的相关单项

---

〔1〕 刘忠祥：《充分发挥社会组织在社会治理中的积极作用》，载《社会治理》2018 年第 7 期。

立法，明晰其在社会治理活动中的权利与义务，支持和鼓励其充分发挥作用，为社会组织健康发展创造良好法治环境。

2. 支持社会组织提供公共服务

《纲要》提出，要完善政府购买公共服务机制，促进社会组织在提供公共服务中发挥更大作用。“政府将公共服务的生产过程让渡给社会组织，向社会组织购买服务，以扩展公共服务范围，提升公共服务的效率和质量。在国际上称为服务外包。”[1] 我国应结合政府职能转变和行政审批改革，将政府部门不宜行使、适合市场和社会提供的事务性管理的工作及公共服务，通过竞争性方式交由社会组织承担。逐步扩大政府向社会组织购买服务的范围和规模，可推广深圳市的做法，制定配套文件，按照政府转变职能和事业单位改革的要求，对政府分离出的或新增的社会管理和公共服务事项，通过政府采购等法定方式，向符合条件的社会组织购买，工商经济类、社会福利类、公益慈善类和社区社会组织等近期重点发展领域的项目优先扶持。逐步建立健全政府购买服务的组织框架、程序、监督机制等，以差额、全额和部分补助等三种补助方式，向社会组织提供资助。坚持对民生保障、社会治理、行业管理等公共服务项目同等条件下向社会组织购买。政府通过购买公共服务等方式，大力扶持社区社会组织发展，为社区居民提供文化教育、协调社区关系、弱势群体帮扶等服务，中央和地方财政应持续安排专项资金，支持政府向社会组织购买服务。

3. 完善财政税收支持政策

中央财政应继续安排专项资金，地方可参照中央在有条件的情况下安排专项资金，支持社会组织参与社会服务。要落实国家对社会组织的各项税收优惠政策。要完善税法，对社会组织进行分类管理。首先要在税收法律中将社会组织与其他的组织区分开来，突出社会组织不以营利为目的的特殊性。其次，根据社会组织活动的宗旨和性质给予不同的税收优惠。对那些以社会公共利益作为其组织宗旨的社会组织免税或者给予减免待遇。[2] 财政、税务部门应结合综合监管体制建设，研究完善社会组织税收政策体系和票据管理制度，改进和落实慈善事业捐赠税收优惠制度。银行业金融机构应加大对符

〔1〕 刘忠祥：《充分发挥社会组织在社会治理中的积极作用》，载《社会治理》2018 年第 7 期。

〔2〕 刘秀华：《城市治理中政府与社会组织的合作路径研究》，载包心鉴主编：《社会治理创新与当代中国社会发展》，人民出版社 2014 年版，第 16 页。

合条件的社会组织的金融支持力度。

4. 完善人才政策

把社会组织人才工作纳入国家人才工作体系，对社会组织的专业技术人员，执行与相关行业相同的职业资格、注册考核、职称评定政策，对符合条件的社会组织专门人才给予相关补贴。将社会组织人才纳入国家专业技术人才知识更新工程。建立社会组织负责人培训制度，引导其自觉践行社会主义核心价值观，增强社会责任意识和诚信意识。积极向国际组织推荐具备国际视野的社会组织人才。有关部门和群团组织要将社会组织及其从业人员纳入有关表彰奖励推荐范围，民政部、人力资源和社会保障部要会同有关部门研究制定加强社会组织人才工作的意见。

5. 发挥社会组织的积极作用

进一步发挥社会组织在促进经济发展、管理社会事务、提供公共服务中的作用。支持社会组织尤其是行业协会商会在服务企业发展、规范市场秩序、开展行业自律、制定团体标准、维护会员权益、调解贸易纠纷等方面发挥作用，使之成为推动经济发展的重要力量。支持社会组织在创新社会治理、化解社会矛盾、维护社会秩序、促进社会和谐等方面发挥作用，使之成为社会建设的重要主体。支持社会组织在发展公益慈善事业、繁荣科学文化、扩大就业渠道等方面发挥作用，以满足人民群众多样化的需求。

（三）大力培育发展社区社会组织

《纲要》提出，加大培育社会组织力度，重点培育、优先发展行业协会商会类、科技类、公益慈善类、城乡社区服务类社会组织。推动和支持志愿服务组织发展，开展志愿服务标准化建设。发挥行业协会商会自律功能，探索建立行业自律组织，发挥社区社会组织在创新基层社会治理中的积极作用。

1. 降低社区社会组织准入门槛

为解决社会组织登记门槛高的问题，应对在城市社区开展为民服务、养老照护、公益慈善、促进和谐、文化娱乐等活动的社区社会组织，为鼓励支持其发展，采取降低准入门槛的办法。对符合登记条件的社区社会组织，优化服务，加快审核办理程序，并简化登记程序。对达不到登记条件的城市社区社会组织，按照不同规模、业务范围、成员构成和服务对象，由街道办事处实施管理，加强分类指导和业务指导，鼓励在街道成立社区社会组织联合会，发挥管理服务协调作用。

2. 积极扶植发展社区社会组织

基层枢纽型社会组织服务平台已成为基层社会治理体系和社区组织体系的重要标配。要鼓励依托街道综合服务中心和社区服务站等设施，建立社区社会组织综合服务平台，为社区社会组织提供组织运作、活动场地、活动经费、人才队伍等方面支持。采取政府购买服务、社区小微项目资助为主的项目化运作和管理，设立项目资金、补贴为活动经费等措施，加大对社区社会组织的扶持力度，重点培育为老年人、妇女、儿童、残疾人、失业人员、农民工、服刑人员未成年子女、困难家庭、严重精神障碍患者、有不良行为青少年、社区矫正人员等特定群体服务的社区社会组织。社区社会组织的枢纽平台要积极建立社区社会组织孵化机制，在设立孵化资金、建设孵化基地等方面给予支持。

2018 年，辽宁省民政厅、大连市民政局先后出台了《关于大力培育发展社区社会组织的实施意见》，其中大连市提出到 2020 年，实现城市社区平均拥有不少于 10 个社区社会组织，充分发挥社区社会组织在提供社区服务、扩大居民参与、培育社区文化、促进社区和谐方面的积极作用。通过实施分类管理、明确发展重点、加大扶持力度、促进能力提升等方面加大对社区社会组织的培育扶持力度，同时也提出了对社区社会组织的管理要求。

3. 增强社区社会组织的服务功能

支持社区社会组织承接社区公共服务项目。鼓励社区社会组织开展邻里互助、居民融入、纠纷调解、平安创建等社区活动。推动家庭服务、健康服务、养老服务、育幼服务等领域的社区社会组织主动融入社区便民利民服务网络，为社区居民提供多种形式的生活服务。鼓励社区社会组织更多地为社区内低保对象、特困人员、空巢老人、农村留守人员、困境儿童、残疾人等困难群体提供生活照料、文体娱乐、医疗保健等志愿服务。支持社会工作服务机构面向社区提供心理疏导、人文关怀、精神慰藉和心理健康等专业服务。组织社区居民参与社区公共事务和公益事业，促进社区志愿服务。建立社区社会组织与社区建设社会工作联动机制，促进资源共享、优势互补，把社区社会组织建设成为增强社区自治和服务功能，吸纳社会工作人才的重要载体。

（四）依法做好社会组织登记审查

1. 稳妥推进直接登记

重点培育、优先发展行业协会商会类、科技类、公益慈善类、城乡社区服务类社会组织。

成立行业协会商会，按照《行业协会商会与行政机关脱钩总体方案》的精神，直接向民政部门依法申请登记。在自然科学和工程技术领域内从事学术研究和交流活动的科技类社会组织，以及提供扶贫、济困、扶老、救孤、恤病、助残、救灾、助医、助学服务的公益慈善类社会组织，直接向民政部门依法申请登记。为满足城市社区居民生活需求，在社区内活动的社会服务类社会组织直接向县级民政部门依法申请登记。民政部门审查直接登记申请时，要广泛听取意见，根据需要征求有关部门意见或组织专家进行评估。

2. 完善业务主管单位前置审查

对直接登记范围之外的其他社会组织，继续实行登记管理机关和业务主管单位双重负责的管理体制。业务主管单位要健全工作程序，完善审查标准，切实加强对社会组织名称、宗旨、业务范围、发起人和拟任负责人的把关，支持符合条件的社会组织依法成立。

3. 严格民政部门登记审查

民政部门要会同行业管理部门及相关党建工作机构，加强对社会组织发起人、拟任负责人的资格审查。对跨领域、跨行业以及业务宽泛不易界定的社会组织，按照明确、清晰、聚焦主业原则，加强名称审核、业务范围审定，听取利益相关方和管理部门意见。严禁社会组织之间建立垂直领导或变相垂直领导关系，严禁社会组织设立地域性分支机构。对全国性社会团体，要从成立的必要性、发起人的代表性、会员的广泛性等方面认真加以审核，业务范围相似的，要充分进行论证。活动地域跨省的社会组织比照全国性社会组织从严审批。

4. 强化社会组织发起人责任

应通过行政法规将社会组织发起人的资格、人数、行为、责任予以规范。发起人应对登记材料的合法性、真实性、准确性、有效性、完整性负责，对社会组织登记之前的活动负责。主要发起人应当担任首届负责人。建立发起人不良记录档案。发起人不得以拟成立社会组织名义开展与发起人无关的活动。禁止向非特定对象发布筹备和筹款信息。党政领导干部未经批准不能发起或成立社会组织。经批准任发起人但不履行责任的，批准机关要严肃问责。

（五）严格管理和监督

1. 加强对社会组织负责人的管理

民政部门会同有关部门建立社会组织负责人任职、约谈、警告、责令撤销、从业禁止等管理制度。落实法定代表人离任审计制度。建立负责人不良行为记录档案，强化社会组织负责人过错责任追究，对严重违法违规的，责令撤换并依法依规追究责任。推行社会组织负责人任职公示制度、法定代表人述职制度。

2. 加强对社会组织资金的管理

建立民政部门牵头，财政、税务、审计、金融、公安等部门参加的资金监管机制，共享执法信息，加强风险评估、预警。民政、财政部门要推动社会组织建立健全内控管理机制，严格执行国家有关财务会计制度和票据管理使用制度，推行社会组织财务信息公开和注册会计师制度。财政部门要加强对社会组织财政、财务、会计等政策执行情况的监督检查，发现问题依法处罚并及时通报民政部门。税务部门要推动社会组织依法进行登记。加强对社会组织非营利性的监督，严格核查非营利组织享受税收优惠政策的条件，落实非营利性收入免税申报和经营性收入依法纳税制度；加强对社会组织的税务检查，对违法违规开展营利性经营活动的，依法取消税收优惠价格，通报有关部门依法处罚社会组织的主要责任人。审计机关要加强对社会组织账户的监管，对资金往来特别是大额现金支付的监测，防范和打击洗钱和恐怖融资等违法犯罪活动。中国人民银行要会同民政部门加快研究将社会组织纳入反洗钱监管体系。

3. 加强对社会组织活动的管理

各级政府及有关部门要按照职能分工，加强对社会组织内部治理、业务活动、对外交往的管理。

民政部门要通过检查、评估等手段，依法监督社会组织负责人、资金、活动、信息公开、章程履行等情况，建立社会组织“异常名录”和“黑名单”，加强与有关部门的协调联动，将社会组织和实际表现情况与社会组织享受税收优惠、承接政府转移职能和购买服务等挂钩。民政部门要会同有关部门建立联合执法制度，严厉查处违法违规行为，依法取缔未经登记的各类非法社会组织。对被依法取缔后仍以非法社会组织名义活动的，公安机关要依法处理。

行业管理部门要将社会组织纳入行业管理，加强业务指导和行业监督，引导社会组织健康发展，配合登记管理机关做好本领域社会组织的登记审查，协助登记管理机关和相关部门做好对本领域社会组织非法活动和非法社会组织的查处。

外事、公安、物价、人力资源、社会保障等部门对社会组织涉及本领域的事项事务，履行监督职责，依法查处违法违规行为并及时向民政部门通报。

实行双重管理的社会组织的业务主管单位要对所主管的社会组织的思想政治工作、党的建设、财务和人事管理、研讨活动、对外交往、接收境外捐赠资助、按章程开展活动等事项切实负起管理责任，每年组织专项监督检查，协助有关部门查处社会组织违法违规行为，督促指导内部管理混乱的社会组织进行整改，组织指导社会组织清算工作。

4. 规范管理直接登记的社会组织

直接登记的四类社会组织，即行业协会商会类、科技类、公益慈善类、城乡社区服务类社会组织的综合监管以及党建、外事、人力资源服务等事项，要参照《行业协会商会与行政机关脱钩总体方案》及配套政策执行，落实“谁主管，谁负责”的原则，切实加强事中事后监管。

5. 加强社会监督

鼓励支持新闻媒体、社会公众对社会组织进行监督。民政部门要会同有关部门制定实施各类社会组织信息公开办法，探索建立社会组织年度报告制度，规范公开内容、机制和方式，提高透明度；探索建立专业化、社会化的第三方监督机制，建立健全社会组织第三方评估机制，确保评估信息公开、程序公平、结果公正；建立对社会组织违法违规行为及非法社会组织投诉举报受理和奖励机制，依法向社会公告行政处罚和取缔情况。

6. 健全社会组织退出机制

对严重违反国家有关法律法规的社会组织，要依法吊销其登记证书；对弄虚作假骗取登记的社会组织，依法撤销登记；对未经许可擅自以社会组织名义开展活动的非法社会组织，依法予以取缔。完善社会组织清算、注销制度，确保社会组织资产不被侵占、私分或者挪用。

（六）加强社会组织自身建设

1. 健全社会组织法人治理结构

社会组织要依照法规和章程建立健全法人治理结构和运行机制。社会组织登记管理机关应针对不同类型的社会组织特点制定章程示范文本。要完善会员大会（会员代表大会）、理事会、监事会制度，发挥上述组织和秘书处的职能，落实民主选举、民主决策和民主管理，健全内部监督制度，形成决策、监督、执行机构之间的制衡机制，成为产权清晰、权责明确、运转协调、制衡有效的法人主体，独立承担法律责任。

社会组织应建立健全内部纠纷解决机制，推行社会组织人民调解制度，引导当事人通过司法途径依法解决纠纷。

2. 加强社会组织诚信自律建设

社会组织的发展，自律重于管束。只有坚持诚信自律，才能赢得社会信任。诚信自律要注重制度建设。社会组织要建立诚信承诺制度，建立行业性激励和惩戒机制；建立社会组织活动影响评估机制，对可能引发社会风险的重要事项应事先向政府有关部门报告；强化社会组织管理服务意识，社会团体设立机构、发展会员要与其管理服务能力相适应；要探索建立各领域社会组织行业自律联盟，通过发布公益倡导、制定活动准则、实行声誉评价等形式，引领和规范行业内社会组织的行为；严格规范社会组织收费行为，严禁巧立名目乱收费，切实防止只收费不服务、只收费不管理的现象。

3. 推进社会组织政社分开

政社分开是推进社会治理创新的重要前提。要贯彻落实《行业协会商会与行政机关脱钩总体方案》，在推进行业协会商会与行政机关脱钩的基础上，逐步实现所有社会组织去行政化，在机构、人员、资产等方面与行政机关彻底脱钩，使其真正成为自我约束、自我管理的独立主体，发挥提供服务、反映诉求、规范行为、促进和谐的作用。

政社分开，社会组织也不得承担政府部门行政审批事项。除法律法规有特殊规定外，政府部门不得授权或委托社会组织行使行政审批。国务院决定取消的行政审批事项，原承担审批职能的部门不得通过任何形式由行业协会商会继续审批。

政社分开，还必须严格执行关于党政机关领导干部以及公务员不得兼任社会团体负责人的相关规定。

浙江省于 2016 年 10 月专门制定实施了《浙江省行业协会商会与行政机关脱钩实施方案》，要求坚持社会化、市场化的改革方向和法治化、非盈利的基本原则，积极稳妥推进行业协会与行政机关脱钩，加快形成政社分开、权责明确、依法自治的现代社会组织体制，厘清政府、市场、社会关系，促进行业协会成为依法设立、自立办会、服务为本、治理规范、行为自律的社会组织。为此，主要做到以下五点：第一，行业协会与行政机关机构分离，取消行政机关与行业协会的主办、主管、联系和挂靠关系，行业协会依法直接登记和独立运行，行政机关依据职能对行业协会提供服务并依法监管；第二，职能分离，厘清行政机关与行业协会的职能，剥离行业协会现有的行政职能，同时行政机关对适合由行业协会承担的职能，制定清单目录，按程序移交行业协会承担，并制定监管措施，履行监管责任；第三，资产财务分离，明确行业协会执行民间非营利组织会计制度，单独建账、独立核算；第四，人员管理分离，行业协会具有人事自主权，在人员管理上与原主办、主管、联系和挂靠单位脱钩，依法依规建立规范用人制度，逐步实行依章程自主选人用人，行政机关不得推荐安排在职和退（离）休公务员到行业协会任职兼职；第五，行业协会的党建、外事、人力资源服务等事项与原主办、主管、联系和挂靠单位脱钩。为了保障政社分开改革得以有序有效进行，党的十八大以来，浙江省结合自身实际情况，出台了关于行业协会人员任职、机构编制调整、资产管理、行政办公用房管理、外事管理、综合监管以及党建工作等各方面的规范性文件，为政社分开改革工作提供了制度保障。在各方的共同努力下，浙江的政社分开改革取得了重要成效。[1]

〔1〕 车俊主编：《透过浙江看中国的社会治理》，外文出版社2018年版。

第十章　社会治理智能化与智慧城市建设

一、社会治理智能化对提升城市社会治理现代化水平的重大意义

习近平总书记指出，需要更加注重科技创新，提高社会治理智能化水平，党的十九大以来的党中央文件中也多次提到社会治理智能化。在十九届五中全会通过的《中共中央关于制定国民经济和社会发展第十四个五年规划和二〇三五年远景目标的建议》中又强调："加强数字社会、数字化政府建设，提升公共服务、社会治理等数字化智能化水平。"究竟什么是社会治理智能化？为什么要维护社会治理智能化？如何推进社会治理智能化成为近年来社会治理研究和各地社会治理创新实践中都高度关注和积极实践的重要问题。

社会治理智能化，顾名思义，就是社会治理与智能化科学技术的结合。关于智能化社会治理的定义并不统一，有人认为，社会治理智能化，就是要把现代科技作为推进社会治理现代化的重要抓手，提升现代社会治理效能，特别是利用大数据、云计算、物联网等手段，使新时代的社会治理能够更加精准分析、精准服务、精准治理、精准监督、精准反馈，更好地服务不同社会群体，更有效地管理国家和社会事务，提高社会治理和服务的精细化和便利性。[1] 还有人认为，社会治理智能化，是指顺应现代网络社会崛起的大趋势，按照数字化生存、信息化生活和整个社会数字化运作的规律和特点，积极开发并充分利用移动互联网、大数据、云计算、人工智能和物联网等技术手段在解决社会问题中的应用程度、广度和深度，促使社会管理更加精细化、社会运行更加高效，社会关系更加公平包容的动态治理过程。[2] 还有人认为，社会治理智能化是在大数据时代背景下，以网络化和网络平台为基础，

---

〔1〕 全国干部培训教材编审指导委员会组织编写：《改善民生和创新社会治理》，人民出版社、党建读物出版社2019年版，第142页。

〔2〕 陶希东：《推动社会治理智能化的策略》，载《中国国情国力》2019年第1期。

运用大数据、云计算、物联网等信息技术，实现社会治理精准分析、精准服务、精准治理、精准监督、精准反馈的机制和过程。[1] 也有人认为，社会治理智能化意味着社会治理要充分运用现代科技进步，特别是大数据、移动互联网和人工智能等科技成果，破解社会治理中的难题，实现科技与社会治理的深度融合。[2] 虽然这些定义的表示不尽相同，详略各异，但其基本点都大致相同，无大分歧。主要包括四个方面：其一，都认为社会治理智能化是基于信息时代、网络社会或大数据等这样的时代背景下而产生和发展的；其二，它采用的科学技术基本上是互联网、大数据、云计算、物联网、人工智能等信息技术，各种定义列举或多或少，但无碍于理解其基本方式就是新科学技术；其三，都认为社会治理智能化的目标是实现社会治理精细化，提高社会治理效能；其四，都共同强调社会治理是一个机制和过程。

（一）社会治理智能化是现代科学技术发展的必然趋势

以互联网、大数据、云计算、人工智能等为代表的新科学技术革命，是现代社会自工业革命以后对人类社会产生最大影响的划时代的创新。人们把我们今天所处的时代称之为“互联网时代”“大数据时代”“信息时代”“数字时代”，都是指这些新科技远远改变了和正在改变着我们社会生活的内容和方式，其所带来的社会变化是显而易见的。社会治理的环境更加复杂化、社会治理内容更加多样化，这些变化对传统的社会治理方式提出了新的挑战，社会治理智能化已经成为社会治理不可逆转的发展趋势。

传统的社会治理模式适应前互联网时代的治理要求，发挥了很大的作用。但是，在新科技时代面前，传统社会治理方式的滞阻也是很明显的。传统社会治理的主体虽然较之前政府计划管理时期作为单一主体的治理模式有很大的改进，强调多元主体共同参与，但囿于体制和技术手段的束缚，主体协调性较差。而互联网、大数据为社会公众的协同参与提供了物质手段基础，如在社会治理中，各地都建立了各种信息平台，为各种社会主体参与社会治理提供了更多、更方便的途径。传统社会治理模式关于信息的收集呈现的是碎片化、孤岛式，而智能化社会治理的核心要素是信息，围绕着信息的海量规模，快速流转，社会公众对社会治理的运行有了更加准确的把握。

---

〔1〕 代凯：《“数字政府”建设推动社会治理智能化》，载《南方日报》2018 年 11 月 17 日。

〔2〕 刘霞：《新时代提高社会治理智能化水平的思考》，载《现代交际》2018 年第 20 期。

信息技术已经成为当今执政党和政府所需面对的“最大变量”。借助于信息技术，新时代国家治理和社会治理正实现跨越式发展，同时它也给各行各领域的创新发展提供了难得的历史机遇。因此，社会治理必须顺应这一时代要求，积极探索应用现代科学技术，优化城市治理工具，提高城市社会治理智能化水平。

（二）社会治理智能化有利于破解社会治理难题，提高社会治理效能

社会治理智能化，就是要求充分适用互联网、大数据、云计算、物联网等智能化要素，将现代科学技术“嵌入”社会治理，有助于提高社会治理的效能，破解社会治理的难题。例如，基本公共服务是社会治理的重要内容，人民群众日益增长对基本公共服务的多样化需求与公共服务不足的矛盾，一直是困扰政府的难题，而智能化技术可以改变公共服务的方式，延展公共服务的内容，不断满足人民群众对公共服务的需求。电子政务公共服务就是借助由互联网和其他信息化手段向社会公众提供的公共服务，这是一种全新的服务方式。它充分利用现代移动互联的技术发展，依托各种移动智能终端，把公共服务全面延伸到社会末梢，提高了公共服务的便民性，实现公众需求与公共服务无缝对接，解决了“最后一公里”问题，推动社会治理从低效向高效转变。例如，2014 年开一时之先河的浙江政务服务网就是以政务为主体、服务为主线，全省统一架构、五级联动的新型电子政务平台，也是中国首个搭建于公有平台，集行政审批、便民服务、政务公开、效能监察、互动交流等功能于一体，被称为“政务淘宝”、24 小时“不打烊”的网上服务型政府。[1]

城市基层社会治理主要是指社区治理，社区治理是社会治理的细胞，基层治理好了，社会治理的基础就打好了。但基层治理一直是存在问题较多的地方。许多城市在社会治理中广泛运用互联网、大数据、物联网等信息化技术，打造“智慧社区”。增强了居民群众的服务能力，提高了居民的生活质量。辽宁省大连市沙河口区创建社区公益服务平台，建立“帮万家”服务体系，在充实利用政府现有的信息化资源的基础上，通过智能化应用，实现与其他公共服务系统有效衔接。实现对接更便捷、服务更高效、反应更迅速的服务效果。建成人口、企业、社会组织、党建等多个信息数据库，实现服务

〔1〕 车俊主编:《通过浙江看中国的社会治理》，外文出版社 2018 年版，第 124 页。

热线工单、门户网站在线工单、智慧家居工单、微信公众服务工单、微博数据发布、民情日记主动数据采集、爱心品牌录入等功能。提高了社区治理的效能，成为居民的好帮手。社会治理的主要特点是群众的参与，社区信息平台成为有利于居民参与社区治理事务的便捷载体，居民可以通过互联网表达诉求、提出意见建议，对政府和社区工作人员实行监督，最直接地实现社会治理共建共治共享的局面，从而提高了社区社会治理的效能。

（三）社会治理智能化有利于提升社会治理的预见性

互联网、大数据、人工智能等信息技术的应用，加快了社会发展的速度，经济转轨的同时也带来了社会转型。“各类矛盾风险交织叠加，各类风险跨界性、关联性增强，社会矛盾复杂程度加深，公共安全风险增多，短期矛盾和长期矛盾叠加，结构性因素和周期性因素并存，传统安全和非传统安全威胁相互交织，我国经济社会发展遇到了许多前所未有的新情况新问题，已经进入了风险社会。”[1] 这使得社会治理环境也变得更加复杂。风险性和不确定性成为常态。如何有效控制社会风险，维持社会稳定运行成为首要任务。有学者认为，着眼风险防控，可开发适用于社会治理体系的 CPS（信息物理融合系统），它是一个综合计算网络和物理环境的多维复杂系统，能够实现大型工程系统的实时感知、动态控制和信息服务。过去它被广泛应用于企业生产中，如今也可用来提升社会治理的运行效率。把 CPS 引入社会治理体系，对特定场景进行数字建模，并将模型映射到虚拟空间，实现决策过程的“人机结合”，有助于决策者对政策效果实施多方位和可能性推演，从而在社会治理中做到态势感知、风险预判、及时响应、预备处置。5G 网络结合 AI 场景应用，为基于 CPS 的智能化社会治理体系提供了多主体协同行动能力，让防范重大风险社会问题真正成为可能。[2] 在所有的社会治理实例中，最难预测的就是不同于常规的“小概率”事件，智能化技术的应用为有效地处理错综复杂的社会问题提供了新的可能性，可以从源头上预防和减少社会事件的发生。例如，社会治安的防控直接关系到人民群众的安全，是人民群众幸福感的有力保障，如何做到对社会舆情和不稳定因素，以及违法犯罪行为早发现、早预防、早布控，大数据技术就可以发挥重大作用。辽宁省大连市在 2015 年就

---

〔1〕 龚维斌等：《中国社会治理创新之路》，经济科学出版社 2019 年版，第 86 页。

〔2〕 徐浩然：《提高大数据时代社会治理智能化水平》，载《中国社会科学报》2020 年 8 月 25 日。

建立了大连市社会治安综合治理信息化工作平台，是一个充分依据政府电子政务外网，充分利用互联网、视联网、云计算、大数据、智慧工程等现代信息科技手段，创设了具有信息采集、事件处理、综合统计、预判分析、视频集成、考核评估功能的综治信息系统。该系统也是一个智能防控、综合治理的公共安全体系，大大提升了社会治理的可预见性。建立以大数据支撑的社会风险防控体系就是要使政府或社会主体通过智能化工具更好地感知城市中潜在的风险，辅助决策部门拟订防范和应对社会风险的方案，使社会治理决策科学化。大数据、人工智能在公共安全的预防方面的作用是显而易见的。例如，浙江加强对大型活动组织和人员聚集场所管理、充分利用“热力图”“关键词搜索”等技术，加强人流监测、人群聚集热点预测，利用电子围栏和视频监控来随时预警，给予必要引导以避免因人员过于集聚而导致重大公共安全事件的发生。

（四）社会治理智能化有助于实现社会治理精准化

习近平总书记指出：“要建立健全大数据辅助科学决策和社会治理的机制，推进政府管理和社会治理模式创新，实现政府决策科学化、社会治理精准化、公共服务高效化。”[1] 社会智能化意味着各类社会治理主体可以通过大数据获取、管理、分析、存储等手段，对社会治理对象和治理事务进行精准分析、精准治理、精准服务、精准反馈。城市社会治理精准化拒绝粗放式的治理模式，要求社会治理的理念、制度、手段和技术全面精准化，实施精准化治理的前提是准确地把握人们的具体需求，把握社会问题及社会矛盾的本质和特征，精准锁定服务对象和治理对象，对症下药，而不是无论什么病都用一种药、一种方法去治。精准化治理的必要条件是智能化。互联网、大数据帮助治理主体提升治理的主动性，增强反应和处置能力，做到精准研判、靶向发力，有针对性地应对社会治理中的各种矛盾，有效解决治理难题。

社会治理精准化与专业化密切相关，信息基础设施建设的快速发展，丰富了信息和数据的获取来源和方式，也有助于各专业部门感知社情民意，分别在教育、医疗、养老、抚幼、就业、社会保障等领域搭建远程公共服务平台，推动数字化普惠应用。完善城市信息模型平台和运行管理服务平台，构建城市数据资源体系，推进城市数据大脑建设，有助于推动城市社会治理精

---

〔1〕 2017年12月8日，习近平总书记在中共中央政治局第二次集体学习时的讲话。

准化。社会治理专业化就是更多地运用专业人士、专业方法在精准定位社会治理难题和社会需求的基础上，解决社会治理问题，这也是科学精神的体现。

社会治安防控体系的建设是专业化、精准化治理的典型表现。例如，在全国普遍实施的“雪亮工程”，即公共安全视频监控联网应用系统，就可以做到“全域覆盖、全网共享、全时可用、全程可控”。广东省建立立体化治安防控体系，强化大数据在社会治理领域的应用，统筹理论技术与传统手段，坚持点线面结合、打防管控结合、网上网下结合，加强科技手段应用和方法手段创新，借助电子地图、卫星定位、远程监控、人脸识别等现代化信息技术手段的适用，对管辖地域范围的人、地、事、物、组织等要素归入单元网格进行系统化管理。[1]

二、提高城市社会治理智能化的基本路径

（一）城市社会治理智能化存在的问题

1. 智能化意识淡薄、治理观念滞后

虽然十九大报告明确提出社会治理智能化，但人们对它的认识和理解还存在不同程度的偏差。对社会治理智能化缺乏必要的心理和技术准备。这主要表现在两类主体方面。一是作为社会治理主体的政府，包括有的部门、有的官员习惯于以传统的治理思维和方式应对社会治理问题，在思维方式上还缺乏互联网思维，对大数据等智能化技术对社会产生的重大影响和积极作用采取无视或轻视的态度，极个别的还对智能化有拒斥心理，与社会分享数据的意识不强。例如，有的政府部门对能够通过数据共享或网络核验的材料，还是像传统办理途径一样，要求申请人提供各种材料，有问题可以通过大数据分析采取更为精准的措施，但一些政府部门还是习惯手拍脑袋，凭过去的经验来决策。这与一些政府部门工作人员没有认识到技术的积极作用有很大关系，当然存在工作惰性也是其中的重要因素。[2] 二是社会公众还对智能化治理不适应。许多人不了解在哪些领域可以适用互联网、大数据等信息技术，特别是中老年群体对移动互联网和数据化信息工具有认知和使用的困难，技术障碍影响公众参与度。有人总结，各类社会主体对智能化技术不同程度地

---

〔1〕 代凯:《“数字政府”建设推动社会治理智能化》，载《南方日报》2018年11月17日。

〔2〕 李幸祥:《社会治理智能化的困境解析及对策建议》，载《上海城市管理》2021年第2期。

存在“不敢、不用、不能、不会”的问题。

2. 信息专业技术人才不足，难以满足智能化治理的需要

社会治理智能化是现代科技融入社会治理的划时代创新，必须要有一支具备专业素质的队伍。专业人才匮乏应该说是全国普遍存在的问题。这个问题包括两个层面：一是智能化社会治理的专业技术人才；二是一般社会治理工作人员的专业化水平。特别是在基层社区服务人员的专业性不强，难以适应智能化建设之要求，据四川省宜宾市统计，2019 年，全市 2965 名人民调解员中通过“随手调”软件上报矛盾纠纷的只有 820 人，只占 28%。许多地方基层社会工作者年龄结构偏大，文化程度偏低，尤其是专业能力很弱。面对大数据时代社会治理智能化的新要求，专业人才不多，专业水平不高的问题日益突出，已成为制约社会治理智能化的突出问题，目前，我国高等教育虽然设有社会工作专业，但数量少，很难满足社会工作需要。我国社会治理专门人才培养起步较晚，成熟的智能化培养方案尚未形成。不但社会工作专业需要培养智能化数字人才，高等学校其他专业的学生也是未来政府公务员和社会工作者队伍的后备力量，高等学校教育也要在培养方案和课程设置上适应大数据时代的要求。

3. 信息壁垒、数据孤岛现象影响信息和数据共享

数据或信息是社会治理智能化的基础，但数据和信息在发展过程中，会出现“数据孤岛”或“信息孤岛”现象。这种现象是指不同的数据或信息分别掌握在不同的政府部门手中，各成体系，相互封闭，大部分平台只能做到内部数据单项运行，不能实现跨平台双向互联互通做到信息资源共享。造成“数据孤岛”的原因与长期以来行政体制的条块分割、责权分明、利益固化的情况有关。区域、部门和层级对信息的垄断，导致社会治理智能化的优势不能发挥，降低了社会治理的效能，而且信息封闭，缺乏互联互通，使得获取信息的过程和数据重复，增加了社会治理的成本。比如，某市在推行“一网通办”工作之前，各个政府部门都将本部门掌握的数据视作“自留地”，不允许其他部门来获取，如市场监管部门掌握市场主体的登记情况，人力资源社会保障部门掌握社会保险费的缴纳情况，公安机关掌握各种特种行业的开业情况，不一而足。这些部门相互之间看不到对方的数据，数据并不共享。[1]信息无法整合，部门之间不能共享信息，其结果直接影响社会治理智能化的

〔1〕 李幸祥：《社会治理智能化的困境解析及对策建议》，载《上海城市管理》2021 年第 2 期。

开展和实际效果。

4. 社会治理智能化的信息基础设施建设有待加强

新一代信息基础设施是社会治理体系智能化的物质条件和技术条件。由于我国东西部各地经济文化发展水平的差异，加上社会治理智能化起步时间不长，所以在水、电、能源、交通、管网等信息化基础设施的建设上相对滞后，互联网、物联网布局不均衡，覆盖面不够，导致数据提取和移动交互不能便利进行。正如有的学者指出的，目前，中国的公共管理部门无论是在"物"（设施装备）方面，还是在"人"（科技人才）方面，数字技术力量都相对薄弱。[1] 这种情况主要是因为信息化基础设施投入机制不健全，存在投入不足的问题，还没有建立健全起社会治理智能化建设长效投入机制。例如，公共安全视频监控是很有效的防控手段，所以，各地都在建设"雪亮工程"，但不可否认，在有的地区还存在大量的监控盲区，显然这与财政投入不足有很大关系，特别是在基层社区服务平台建设上专业人才和设备的匮乏比较明显。

5. 社会治理智能化的法治保障和监管仍需完善

互联网、大数据等现代信息技术具有创新性强、更新迭代快的特征，而法律制度却有相对稳定的特征。法律法规规章面对新一代信息技术时，不可避免地会出现滞后的情况。当前我国关于数据和信息、网络等相关领域的立法还不够完善，在互联网环境下社会治理主体各方面的权利和义务边界还不够清晰，在互联网大数据等技术的保护和监管中，公权力和私权利的界限有待进一步厘清。

在社会治理智能化的各种平台上，时常也会看到黑客攻击、电信诈骗、虚假信息和侵犯公民隐私权等不法行为。个人隐私权的保护问题是社会治理智能化进程中受到广泛关注的问题，各种手机软件、注册网址对联系人的信息进行读取，甚至供电、燃气、供水等部门收取用户费用的某些数据，因为这些数据涵盖了用户个人信息，已经广泛涉及人民群众的私人生活空间，甚至危害公民个人的信息安全。个人信息泄露已成为影响我国公民、特别是城市居民生活安全感的重要因素。《2019 年中国网民信息安全状况研究报告》

---

〔1〕 尹振涛、徐秀军：《数字时代的国家治理现代化：理论逻辑、现实向度与中国方案》，载《政治学研究》2021 年第 4 期。

显示，77.7%的被调查网民都遭遇过信息安全事件，并且不同程度受到损失。[1] 网络信息安全除了涉及公民个人隐私，还有国家秘密、商业秘密方面，直接会影响到国家安全和企业发展。习近平总书记指出，一定要认识到，古往今来，很多技术都是“双刃剑”，一方面可以造福社会、造福人民，另一方面也可以被一些人用来损害社会公共利益和民众利益。从世界范围看，网络安全威胁和风险日益突出，并日益向政治、经济、文化、社会、生态、国防等领域传导渗透。特别是国家关键信息基础设施面临较大风险隐患，网络安全防控能力薄弱，难以有效应对国家级、有组织的高强度网络攻击。[2]

（二）提高社会治理智能化水平的有效路径

1. 转变传统治理理念，树立社会治理智能化理念

习近平总书记指出，随着互联网特别是移动互联网的发展，社会治理模式正从单向管理转向双向互动，从线下转向线上线下融合，从单纯的政府监管向更加注重社会协同治理转变。这“三个转变”深刻地证明了我们的社会治理理念必须从传统的治理理念向智能化的治理理念转变。理念是理性化的思维活动的结果，理念是行动的先导。任何社会创新都必然始于理念的创新，只有根据变化了的形势，不断进行理念的创新，才能适应社会发展要求，因此，理念的转型具有根本性的意义，也是社会治理转型的先决条件。从传统的社会治理理念转变到智能化的治理理念，是社会治理理念的重大创新。

树立社会治理智能化的新理念。首先要深刻地认识到社会治理智能化是新时代随着现代科学技术发展社会治理创新的必然趋势。互联网、大数据、云计算、人工智能、物联网等现代信息技术的兴起和发展，以前所未有的速度深刻改变着我们的生产、生活方式，并使整个社会领域发生了深刻变革，极大地改变甚至重塑了社会主体和社会治理的关联形态。现代科学技术应用于社会生产和生活，已经展现出巨大力量和广阔前景，这是未来社会发展的必然趋势。社会治理方式必须顺应这一历史发展趋势，抓住机遇，迎接挑战。从理念上转型到智能化社会治理上来，实现社会治理模式的创新。其次要深刻认识到社会治理智能化是破解社会治理难题的现实需要。新一代信息技术

---

〔1〕何玲：《个人信息保卫战——数字经济时代个人信息泄露与安全保护扫描》，载《中国信用》2020年第7期。

〔2〕习近平：《在网络安全和信息化工作座谈会上的讲话》，载《人民日报》2016年4月26日。

促进了社会的发展，同时它也是一把“双刃剑”，在给人的生活带来极大便利的同时，也给社会治理带来了新的问题和挑战。社会治理面临治理环境复杂化、治理诉求多元化、治理场景网络化的新情况。最大的难题是风险的不可控性，跨地区、跨行业、跨群体的社会需求层出不穷，以及“信息孤岛”、信息不对称，等等。而基于大数据等信息技术构建和智能化治理体系可以实现对社会运行的精确感知，对公共资源的高效配置，对异常情形的及时预警，对突发事件的快速处置，对公众诉求的精准回应，从而破译社会治理的难题。最后，要深刻认识社会治理智能化是提高社会治理效能的有力支撑。智能化治理以互联网平台为基础，使大数据、云计算等信息技术成为支撑社会治理科学决策和准确预判的有力手段，实现社会治理精准分析、精准服务、精准治理、精准监督、精准反馈，推动社会治理从低效向高效转变。

2. 发挥“智治”支撑作用，推进社会治理智能化再造

中央政法委秘书长陈一新同志在2019年第二期新任地市级党委政法委书记培训班深入阐述了市域社会治理现代化问题。其中谈到要把社会治理智能化建设摆到更加突出的位置，上升为重要的治理方式——“智治”，为城市社会治理体系架构、运行机制、工作流程的智能化再造指明了方向。

一是要推进“智防风险”。要运用现代化科技及时发现市域社会风险征兆、判断风险走向、推演风险处置，提升防范化解的能力水平。针对治安风险，要围绕重点行业领域、重点区域部位，依托“雪亮工程”等基础建设，健全联测联防联处机制，提高智能感知、精准处置能力。针对公共风险，完善智能化监管体系，将企业生产活动、各类安全要素全部纳入大数据平台，实时监测、科学预警、及时处置，确保安全生产和公共场所安全。同时，要加强对人工智能产品开发与应用的全流程监管，做到未雨绸缪、防患于未然。

二是推进“智辅决策”。要用好大数据这个“显微镜”“透视镜”“望远镜”，建立健全大数据辅助决策机制，推动市域社会稳定决策科学化。要强化决策的前瞻性，把社情、警情、案情、舆情等数据全面汇聚起来，及时研判市域社会稳定态势，超前谋划应对之策，推动依靠经验决策向依靠大数据决策转变。要强化决策的准确性，特别是要充分发挥扫黑除恶智能化举报平台的作用，精准分析举报线索，精准跟踪案件办理，精准监测黑恶势力犯罪动向，及时查找打击盲区、校准打击重点，确保有的放矢、打准打透。要强化决策的互动性，方便群众及时了解决策信息、参与论证过程、凝聚思想共识，最大限度地把市域矛盾问题化解在基层、解决在萌芽状态。要强化决策的实

效性，研发社会稳定决策智能评估模型，有效落实决策实施中的风险管控、效果评价、反馈纠偏，以确保决策持续优化改进。

三是推进“智助司法”。要善于运用现代科技，完善司法权运用机制，减少权力任性，防范冤假错案，提升司法质效。要构建执法司法高效联动协同平台，建立刑事案件智能辅助办案系统，推动公检法机关衔接更顺畅、监督更规范、工作更高效。要健全智能执法办案辅助系统，提高司法辅助事务效能，有效缓解案多人少矛盾，推进执法司法高效便民。要建设案件自动化管理监督平台，完善全流程网上办案体系，自动提醒预警执法办案中的违规操作和廉政风险，实现进度可监控、风险可预估、全程可追溯。

四是推进“智利服务”。服务人民的美好生活新需求，是智治的价值所在。要深化“放管服”改革，大力推进“互联网＋政法服务”建设，构建线上线下一体的智能化政法公共服务平台，把窗口服务尽可能地移到网上、连到掌心，推动“马上办”“一次办”“网上办”，用“小程序”“小服务”解决“大事情”。要扎实推进互联网法院和移动微法院试点工作，加快建设网上诉讼服务中心、12309 检察服务中心网络平台，提供线上线下、跨地域跨层级的“一站式”司法服务。要推动公共法律服务与科技创新手段深度融合，为城乡居民提供更多元、更便捷、更精细的法律服务。

五是在法治的轨道上推进社会治理智能化。社会治理智能化需要法治的保障、引导和监督，这是社会治理法治化的必然要求。当前我国的网络法律体系仍不完善，应当通过精准分析、精准服务、精准治理、精准监督、精准反馈，推动社会治理从低效向高效转变。

3. 整合信息资源，促进信息共享，实现协同治理

应随着互联网、大数据的深入发展，推动数据资源和信息资源的共享利用，打通信息壁垒，建立跨地区、跨部门、跨层级的信息资源共享协作平台。整合各种信息资源，建立基础信息库，实现治理资源由“单一分散”向“多元整合”转变，特别是要整合共享政务数据。全面整合条块分割、孤岛林立的政务数据资源，突破政务数据的区域、部门和层级限制，建成对内一体化政务信息系统和对外一体化信息资源共享平台，提升政务数据信息的整合覆盖、分级管理、统筹利用和互认共享水平。建立基础数据库，实现政务内外网、公安数据网、互联网、物联网的深度融合，认真总结抗击新冠肺炎疫情的综合采集、存储、共享经验，实现数据“一次采集，多次使用”，“一方采集，多方共享”。

有学者认为，利用数据进行治理，就社会管理而言，就是实现“微”决策（运用数据挖掘发现分散、小概率事件背后的问题，发挥提前预警功能）、“被”决策（利用数据把握民意和民智，更多地参与和回应公众意愿）、“智”决策（通过数据分析形成精准报告和预测，有助于实时决策），让参与型社会实质化，更好地实施社会危机和风险治理。[1] 数据治理欲实现上述功能，必须做到数据共享。要构建全国统一的信息资源共享体系，国家信访局在《关于推进信访工作信息化建设的意见》中明确提出了依托互联网建设纵向到底、横向到边的全国网上信访信息系统，中共中央办公厅、国务院办公厅在《关于加强社会治安防控体系建设的意见》中就信息网络防控网建设方面要求，建立以公民身份号码为唯一代码、统一共享的国家人口基础信息库，建立健全相关方面的实名登记制度。目前，我国公民身份号码的准确性、唯一性目标基本实现。要加快国家人口信息管理系统升级改造，深入推进居民身份证换发、异地办理和指纹登记信息工作，建立户口和身份证信息联网查询对比制度，逐步实现跨部门、跨地区信息整合和共享，确保基础信息全面、准确。根据国务院《促进大数据发展行动纲要》的要求，中央层面将实现数据统一共享交换平台的全覆盖。“十三五”规划纲要具体要求，建立国家人口基础信息库，加强人口管理、实名登记、信用体系、危机预警干预等制度建设；健全城乡社区综合服务管理平台；促进公共服务、志愿服务有机衔接，实现一站式服务，实现城市社区综合服务设施全覆盖。

4. 加强智能化基础设施建设，实现社会治理平台化

国家“十三五”规划纲要提出，建立国家人口基础信息数据库，加强人口管理、实名登记、信用体系、危机预警干预等制度建设；健全城乡社区综合服务管理平台，促进公共服务、便民利民服务、志愿服务有机衔接，实现一站式服务。实现城市社区综合服务设施全覆盖，推进农村社区综合服务设施建设。在智能化社会治理平台上，各类社会治理主体都可以低成本地通过获取、存储、分享，将海量规模二方数据变成活数据，并广泛应用于社会治理领域，服务不同的社会群体。因此，必须加强智能化基础设施建设，建立多领域的大数据基础化平台，如信息共享协同平台、社区服务管理网格化平台、城市公共服务平台、社会信用平台等。例如，厦门市的信息平台建设借鉴自2012年起，就构建了六个区级共享协作平台，建立了跨部门和跨层次的

---

〔1〕 沈岿：《数据治理与软法》，载《财经法学》2020年第1期。

信息共享、数据同步、业务协作渠道，使各单位的数据资源为城市的统一平台提供服务。近年来，围绕国家信息经营示范城市建设，开展了网格化平台、“i厦门”一站式惠民服务平台等一系列跨部门的整合应用。在党建管理上，厦门市全面使用“厦门党建e家”信息平台，全市1.4万个基层党组织、21万多名党员全部被纳入平台管理，率先在副省级城市层面实现了基层党建工作信息化。在综治与执法工作中，厦门市政法委结合大数据、云计算等先进的信息化技术，牵头建设了综合性的政法综治共享平台，构建了统一基础数据库支撑、统一流转处置（12345协作平台）、多个专业领域中心（政法综治中心、公共安全中心、信用中心）协同运作的社会治理信息化体系，最大限度融合上述平台的建设成果，实现公共安全部门协同治理，打通了部门联动信息化渠道。[1] 关于社会治理智能化的基础设施建设：首先，加大财政支持的力度，政府应当把信息平台的建设资金纳入财政计划，保障平台建设的物质基础。其次，建设一支智能化的专业人才队伍，除了积极引进专门人才，还要通过内部挖掘培养具有专业潜能和素质的人才，鼓励其投入智能化建设中来。还要加强对社会治理主体的培训，使更多的人能够懂得智能化技术，会用智能化技术。

5. *在法治的轨道上推进社会治理智能化*

社会治理智能化需要法治的保障、引导和监督，这是社会治理法治化的必然要求。当前，我国的网络法律体系仍不完善，应当通过立法对网络环境下个体及服务提供者的权利和义务、国家的权力边界等，从法律层面作出明晰的界定。应当充分发挥法律规范在智能化治理中的作用，目前，我国虽然制定出台了《中华人民共和国网络安全法》《中华人民共和国电子商务法》《中华人民共和国个人信息保护法》《信息网络传播权保护条例》《互联网信息服务管理办法》等一系列有关互联网管理的法律法规，但并不能满足快速发展的智能化需要，应当尽快完善互联网、大数据的法律体系，应该赋予民众合法诉求的权利，鼓励社会主体依法参与政务数据的开发利用，保证社会治理智能化有法可依。

当下在社会治理中如何保护数据安全是人们十分关注的问题。数据时代，国家的安全和公民的隐私都可能在无形中受到数据泄露和滥用、信息窃取和

---

〔1〕 杨安：《大数据与市域社会治理现代化——厦门实践与探索》，载中国经济网2018年9月17日，financ. ce. cn/rolling/201809/17/t20180917_ 30322199. shtml。

交易以及黑客入侵和攻击威胁。保障数据安全，这是提升社会治理智能化水平的重要保障。对此应该采取两方面相关措施：一是健全涉及个人隐私的数据保护法律制度。明确在社会治理环境下数据信息所有人的权利和义务，确保对个体的隐私进行全方位的保护，使得个人对与自身相关的数据有主导权，将数据管控权掌握在自己手中，牢牢掌控包含个人隐私的数据信息的真实走向。二是建立较为规范有效的数据信息使用、搜集以及储存等行为体系。引导相关部门对数据资源使用的道德底线建设，培养其建立个人隐私保护权益意识，并实现对数据资源的合理合法配置，避免出现滥用职权泄露隐私等情况。[1]

社会治理中的执法、司法活动应用互联网大数据、人工智能等有助于提高执法、司法效能，但也必须进行法律监管。法律监管缺失，会造成利用技术侵犯当事人权利的情况发生。对社会治理智能化社会的统一法律监管十分必要，法律监管缺失，会造成大数据行业的垄断，危害人民群众的信息安全。总之，在法治轨道上推进社会治理智能化建设，就要在社会治理智能化的各个环节、各项工作中贯彻法治精神和法治原则。

三、智慧城市建设

（一）智慧城市建设是社会治理智能化的升级版

国家在“十四五”规划和 2035 年远景目标中明确提出，要“分级分类推进新型智慧城市建设”。自 2011 年国家从政策高度引导推进智慧城市创建工作以来，智慧城市迅速成为城市发展的重要理念和创新标志。数据显示，截至 2020 年 4 月初，住建部公布的智慧城市试点数量已经达到 290 个；再加上相关部门所确定的智慧城市试点数量，目前我国智慧城市试点数量累计近 800 个，我国正成为全球最大的智慧城市建设实施国。2020 年 12 月，北京市出台《北京市“十四五”时期智慧城市发展行动纲要（征集意见稿）》，上海市获得世界智慧城市大奖。智慧城市建设热潮涌动，已经成为新时代城市建设和发展的新趋势和新特征。

智慧城市并没有确切的定义，有的定义侧重于技术工具，有的定义偏向

---

〔1〕 郭本锋：《应用大数据提升社会治理智能化水平研究》，载《管理观察》2018 年第 29 期，第 48—49 页。

于城市管理或治理。一般认为，智慧城市是指利用新一代互联网的各种信息技术，连接城市中的物理基础设施、信息基础设施、社会基础设施和商业基础设施，集成新一代的智慧化基础设施，实现城市化和智能化的深度融合，促成城市建设、治理和服务智慧化的新城市形态。智慧城市是由互联网、物联网、大数据、人工智能等新一代信息化技术演变来的指挥决策、实时反应、协调运作系统。

建设智慧城市是“信息时代”城市升级转型提质增效的必由之路，它对城市经济社会发展、生产生活方式的变革，以及解决经济转轨、社会转型过程中的现实问题，促进城市社会治理现代化都具有重大的推进作用。就促进城市经济发展而言，智慧城市建设能够创新与应用智慧信息技术，特别是信息数据要素是经济发展中的决定性内生力量，对城市自然、经济、社会系统进行智能化改造，最大限度提升传统产业的生产力，并直接推动我国战略性新兴产业的培养和发展，推动我国由“制造大国”向“创新大国”转变。智慧城市与社会治理智能化紧密相关，建设智慧城市是提高城市社会治理智能化的有效举措。

其一，智慧城市建设推动社会治理智能化升级。城市社会治理智能化是社会治理与智能化的融合，智慧城市建设就是要用新一代信息技术，使智能化发展升级。打造新型智慧城市社会治理的“城市大脑”。智慧城市作为一种发展城市的新思维，是改进和提升城市社会治理智能化的必要选择。“智慧城市是一个智慧的有机体，如同人一样，要有能感知采集城市事态数据的‘感官’存储和思考分析数据的‘大脑’，传输往来数据的‘神经’，推进各项应用的‘肢体’。同时智慧城市是人、事、物多元融合系统，也是物理空间、社会空间和信息空间融合的系统。”[1] 智慧城市具有智慧性、有机性和系统性的传统智能化特征，这使得它能够更加灵敏感知、精准施策去解决诸如交通拥堵、公共服务不畅、环境污染、安全隐患、公用设施不足、城市资源配置失衡等一系列的“城市病”，并衍生出智慧政务、智慧交通、智慧社区、智慧环保、智慧医疗、智慧教育、智慧养老、智慧防控风险等全方位的智慧领域，形成智能化成色更足、精细化程度更高、覆盖面更广泛的智能化发展的高级阶段。

其二，智慧城市有助于实现社会治理共建共治共享的新格局。社会治理

---

〔1〕 李齐:《用智慧城市建设为社会治理现代化赋能》，载《光明日报》2021年2月10日。

强调的是公众参与、协同治理，从单向朝双向互动发展。智慧城市建设的各种信息综合平台具有开放性、协同性、综合性的特点，这些平台基于通信“神经”，不仅要连接各个“感应器”，更要连接各种主体，使公众能够随时通过平台反映诉求，使城市管理者和社会管理者及时掌握人民群众的需求，而且通过平台及时反馈，形成互动，从而调动公众参与社会治理的积极性，扩大参与广度，拓展参与深度。智慧城市在人口、空间、信息技术等方面发挥社会效应，带动政府各部门、城市居民、社会力量共同参与，有助于打造共建共治共享的社会治理格局。例如，深圳市建立智能交通总体框架，既为治理交通拥堵现象提供精准支撑，又通过互联网民意平台，推动了交通治理的共治共享。

其三，智慧城市有利于提高公共服务的效能，切实解决民生问题。社会治理的重要内容之一就是为人民群众提供高质量的公共服务，保障民生，真正实现“以人民为中心”的目标。教育、医疗、就业、养老、交通、食品安全、社会治安等都是与老百姓生活质量密切相关的民生问题，这些难题也是对政府的公共服务能力和管理水平的考验。而智慧城市以信息要素为主导，通过对互联网、物联网、云计算、大数据等新一代信息技术建立城市信息系统的综合集成与应用，整合分散的资源、信息和组织，通过公共部门的信息共享、联通互动、无缝对接、协同服务形成综合的公共服务信息系统，可以有效地加强和改进公共服务职能，扩大政务服务种类和覆盖面，让各类社会主体都能获取公共服务的相关信息和运作流程，有助于问题的切实解决。人民群众的生活就会更便捷一些，获得感、幸福感、安全感就会更多一些。例如，有的城市建立智慧养老平台，通过物联网、大数据、云计算及人工智能技术让在不同物理空间养老的老人享受同样的专业养老服务。通过搭建市级管理部门、街道及社区三级智慧化养老管理平台，由更多专业化的企业接入平台，具体实施老人医疗、急救、健康管理、安全、家政等项目，建立起没有围墙的专业养老院，并形成政府实施监管、企业具体运营、用户客观评价的高校养老服务机制。[1]

---

〔1〕 韩良晨：《智慧城市建设内容及必要性分析》，载《中国国情国力》2018 年第 5 期。

（二）智慧城市的构成要素和建设内容

1. 智慧城市的构成要素

智慧城市的建设目标是“为民服务全程全时、城市治理高效有序、数据开放共融共享、经济发展绿色开源、网络空间安全晴朗”，要达到这样的目标，就要健全和发展智慧城市的构成要素。智慧城市应该具备哪些要素：有人认为，智慧城市的要素是人、地、物、技术和组织；也有人认为是城市基础建设、技术、经济、政策环境、城市居民、自然环境；还有人将智慧城市的要素分为核心要素和其他重要要素，核心要素是新一代信息技术、管理与组织主体、环境政策，其他重要要素是治理结构、公众参与、经济环境、基础设施、自然环境。可见，对智慧城市的要素，人们形成了一些共识，也存在些许差异，讨论仍可继续，不影响且有助于我们对智慧城市应该具备哪些要素的理解。

新一代信息技术。人们普遍认为，信息技术是智慧城市建设的核心要素，也是智慧城市概念提出的基础。新一代信息技术，特别是其中的新一代通信技术是城市社会治理智能化的主要驱动力。城市社会治理必须建立畅通的社会沟通反馈机制，而移动物联网技术和智能终端技术支撑的智能手机，在公众接收、发布和处理信息中得到广泛应用，成为城市社会治理、公众参与、协调治理的主要渠道。

管理与组织主体。这是智慧城市建设的顶层设计者和重要推动者。智慧城市建设是复杂的系统工程，应当由强有力的组织机构来设计实施，该机构对智慧城市建设有相当的认知，能够将智慧城市建设及利益主体联结起来，为智慧城市建设的协调和可持续发展提供保障。

城市基础建设。智慧城市是城市发展的高级形态，良好的基础设施是建设智慧城市的物质基础。广义的城市基础包括物理基础设施、信息基础设施、社会基础设施和商业基础设施，具体如经济、城市建设、交通运输、公用事业、医疗卫生、公共安全等。在这里狭义的城市基础就是指有关信息和通信基础设施，主要涉及物联网、三网（电信网络、高速无线电宽带网络和电视网络）融合、新型平板显示、下一代通信网络、高性能集成电路和以云计算为代表的高端软件等领域的基础设施建设。

经济条件。这是智慧城市建设的经济基础和主要推动力。智慧城市建设需要增加城市公共项目建设支出，大量的资金投入需要城市具有良好稳定的经济基础。衡量智慧城市的标志，不能忽视它的经济发展水平，甚至可以说智慧城市必须具有经济竞争力、创新能力、高数量的知识产权、相对发达的生产力和高效能的城市服务体系。

政策环境。政策是党和国家在一定时期为实现一定目标而制定的行动准则。智慧城市建设是既有技术因素也有非技术因素交互作用的结果。作为非技术因素的政策环境是对智慧城市建设能否顺利实施的重大影响因素。政策环境包括政治因素和制度（体制）因素。前者主要是指城市领导者对智慧城市建设的观念和施政方针；后者则是指与智慧城市相关的法律、法规、规章等规范性文件。相较于政治因素，制度因素具有更强的稳定性。

城市居民。智慧城市建设的重要意义就是为城市居民提供更方便、更快捷、更优质的服务。城市居民的获得感、幸福感、安全感是衡量智慧城市建设的最重要的标准。同时也必须注意到城市居民既是服务对象也是智慧城市建设的参与者。进行智慧城市建设的政府都推行和积极促进公众参与智慧城市建设和社会治理，物与人相比，人才是根本，这是智慧城市建设能否顺利实现的关键因素之一。

2. 智慧城市的建设内容

智慧城市建设的内容包罗万象，也可以视为城市规划建设、管理和服务领域进行智慧化建设的项目分类和应用。这些建设内容应该有效覆盖智慧城市建设的各个方面，也应首先着力解决存在问题的社会发展领域。

智慧政务。政府在电子政务的基础上建立大整合、宽共享、深应用的城市数据服务系统，做到“为民服务全程全时、城市治理高效有序”，从“找政府办事”到“政府主动服务”。智慧政务建设的指标是：“政府在线服务渗透程度”“信息资源对领导决策支持程度”“网上办公占办公业工作总量的比例”“公众对政府工作基本满意提升率”。

智慧交通。智慧交通围绕惠民便民和服务经济两大主题。通过统筹交通信息资源，构建安全、通畅、低碳、便捷、高效与智慧的现代综合交通运输体系，为社会提供交通服务。智慧交通应用程度的评价指标是“交通信息管理服务能力”“智能传感终端安装率”。深圳市确定了智能交通总体框架，既为治理拥堵工作提供精准支撑，又通过互联网民意平台，推动了交通治理和共治共享。

智慧社区。社区是城市社会治理的基层细胞。习近平总书记强调，社会治理要下沉到基层。社区治理网格化是智慧社区建设的重点。通过信息化技术，有机融合社区党建、社区微治理体系和社区公共服务体系建设，激发社区单元创新自治能力，提升城市社区治理体系和治理能力，如沈阳市推出智慧社区实施方案，初步建成社区服务综合信息系统，为人民群众统一提供社区政务和公共服务，让“老百姓少跑腿，信息多跑路”。

智慧教育。智慧教育不仅是实现教育现代化的手段，也是衡量教育现代化的指标。智慧教育包括两个方面：一方面在各级各类教育中通过采用新一代信息技术，开发教育资源，优化教育过程，提高教育质量和效益；另一方面是培养适应新科技时代需要的信息化人才。智慧教育是智慧城市建设的重要基础。

智慧医疗。建立医疗业务互联互通和信息共享的居民卫生健康信息平台，实现健康管理、健康教育、医疗服务、慢性病的一体化管理。配置医疗卫生服务智能化设备，实行城市区域内医疗机构就诊“一卡通”。提高基层医疗机构疾病诊断能力。建设社区医养一体化服务云平台。通过电子病历系统的建设，提升城市卫生医疗资源的协同和公共卫生服务水平的提高。

智慧安防。公共安全和社会治安是城市社会治理的重要方面，也是人民群众获得安全感的重要保障。通过建立警务云数据中心，整合警务数据信息，这是智慧警务建设的核心。建立高效协调、反应快速、智能支持的可视化应急处突指挥调度平台，强化数据分析，实行多维预警。通过平安城市建设实现治安管理、城市管理、交通管理及应急管理等涉及社会安全和公共安全的需求。高标准建设“雪亮工程”，实现城市监管视频的全覆盖，实现网上可视化巡逻。

智慧城市建设的内容还有许多方面，如智慧环保、智慧物流、智慧养老等。

（三）智慧城市建设存在的问题及对策

1. 智慧城市建设存在的主要问题

有的城市管理者的管理理念还停留在前信息技术阶段，对智慧城市建设的必要性还缺乏正确的认识，传统的管理思维习惯性地对智慧管理采取轻视甚至拒斥的态度，影响智慧城市建设的顶层设计和顺利实施。还有的城市对智慧城市建设的可行性和必要条件缺乏理性思考和科学论证。个别城市在技术条件和产业基础尚不具备的情况下盲目上马，导致后续投资乏力，管理滞后，资源浪费。还有的地方智慧城市建设主要受产业发展推动，缺乏与居民需求的有效对接，对居民的参与体验不够重视，导致智慧城市存在“剃头挑子一头热”的现象。

用户信息安全保障是智慧城市建设中必须高度重视的问题。智慧城市的核心是信息，大量涉密数据信息和核心技术，增加了城市的技术安全风险和用户的信息安全风险。我国关于信息安全的法律法规还不够健全和完善，对个人信息的概念有了规定，但具体内容仍不明确。信息安全除了相关法律法规不够完善外，还有技术风险、标准及评估机制不够健全的问题。目前，还缺乏统一的技术标准体系，“数据孤岛”“数据鸿沟”的现象仍没得到有效解决。

智慧城市建设也面临着资金不足和人才匮乏的问题。智慧城市建设，尤其是信息基础设施的投入需要大量资金，大多数城市都面临着这样的难题。特别是与智慧城市建设密切相关的基础设施相对落后的城市，更需要投入大量资金。资金不足是影响智慧城市建设速度和质量的关键问题。智慧城市建设大多面临人才匮乏的问题，尤其在二、三线及以下城市。我国智能化起步较晚，掌握新一代信息技术的专门人才数量太少，积累的人才尤其是高精尖人才和技术创新人才短缺，高等学校在信息技术人才的培养上，无法满足智慧城市建设的需求。

2. 完善智慧城市建设的基本路径

其一，要充分认识到智慧城市建设是提高社会治理智能化水平的有效举措，也是城市现代化发展的机遇。它在实现城市可持续发展，引领信息技术应用，提升城市综合竞争力，缓解城市转型中出现的“城市病”具有重要作用。在思想上要注意两种倾向：一是对智慧城市建设的轻视和无知，不仅仅是城市的领导者，还包括涉及智慧要素应用的各部门；二是对智慧城市热的盲目，没有充分论证匆忙上马，往往半途而废。解决这些思想认识问题，首先要加大对党中央、国务院关于智慧城市建设和社会治理现代化相关文件的学习，真正领会其精神实质。要加大对各级干部的培训力度，城市管理者要更新城市管理理念，认可并了解智慧城市。要增强全社会共同参与的意识。要宣传智慧城市建设的成功经验，还要对本地智慧城市建设的基础和条件进行理性分析和科学论证，制定本地智慧城市建设发展规划。

其二，加强智慧城市基础设施建设，主要是加强信息和通信基础设施建设，通过在城市基础设施中布置大量的传感器负责收集来自城市信息基础设施系统各方向的信息，由先进的云计算平台进行处理分析与结果传输分发，使得城市能够更全面地感知和深入智能化。把数据资源整合共享作为基础工程，在市级层面执行统一的技术规范标准、基础数据标准、数据开放标准，形成覆盖全域、统筹利用、统一接入的数据共享大平台，构建地方、部门和企事业单位信息资源共享体系。“先进安全的智能化基础设施是实现智慧治理的必要条件。要加快建设高速、移动、安全、泛在的新一代信息基础设施，统筹规划政务数据资源和社会数据资源，完善基础信息资源和重要领域信息资源建设，形成万物互联、人机交互、天地一体的网络空间。”〔1〕智慧城市基础设施中心城市硬件要高标准建设，如水、电、能源、管网、交通等。要更高标准推进“雪亮工程”，全面达到“全程覆盖、全网共享、全时可用、全程可控”的目标，推进视频监控数据信息与人工智能技术深度融合。全面推进“智安小区”等建设，提高群众安全感。

其三，要推进智慧城市智能化治理的深度应用。要充分利用数据信息平台，推进城市社会治理包括平安建设等信息系统建设，针对不同场景搭建“智辅科学决策”“智防风险挑战”“智助管理服务”等应用模块并优化相应工作流程机制，促进横向打通、纵向贯通、内外融通，对各类事件实时监测、分流处置、跟踪问效。综合利用数据信息资源，精准预测群众需求，提供精细化服务，提高城市社会治理效能。要坚持问题导向，抓住社会生活治理领域的突出矛盾和问题深度开发各类便民应用，鼓励社会治理主体依法参与政务数据的开发利用，提升政务数据服务社会治理的综合效能。

其四，为智慧城市建设提供资金和人才保障。政府要提高财政支持智慧城市建设的力度，但仅仅依靠政府财政是不够的，要创新投融资模式，通过市场化机制推动智慧城市建设募集资金，发展创业投资，引入社会资本，推动设立新型智慧城市发展基金，增大建设资金来源。要探索政府财政投资为引导、企业投资为主体、金融机构积极支持的投融资模式，“政府买服务、企业做运营”的市场运营机制。

要加强智慧城市建设需要专业人才的培养。高等院校要办好现有的计算机科学与技术、信息安全、物联网工程、数据科学与大数据技术、通信工程、电子信息科学等专业，探索成立智慧城市学院或信息技术学院。通过高校、科研机构和企业之间产学研模式，借助国内外相关研究机构、大企业等在物联网产业方面的科研能力和实践经验，重视理论与实践的有机融合，培养大

〔1〕陈一新：《“五治”是推进国家治理现代化的基本方式》，载《求是》2020 年第 3 期。

量具有扎实理论知识和实际操作能力的物联网专业技术人才。要积极推动工信部“智慧城市专项技术人才培训考试认证”项目的进展，为智慧城市的可持续发展提供人才储备，政府公职人员、从事智慧产业的企业员工和在校学生，按照不同层级、不同阶段分步实施，达到有效缓解智慧城市专项人才储备匮乏的问题。上海市在智慧人才队伍建设方面的经验值得借鉴，上海市加大智慧城市复合型人才的引进和培养力度，在工业领域率先推广首席信息官制度，持续推动“智慧工匠”选树、“领军先锋”评选，打造实训基地和专业技术人员继续教育基地。建立市级人工智能、集成电路、5G、工业互联网等人才库，构建多层次、高质量的人才梯队。

其五，加强智慧城市建设的法治保障。要加强对超级互联网平台运行数据的安全监管，建立社会治理智能化安全屏障。健全重点领域安全保护制度，加强关系国计民生的重要行业、领域关键信息基础设施安全保护和大数据安全保护。重视科技伦理体制的健全，加强现代科技发展的潜在风险研制和防范，优先在无人机、自动驾驶、图像识别等较成熟的技术领域确立法律规则，加大对代码数据、算法等重点领域的综合管控力度。严厉打击网络黑客、电信网络诈骗等违法犯罪行为，规范互联网企业和机构对个人信息的采集使用，做好数据跨境流动的安全评估和监管，依法保护个人信息数据安全和公民个人隐私。推进智能安全风险防控，加强对社会领域信息化产品研发与应用的全流程监管，建立安全防控体系。加强对新技术带来的风险深入研判，研究制定与智能治理有关的法规政策和标准体系，提升防范应对能力，保障智慧城市健康发展。

主要参考文献

1.《习近平谈治国理政》(第一卷),外文出版社 2014 年版。

2.《习近平谈治国理政》(第二卷),外文出版社 2017 年版。

3. 本书编写组编著:《党的十九大报告辅导读本》,人民出版社 2017 年版。

4. 本书编写组编著:《党的十九届四中全会〈决定〉学习辅导百问》,学习出版社、党建读物出版社 2019 年版。

5. 张文显主编:《马克思主义法理学——理论、方法和前沿》,高等教育出版社 2003 年版。

6. 张恒山:《法理要论》(第三版),北京大学出版社 2002 年版。

7. 付子堂主编:《文本与实践之间:马克思主义法律思想中国化问题研究》,法律出版社 2009 年版。

8. 张文显:《司法的实践理性》,法律出版社 2016 年版。

9. 苏力:《法治及其本土资源》,中国政法大学出版社 1996 年版。

10. 龚廷泰:《变革时代的"新工具"与法治》,中国法制出版社 2017 年版。

11. 魏礼群主编:《中国社会治理通论》,北京师范大学出版社 2019 年版。

12. 俞可平:《走向善治——国家治理现代化的中国方案》,中国文史出版社 2016 年版。

13. 张静:《社会治理:组织、观念与方法》,商务印书馆 2019 年版。

14. 龚维斌主编:《中国社会治理研究》,社会科学文献出版社 2014 年版。

15. 童星:《中国社会治理》,中国人民大学出版社 2018 年版。

16. 张翼主编:《当代中国社会结构变迁与社会治理》,经济管理出版社 2016 年版。

17. 国务院发展研究中心公管所:《社会治理的理论与实践探索》,中国发展出版社 2018 年版。

18. 魏礼群主编:《创新社会治理建设法治社会》,红旗出版社 2015 年版。

19. 高健:《马克思社会治理理论与当代中国社会治理建设》,辽宁人民出版社 2018 年版。

20. 包心鉴主编:《社会治理创新与当代中国社会发展》,人民出版社 2014 年版。

21. 龚维斌等:《中国社会治理创新之路》,经济科学出版社 2019 年版。

22. 李友梅等:《城市社会治理》,社会科学文献出版社 2014 年版。

23. 李友梅等:《中国社会治理转型 1978 ~ 2018》,社会科学文献出版社 2018 年版。

24. 魏礼群主编:《社会治理:40 年回顾与展望》,中国言实出版社 2018 年版。

25. 殷树凤:《马克思主义国家、社会、个人关系理论视角下的中国社会治理研究》,合肥工业大学出版社 2017 年版。
26. 孔卫英：《改革开放以来中国社会治理思想研究》，中国社会科学出版社 2018 年版。
27. 范愉：《纠纷解决的理论与实践》，清华大学出版社 2007 年版。
28. 于沛霖、都本有、丁慧主编：《转型时期社会纠纷调解机制研究》，法律出版社 2015 年版。
29. 刘祖云主编：《社会转型解读》，武汉大学出版社 2005 年版。
30. 杨桂华：《转型社会控制论》，北京师范大学出版社 2009 年版。
31. 李培林：《社会改革与社会治理》，社会科学文献出版社 2014 年版。
32. 冯仕政：《社会治理新蓝图（社会卷）》，中国人民大学出版社 2017 年版。
33. 丁元竹：《社会治理现代化的探索》，国家行政学院出版社 2016 年版。
34. 全永波、陈莉莉、高猛等：《社会治理创新：基于浙江舟山群岛新区的研究》，中国社会科学出版社 2014 年版。
35. 谢建社主编：《新时代中国社会变迁与社会治理若干问题研究》，中国社会科学出版社 2018 年版。
36. 车俊主编：《透过浙江看中国的社会治理》，外文出版社 2018 年版。
37. 西安交通大学中国管理问题研究中心：《2018 中国社会治理发展报告》，科学出版社 2018 年版。
38. 陈天祥、郑佳斯等：《迈向共建共享新格局——广东探索社会治理创新》，中山大学出版社 2017 年版。
39. 全国干部培训教材编审指导委员会组织编写：《改善民生和创新社会治理》，人民出版社、党建读物出版社 2019 年版。
40. 李强等：《协商自治·社区治理——学者参与社区实践的案例》，社会科学文献出版社 2017 年版。
41. 刘祖云主编：《社会转型解读》，武汉大学出版社 2005 年版。
42. 严励：《秩序的中国解读——转型期中国社会矛盾之研究》，上海社会科学院出版社 2007 年版。
43. 杨桂华：《转型社会控制论》，北京师范大学出版社 2009 年版。
44. 张向东：《当代社会问题》，中国审计出版社、中国社会出版社 2001 年版。
45. 白志刚：《利益公平与社会和谐》，中国社会出版社 2008 年版。
46. 苏力：《法治及其本土资源》，中国政法大学出版社 2004 年版。
47. ［美］L. 科塞：《社会冲突的功能》，孙立平等译，华夏出版社 1989 年版。
48. ［美］唐·布莱克：《社会学视野中的司法》，郭星华等译，法律出版社 2002 年版。
49. ［日］小岛武司、伊藤真编：《诉讼外纠纷解决法》，丁婕译，中国政法大学出版社 2005 年版。
50. ［英］迈克尔·努尼：《法律调解之道》，杨利华、于丽英译，法律出版社 2006 年版。